Michael Althen
Warte, bis es dunkel ist

Michael Althen

Warte, bis es dunkel ist

Eine Liebeserklärung
ans Kino

Karl Blessing Verlag

Umwelthinweis:
Dieses Buch und sein Schutzumschlag wurden
auf chlorfrei gebleichtem Papier gedruckt.
Die Einschrumpffolie (zum Schutz vor Verschmutzung)
ist aus umweltschonender recyclingfähiger PE-Folie.

Der Karl Blessing Verlag ist ein Unternehmen der
Verlagsgruppe Random House GmbH.

1. Auflage
Copyright © by Karl Blessing Verlag GmbH München 2002
Umschlaggestaltung: Design Team München
Satz: Uhl + Massopust, Aalen
Druck und Bindung: Clausen & Bosse, Leck
Printed in Germany
ISBN 3-89667-194-4
www.blessing-verlag.de

Für
Teresa
und
Artur

Caution!
Objects are closer than they appear.
Steven Spielberg: *Jurassic Park*

All work and no play makes Jack a dull boy. All work and no play makes Jack a dull boy. All work and no play makes Jack a dull boy. All work and no play makes Jack a dull boy.
Stanley Kubrick: *The Shining*

Es ist wie ein Sturz durch den Spiegel, mehr weiß einer nicht, wenn er wieder erwacht, ein Sturz wie durch alle Spiegel, und nachher, kurz darauf, setzt die Welt sich wieder zusammen, als wäre nichts geschehen. Es ist auch nichts geschehen.
Max Frisch: *Mein Name sei Gantenbein*

Inhalt

Die Sache mit dem Schwein 11
14. Oktober 1962 18
Ist es wirklich schon so spät? 35
Das blanke Überleben 46
Her mit den kleinen Engländerinnen 52
Die Dinge des Lebens 62
Der eiskalte Engel 70
Aki nonstop 79
Ein Mann für Sekunden 90
Leben im Schatten 97
Im Saal der verlorenen Schritte 101
Wenn Männer singen 112
Was soll ich mir ansehen? 120
Bücher in der Badewanne 132
Frühstück im Bett 141
Die Poesie des Fleisches 151
Hummer in Weißwein 160
Könige im Schnee 166
Makin' Whoopee! 177
Der Rand der Kaffeetasse 184
Die unerträgliche Leichtigkeit des Seins 191
Die Träume des Kartographen 197
Das Geheimnis der weißen Elefanten 209
Traurige Mädchen 225

Wenn sie nicht gestorben sind	237
Boy meets girl	240
Dank	247
Abspann	248

Die Sache mit dem Schwein

»Geh nicht so nah dran«, haben die Eltern früher gesagt, »du verdirbst dir die Augen!« Natürlich hat man sich nie daran gehalten und rückte so dicht wie möglich vor den Fernseher. Aber die Mahnung flößte einem doch irgendwie Respekt ein vor dem Flimmerkasten und seinen Bildern. Wie ein unsichtbarer Strahlenkranz legte sich die elterliche Warnung um das Gerät, und es entstand der Eindruck, dass diese Bilder irgendwie gefährlich, giftig, schädlich seien. Also interessant, spannend, aufregend. Die Gesundheit war dabei offenbar auf eine Art bedroht, die nicht sofort spürbar, sondern schleichend und deshalb umso unheimlicher war. So wie beim Tanken, wenn man sich über die Benzindämpfe beugt, um den betäubenden Geruch einzuatmen, der die Luft so verheißungsvoll flirren lässt. Im Grunde nähern wir uns Filmbildern in derselben Hoffnung, als seien sie eine Art offener Tankdeckel zu einer anderen Welt, der Dämpfe entsteigen, an denen wir uns berauschen können. Seither sitzen wir jedenfalls auch im Kino immer so nah wie möglich an der Leinwand – um uns die Augen so gründlich wie möglich zu verderben.

Mittlerweile sind wir wahrscheinlich vollständig verdorben, aber das macht nichts, weil wir im Kino ein zweites Leben gefunden haben, das viel besser ist als das unsere und ihm doch aufs Haar gleicht. Darin liegt die doppelte Natur des Kinos: dass es stets Auskunft gibt über das, was ist, und das, was möglich wäre, darüber, wer wir sind und wer wir gerne wären. Noch die abgelegensten Phantasien, aber auch die am nächsten liegenden Einfälle erzählen etwas darüber, wie die Welt zu einem bestimmten Zeitpunkt beschaffen war und wonach sie sich sehnte. Wie wir uns gefühlt und wovon wir geträumt haben. Wie die Autos aussahen und wie die Telefonzellen. Was man getragen und wie man sich frisiert hat. Wie man gewohnt und worüber man geredet hat. Und wenn wir für einen Moment die Augen schließen und uns dem Strom der Bilder überlassen, dann können wir uns in all dem wieder erkennen. Dann wissen wir, woher wir kommen, und vielleicht auch, wohin wir gehen.

All das wurde dem Kino nicht unbedingt an der Wiege gesungen, und wer weiß schon, was noch alles daraus werden wird. Wenn wir hundert Jahre zurückblicken und uns mit Blick auf die Veränderungen fragen, wie das Kino sich in den nächsten hundert Jahren entwickeln wird, dann spricht wenig für die Annahme, dass das dann noch irgendetwas mit dem, was wir heute als Kino bezeichnen, zu tun hat. Aber für den Moment können wir unseren Augen und Ohren noch trauen und dem, was das Kino zu erzählen hat. Und das ist nicht wenig.

Nehmen wir mal den kleinsten gemeinsamen Nenner, nehmen wir mal Chaplin. Eine Melone, ein Schnauzer, ein Stöckchen. Gesten und Grimassen, die schon das kleinste Kind versteht. Trauer oder Schüchternheit, Neugier oder Verliebtheit, ein festes Vokabular von Mimik und Gestik und Motorik. Eine Treppe und – zack! – ein Sturz. Das versteht doch wirklich jeder. Oder?

Versteht man Chaplin wirklich überall? Verstehen wir etwa asiatische Komiker? Verstehen wir denn wirklich alles, was wir im Kino sehen? Vielleicht ist das nur so eine dumme Angewohnheit von uns, zu glauben, wir verstünden alles.

Und in Wirklichkeit verstehen wir genauso wenig, wie wenn wir träumen.

Kultur ist ein merkwürdiger Ausdruck für das, was das Kino und seine Technik mit der Welt angestellt haben. Es ist eigentlich eher eine Kolonisation, die da vonstatten gegangen ist. Das Kino hat den Menschen eine Sprache aufgedrängt, die sie auf Teufel komm raus lernen mussten. Eine Art Weltsprache, ein Esperanto der Augen.

Die Leinwand zeigt also ein Gesicht, eine Wolke, einen Baum – und alle verstehen, was gemeint ist. Gesicht, Wolke, Baum. Es ist deshalb nicht schwierig, sich vorzustellen, warum diese Sprache von mehr Leuten verstanden wird als eine andere, die nur aus Worten besteht. Viel schwieriger wäre es, sich vorzustellen, dass irgendwer diese Sprache nicht verstehen könnte.

Es gibt eine Anekdote von einer Expedition des Ethnologen William Hudson in den Zwanzigerjahren. Der Forscher soll bei afrikanischen Völkern Experimente durchgeführt haben, bei denen er einem Stamm, der noch kaum mit der Zivilisation in Berührung gekommen war, einen Film vorführte, den er bei seinem letzten Besuch gedreht hatte. Es heißt, die Eingeborenen hätten auf die Leinwand gestarrt, aber auf Nachfrage nichts gesehen, was sie an die Wirklichkeit, geschweige denn an sie selbst erinnert hätte. Der Forscher war fassungslos, führte den Film noch mal vor – mit dem gleichen Ergebnis. Erst beim dritten Mal meldete sich einer der Eingeborenen schüchtern und meinte, er habe ein Schwein gesehen. Sonst jedoch nichts. Tatsächlich zeigte eine der Aufnahmen – allerdings nur im Hintergrund – ein vorbeilaufendes Schwein. Die Anekdote lässt viele Fragen offen. Aber wenn sie stimmt, dann beweist sie, dass das Kino mehr ist als eine Aufnahmetechnik – und dass offenbar viel Phantasie und Übung dazugehören, in der schlichten Aufnahme eines Gesichts, eines Baums oder einer Wolke zu erkennen, was da gezeigt wird.

Als die Gebrüder Lumière 1895 die Ankunft eines Zuges im Bahnhof von La Ciotat filmten, da gerieten gerüchteweise die Zuschauer bei der ersten Vorführung noch in Panik, schrien entsetzt auf, duckten sich unter die Sitze oder flohen aus dem Saal. Dieselben Leute hätten jedoch nicht mit der Wimper gezuckt, wenn sie im Bahnhof selbst gestanden hätten. Dass sie das Abbild um so viel bedrohlicher als die Wirklichkeit empfanden, ist heute ganz unvorstellbar.

Wenn man sich die Experimente des russischen Filmtheoretikers Lew Kuleschow ansieht, dann ist man jedoch geneigt zu glauben, dass es gewisse Regeln gibt, die globale Gültigkeit besitzen. Er hatte eine Aufnahme eines Schauspielers mal mit dem Bild einer toten Frau, mal mit dem Bild eines Tellers Suppe und mal mit dem Bild eines spielenden Mädchens kombiniert. Und die Zuschauer sahen im Gesicht des Schauspielers mal Trauer, mal Appetit und mal Freude. Das haben wir gelernt.

Heute schreien uns amerikanische Plakate überall auf der Welt entgegen, in Moskau und Nairobi, in Tokio und Jakarta. Man vergisst dabei, dass das indische Kino mindestens genauso viel, wenn nicht mehr Filme produziert als Hollywood. Am Weltmarkt gehen sie vorbei, weil ihre Sprache anderswo kaum verstanden wird. Das starre Regelwerk dieser Filme, das auch vorsieht, dass die Schauspieler alle naslang in Gesang ausbrechen, konnte sich im Rest der Welt einfach nicht durchsetzen.

Heute ist die Welt ein Dorf, und das Kino hat seinen Teil dazu beigetragen. Die Filme dienen den Elektronikgiganten und Kabelriesen vor allem als Futter für ihre Geräte und Netze. Und wieder tobt ein Kampf, welche Sprache sich durchsetzt – und wenn die Zukunft so aussieht, wie man sie sich heute vorstellt, dann sitzt dereinst die ganze Welt vor ihren Monitoren und entwirft sich ihre eigenen Filme. Das ist dann eine wahrhaft globale Kultur. Und jeder wird sie verstehen. Eine Melone, ein Schnauzer, ein Stöckchen – und zack!

Das Kino ist so oder so ein Spiegel. Vielleicht ähnelt er jenem, vor dem Robert De Niro in TAXI DRIVER steht und sich in Rage redet, während er seine Posen einstudiert: »You talkin' to me?« Vielleicht auch jenem, vor dem Groucho Marx in DIE MARX BROTHERS IM KRIEG mit Nachthemd und Schlafmütze ungläubig herumhampelt und versucht, sein Spiegelbild zu überlisten, bis er feststellt, dass es sein Bruder Harpo ist, der auf der anderen Seite mit ihm Schabernack treibt. Oder gleicht er jener Quecksilberfläche, in die Jean Marais in ORPHÉE eintaucht, um das Totenreich auf der anderen Seite zu betreten? Oder befinden wir uns gar in einem Spiegelkabinett wie Orson Welles und Rita Hayworth in DIE LADY VON SHANGHAI, umgeben von so vielen Abbildern, dass keiner mehr zu sagen vermag, wo die Wirklichkeit aufhört und der Wahn anfängt? So oder so umgibt uns das Kino mit jeder Menge Spiegeln, in deren Reflexionen wir uns selbst erkennen können – wenn wir Glück haben.

Einführung in eine wahre Geschichte des Kinos hieß ein Buch von Jean-Luc Godard, für das sich der Regisseur mit kanadischen Studenten immer jeweils zwei Filme hintereinander angesehen hatte, um zu dem Schluss zu kommen, dass bei dieser Betrachtungsweise eins plus eins in jedem Fall mindestens drei ergibt. Und so ist Filmgeschichte natürlich stets mehr als das bloße Nacheinander von Entwicklungen, die im letzten Jahrhundert stattgefunden haben, mehr als die Begriffe und Bewegungen, mit denen man seinen Zauber zu fassen versuchte. Es ist also nicht nur Stummfilm oder Tonfilm, Neorealismus oder Nouvelle Vague, Hollywood oder Experimentalfilm, Horror oder Musical, Western oder Melodram – sondern es ist das alles zusammen, und zwar zeitgleich: die Filme und die Genres, die Stars und die Namenlosen, der Klatsch und Tratsch, die Festivals und Auszeichnungen, die Nackten und die Toten. All dies kreist durch unser Bewusstsein, manches näher, manches ferner, manchmal ein roter Riese, manchmal ein weißer Zwerg, mal eine Supernova, mal ein schwarzes Loch.

Womöglich muss man sich das so vorstellen wie bei der Explosion in Antonionis ZABRISKI POINT, wo in unendlich langsamen Bildern in einer Villa ein Zimmer nach dem anderen in die Luft gejagt wird. Ein Kühlschrank explodiert, ein Bücherregal, ein Fernseher, ein Kleiderschrank, und ihre Bestandteile treiben mit einer Vergnügtheit durch ein himmlisches Blau, vollführen ihr Ballett der Zerstörung, als hätten sie immer schon darauf gewartet, sich endlich dem Gefängnis ihrer Form zu entwinden. Wie in diesem Aquarium des filmischen Treibguts, in dem die Zeit fast stillzustehen scheint, kommt man sich vor, wenn man durch die Filmgeschichte taucht. Die wahre Geschichte des Kinos ist natürlich unsere eigene. Man sieht nicht mehr die ganzen Filme, nicht die Strömungen, denen sie angehören, nicht die Zeit, in der sie entstanden sind, sondern ihre Bestandteile: ein Gesicht hier, eine Geste dort, einen Satz vielleicht oder einen ganzen Dialog, ein Schattenspiel oder einen Sonnenuntergang, eine Parklandschaft oder einen Metroeingang, ein Frauenbein oder einen Blutfleck, eine Hutkrempe oder eine Spielkarte, ein Lächeln oder eine Träne, eine Leiche oder einen Kuss.

Und es ist mit all diesen Bildern, als sei ein großer Regen über uns niedergegangen, und wir waten durch die Pfützen der Erinnerung, ehe sie versickern.

Dies ist also keine Geschichte, die sich in irgendeiner Weise Vollständigkeit oder auch nur Folgerichtigkeit anmaßt. Ihre Lücken sind so unwillkürlich wie unverzeihlich. Jeder Film, der erwähnt wird, zieht zahllose nach sich, die verschwiegen werden, und jeder Name einen Schweif von Geistern, die im Herzen begraben wurden. Das meiste wurde vergessen, vieles, was wichtig ist, bleibt im Dunkeln, und das wenige, woran erinnert wird, ist ein Versuch, etwas von dem zu bannen, was die schönste Erfindung der Neuzeit ist: denn Kino ist zwar nicht unser Leben, aber doch eine ganz wunderbare Alternative zu dem, was wir für unser Leben halten.

14. Oktober 1962

Nehmen wir mal irgendeinen Tag aus unserer Vergangenheit. Zum Beispiel den 14. Oktober 1962. Wenn man sich die Mühe macht nachzuschlagen, dann kann man erfahren, dass jene Tage im Zeichen der Kuba-Krise standen und die Welt sich am Rande eines Abgrunds bewegte – aber im Zweifelsfall ahnte sie gar nichts davon. Die Menschen waren wie üblich mit anderen Dingen beschäftigt, von denen wir beim Blick in die Zeitung wohl etwas erfahren, die wir uns aber erst dann einigermaßen vorstellen können, wenn wir uns ansehen, welche Filme damals in den Kinos liefen. Als würde man jenen Tag, der selbst nicht mehr sichtbar ist, mit einer Reihe von Spiegeln umstellen, in deren Brennpunkt dann doch erkennbar wird, wie die Welt damals wohl ausgesehen, wie sich das Leben wohl angefühlt haben mag.

Ein Blick in die Kinoanzeigen der damaligen Wochenendausgabe der *Süddeutschen Zeitung* zeigt, unter welchen Filmen die Leute wählen konnten. Und auch wenn man sich über die angestaubten Vokabeln amüsiert, mit denen sie beworben werden, muss man sich doch vor Augen halten, dass die Kinogänger jenen Filmen mit demselben Gefühl von Zeitgenossenschaft begegnet sind, das uns in THE MATRIX oder MINORITY REPORT befällt. Selbst dort, wo es sich nicht um die ganz großen Spektakel handelt, werden die Zuschauer doch den Eindruck gehabt haben, mit dem Kino irgendwie auf der Höhe ihrer Zeit zu sein. Was uns heute altmodisch erscheint, war damals womöglich allzu modisch und zu sehr der Zeit verpflichtet. Die einstige Neugier und das Staunen sind fast nicht mehr nachvollziehbar, aber dennoch ist es spannend, sich vorzustellen, wie jemand auf der Suche nach einem Zeitvertreib für den Samstagabend die Zeitung aufschlägt und sich folgender Auswahl gegenübersieht:

EL CID mit Charlton Heston und Sophia Loren läuft schon in der 21. Woche – mehr musste anscheinend nicht mehr gesagt werden. BARABBAS wird hingegen beworben mit den Worten: Sie sitzen mitten im Geschehen. Zu EIN TOTER SUCHT SEINEN MÖRDER mit Peter van Eyck, Ellen Schwiers und Siegfried Lowitz heißt es: Ein Krimi, der jeden hypnotisiert. Zu DAS RUHEKISSEN mit Brigitte Bardot: Eine heißblütige Frau im Zwange diabolischer Leidenschaft. DER MANN, DER LIBERTY VALANCE ERSCHOSS: Ein neues Meisterwerk des vierfachen Oscar-Preisträgers John Ford (ab 16 J.). Und: Ein Western ersten Ranges (wertvoll). Als »pikantes Vergnügen« wird offeriert: Duviviers frecher Sünden-Schocker DER TEUFEL UND DIE ZEHN GEBOTE. Der große Abenteuer-Farbfilm: DER TEUFEL VON KAPSTADT. Ein Farbfilm aus der Wachau: MARIANDLS HEIMKEHR mit Conny Froboess, Rudolf Prack, W. Haas, Peter Weck, Gunther Philipp, H. Moser. Dann MONDO CANE: Beifall, Bestürzung, Entsetzen, Begeisterung! Ein Film der kühnsten Kontraste. Ab 18 Jahren! Außerdem: WENN DIE MUSIK SPIELT AM WÖRTHER SEE, PHAEDRA, JULIA, DU BIST ZAUBERHAFT, BOCCACCIO '70, DIE SEETEUFEL VON CARTAGENA, DER GAUNER VON BAGDAD, DIE RACHE DES HERKULES, GALANTE LIEBESGESCHICHTEN, DER GRAF VON MONTE CHRISTO, DENEN MAN NICHT VERGIBT, DAS IST DIE LIEBE DER MATROSEN, PEPE, 6 SCHWARZE PFERDE, DER 7. GESCHWORENE, BITTERER HONIG, DURCHBRUCH AUF BEFEHL, UNGEBÄNDIGT, TEPPICH DES GRAUENS, EIN AFFE IM

Winter, Tal der heissen Erde, Schmutziges Geld, Der Sohn des Captain Blood, Die Fledermaus, Sturm über Washington, Der rote Korsar, Brennende Haut und Unterwelt.

Und was haben diese Filme außer der Tatsache, dass sie alle im Oktober 1962 in München liefen, noch gemeinsam? Keines der Kinos, in denen sie damals zu sehen waren, gibt es heute noch. Ihre Namen sind vergessen, aber mancher klingt noch heute im Ohr und weckt Erinnerungen, die in Wirklichkeit längst verschüttet und begraben sind. Denn das darf man nicht vergessen, dass die Kinos zuerst einmal Orte sind, Punkte im Stadtplan, an denen wir uns hinausgeträumt haben aus der Wirklichkeit. Der eine oder andere Name irgendeines längst geschlossenen Kinos wirkt rückblickend wie ein Schlüssel zum Paradies verlorener Stunden. Und so lasen sie sich in der Zeitung:

Roxy, Goetheplatz	Baki, Giesing Bhf.
Mathäser-Filmpalast	Berupalast
Ufa Luitpold-Theater	Camera-Bogenhausen
Universum, Sonnenstr.	Elektra, Leopoldstr. 249
Peterhof-Filmtheater am Marienplatz	Filmtheater Laim
	Franziskaner-Lichtspiele
Kammer-Lichtspiele, Kaufingerstr. 28	Gloria, Ismaninger 118
	Grillparzer
Film-Eck, Kaufingerstr. 10	Harras
Arco-Film-Palais, Maffeistr. 4	Hofgarten
	Isaria am Baldepl.
Alhambra	Isartor
Astoria, Breisacher Str. 21, Nähe Ostbhf.	Kristall, Görresstr.
	Schiller-Filmtheater am Hbf.
Atrium	
Augusta	Rathaus-Lichtspiele, Weinstr. 8
Bajuwaren	

> Europa-Filmpalast,
>   Arnulfstr. 6
> Mohren-Filmtheater, Tal 13
> Filmtheater am
>   Lenbachplatz
> Lichtburg, Nibelungenstr.
> Lindwurm
> Metro-Ramersdorf
> National, Müllerstr.
> Oli-Ostbahnhof
> Park, Tizianstr.
> Primus-Palast
> Prinzeß, Triftstr.
> Prinzregenten-Lichtspiele
> Ring-Waldfriedhof
> Rumford
> Scala
> Sendlinger Lichthaus,
>   Oberländerstr.
> Summer-Milbertshofen
> Terry-Laim
> Thalia
> Triva
> Schauburg, Schwabing
>   am Elisabethplatz
> studio, Occamstr.
> Filmburg, Feilitzschplatz
> Türkendolch

Das Türkendolch hat immerhin bis 2001 durchgehalten, ehe es zumachen musste. Man merkt schon an der Art der Auflistung in den Anzeigen, wie fein säuberlich in den Sechzigerjahren noch zwischen den Erstaufführungskinos der Innenstadt und den Nachspielern in anderen Stadtteilen unterschieden wurde. Heute käme kein Mensch mehr auf die Idee, Schwabing oder den Ostbahnhof nicht zur Innenstadt zu rechnen. In der Tat ist es aber so, dass die meisten Stadtteilkinos inzwischen ohnehin verschwunden sind, in München und anderswo. Mit ihnen geht jenes Gefühl für den Aufbau und Zusammenhalt von Städten verloren, die sich auch sonst nach dem Muster des Internets in ein loses Netz aus Knotenpunkten verflüchtigen. Überall entstehen Einkaufszentren, in denen alles unter einem Dach zu finden ist, auch Kinos, lauter große Bedürfnisanstalten, die von einem möglichst reibungslosen Ablauf leben. Aber dafür ist in den großen Multiplexen etwas wiedererstanden, was der Pracht früherer Premierenpaläste immerhin von fern nachzueifern versucht. Zumindest in den Foyers ahnt man, wie sich die einstige Größe angefühlt haben mag, und der Popcorngeruch mag hingehen als eine eigene Art von Weihrauch in diesen modernen Tempeln.

Augusta, Bajuwaren, Lindwurm – das sind nicht in jedem Fall Namen, die unbedingt zum Träumen verführen. Meistens geben sie kaum mehr an als ihren Ort, aber alles in allem kommt man auf 52 Kinos, die im Laufe der letzten 40 Jahre verschwunden sind. Und wenn man noch vier weitere Jahre zurückgeht, dann kommen noch dazu: Adria/Ramersdorf, Arion, Arnulf, Bavaria-Freimann, Bergpalast, Burg/Obermenzing, Capitol/Pasing, Filmtheater Laim, Gasteig, Hans-Sachs, Harras, Kurbel, Luna, Oberbiberger Str. 1, Merkur, Metropol-Laim, München-Lichtspiele (Klenzestr. 103), Park (Klugstr.), Preysing, Primus-Palast (Humboldtstr.), Roman-Film-Palast, Union (Boschetsrieder Str.) und Walhalla.

Wer sich die Mühe macht, mit einem alten Kinoprogramm all die Adressen abzugehen, der findet dort fast überall Super- oder Drogeriemärkte, Import- und Exporthandel. Aber man sieht auch die Überreste jener typischen Architektur, die niedrigen Vordächer, auf denen einst die Neonschriften angebracht waren, die leeren Fotoaushangkästen, und in den Hinterhöfen die großen Auslasstüren und die kleinen Treppen, die zu den Vorführkabinen mit den Projektoren führten. Und auf einmal wirken diese Gebäude wie die Skelette von Sauriern, die einem Klimawechsel zum Opfer gefallen sind. Und so wie man Muscheln ans Ohr hält, um das Meeresrauschen zu hören, so glaubt man, wenn man sich diesen Gebäuden nähert, noch von fern ein Echo der Filme zu spüren, die dort einst gezeigt worden sind.

Denn wer in jenen Jahren in München ins Kino gegangen ist, wird sich noch erinnern: an Filme, an Gesichter, an Geschichten, die er dort gesehen hat. Und wer von anderswo kommt, wird genauso das Gefühl kennen, das ehemalige

Kinos auslösen, und sich erinnern, welche Filme er dort gesehen hat. Denn all unsere Träume haben einen Ort, an dem sie verankert sind. Das darf man nicht vergessen, wenn man über Filme redet: Ihre stete Verfügbarkeit im Fernsehen, auf Video oder DVD spiegelt uns eine Allgegenwart, eine Raum- und Zeitlosigkeit vor, die ihnen eigentlich fremd ist. Jeder Film hat sein Datum und seinen Ort, an dem er das Licht des Projektors erblickte – und seinem Zuschauer begegnete, in dem seine Bilder fortleben. Nicht nur Filme wie DER MANN, DER LIBERTY VALANCE ERSCHOSS, sondern auch solche wie WENN DIE MUSIK SPIELT AM WÖRTHER SEE. Wer weiß schon, wer sich dort zum Rendezvous verabredet hat und was daraus wurde? Wer weiß, welche Gefühle schon die Erwähnung des Titels oder des Kinos weckt und wie wichtig, rührend oder schmerzlich diese Reminiszenzen sind? Für jeden Einzelnen, der im Dunkel sitzt, laufen zu einer bestimmten Zeit an einem bestimmten Ort zahllose Linien aus der Vergangenheit zusammen, treffen sich kurz in der Finsternis und münden in eine Zukunft, in der vielleicht alles an diesem einen Moment hängt. Und sollte es nicht so sein, dann gilt immer noch der unsterbliche Satz aus LIBERTY VALANCE: »When the legend becomes fact, choose the legend.« Zwischen Wahrheit und Legende sollte man sich immer für Letzteres entscheiden.

Es gibt ein Projekt des schottischen Künstlers Douglas Gordon, das sich *Words and Pictures* nennt. Dafür hat er einen Raum eingerichtet, in dem auf zwei Leinwänden ununterbrochen Filme laufen, die zwischen dem 20. Dezember 1965 und dem 20. September 1966 in Glasgow zu sehen waren – im Laufe jener neun Monate zwischen Gordons Zeugung und seiner Geburt. Das Ganze nennt sich Installation und bezieht sich darauf, dass Filme – wie Kunst, Musik und Bücher – ein Mittel sind, »uns als Individuum und als Gesellschaft zu identifizieren«. Oder für den Hausgebrauch: Wer weiß schon, inwieweit die Sehnsüchte oder die Ängste, welche die Filme in unseren Eltern weckten, oder einfach nur die Bilder, die sich ihnen in die Netzhaut brannten, doch unbewusst Auswirkungen auf uns haben – vor allem während der Schwangerschaft. Auch wenn die These biologisch nicht wirklich haltbar ist, so ist es doch ein hübscher Gedanke, sich vorzustellen, dass wir tatsächlich das Ergebnis all jener kollektiven Träume sind, denen sich die Eltern bis zu unserer Geburt hingegeben haben. Und der Gedanke liegt umso näher, als das Dunkel des Kinos und das darauf folgende Emportauchen in die Wirklichkeit ja stets etwas von einer Wiedergeburt haben – wie aus dem Mutterbauch ans Licht der Welt.

Und auch wenn das abwegig erscheint: Wenn man sich auszumalen versucht, was die Eltern einst empfunden haben, was sie gefühlt haben, als sie selbst noch jung waren, dann hilft doch nur der Blick auf Filme. Nur in ihnen bekommt man einen Eindruck davon, was sie bewegt hat, wie sie miteinander umgegangen sind, wovon sie geträumt haben. So gesehen muss man wirklich noch mal zurück ins Dunkel jenes Jahres 62, um zu erfahren, was jenseits der Kuba-Krise die Welt bewegt hat, die dereinst unsere eigene werden sollte.

Zwischen Januar und Dezember liefen damals Filme an, die mittlerweile von Generationen von Kinogängern und Fernsehzuschauern wieder und wieder gesehen worden sind, so dass schon die Erwähnung ihres Titels ihnen einen festen Punkt in unserer Erinnerung zuweist. Sie sind so sehr zu einem Bild von Vergangenheit geronnen, dass man sich gar nicht mehr vorstellen kann, dass ein Publikum in ihnen einst ein Abbild der eigenen Gegenwart erkannt hat. Natürlich schmilzt man auch heute noch dahin, wenn Audrey Hepburn mit der Gitarre im Fenster sitzt und »Moon River« singt – aber damals schwang darin das Bewusstsein mit, dass irgendwo da draußen Mädchen herumlaufen, die genauso aussehen und so ein Leben führen wie Audrey in Frühstück bei Tiffany. Und wenn die Leute West Side Story sahen, dann fanden sie das genauso hinreißend wie heutige Zuschauer Baz Luhrmans Moulin Rouge – oder wie unsereiner Saturday Night Fever. Sie konnten darin einen Entwurf fürs eigene Leben entdecken, auch wenn der Gedanke, seine Konflikte singend zu bewältigen, damals so abwegig erschienen sein mag wie heute.

Man schwärmte für Jean-Paul Belmondo in Cartouche, der Bandit genauso wie heute für Antonio Banderas in Die Maske des Zorro; fand Frank Sinatra und Dean Martin in Die siegreichen Drei so cool wie heute George Clooney und Brad Pitt in Ocean's Eleven; ließ sich von Lolita so verstören wie heute von American Beauty; hat über Rock Hudson und Doris Day in Ein Pyjama für zwei genauso gelacht wie heute über Mel Gibson und Helen Hunt in Was Frauen wollen; fand in Der längste Tag den Krieg genauso grausam wie heute in Black Hawk Down; hat sich über Der Schatz im Silbersee genauso amüsiert wie heute über Der Schuh des Manitu… Natürlich fangen die Vergleiche irgendwann an zu hinken, und wir stellen fest, wie vieles von dem, was wir heute sehen, unsere Seherfahrungen voraussetzt. Es gibt kein Zurück in jenen Zustand der Unschuld, der damals geherrscht haben mag – so wie damals kein Weg zurückführte zum ungläubigen Staunen der Vorkriegszeit. All diese Filme, die in Deutschland im Jahr 1962 ins Kino kamen, waren technisch auf dem neuesten Stand, entsprachen durch und durch dem Zeitgeschmack. Und wir können uns nur schwer ausmalen, dass in 40 Jahren die Menschen Jurassic Park oder Tiger & Dragon ansehen und sich wundern über die ungelenken Effekte und die altmodische Erzählweise. So wie man heute über die hölzernen Rückprojektionen bei

Autofahrten staunt, in denen man stets sieht, dass in irgendeinem Studio zwei Schauspieler in einem Wagen saßen, der vor einer Leinwand stand, so wird man dann den Kopf schütteln über die durchschaubaren Tricks in Die Mumie kehrt zurück. Man muss damit gar keine Wertung verbinden – alles hat seine Zeit. Denn so wie man sich 1962 niemals von Filmen wie Mulholland Drive, Memento oder Die fabelhafte Welt der Amélie hätte träumen lassen, so ist es schier unmöglich, heute oder in Zukunft Filme wie Jules und Jim oder Liebe 62 zu machen – oder doch? Vielleicht ist die Weise, wie die Kamera bei Antonioni vor Monica Vitti in die Knie geht oder wie sie Jeanne Moreaus schweigsame Schönheit einfängt, dann doch vergleichbar mit der Art, wie sie heute Julia Roberts oder Cameron Diaz huldigt. Womöglich ändert sich unser Blick auf die Menschen ja doch nicht, weil wir in ihnen stets jene obskuren Objekte der Begierde sehen, die uns einen Film lang in ihren Bann schlagen und den Wunsch zur Verwandlung in uns freisetzen. Das ist ja auch das Versprechen, welches das Kino immer wieder erneuert: dass es uns einen Spiegel vorhält, in dem wir nicht nur uns selbst sehen, sondern auch das, was wir waren, und das, was wir werden.

Wenn man damals Männer gefragt hätte, mit wem sie gerne einen Abend verbringen würden, hätten sie wahrscheinlich Brigitte Bardot genannt. Und die Frauen hätten insgeheim gerne mit ihr getauscht, auch wenn die so genannte Öffentlichkeit ihre Männergeschichten so skandalös fand, dass Simone de Beauvoir im amerikanischen *Playboy* die Bardot als Vorkämpferin des Feminismus verteidigen musste. Tatsächlich ist es nicht ganz leicht, hinter ihr puppenhaftes Gesicht zu blicken. Der Schmollmund mit seinen aufgeworfenen Lippen und den nach unten gezogenen Mundwinkeln scheint sich stets in der Pose des verwöhnten Weibchens zu gefallen, dem allzu früh alle zu Füßen lagen. Aber natürlich gibt es, wenn man sich Louis Malles PRIVATLEBEN ansieht, schon ein paar gute Gründe, sie attraktiv zu finden. Für Brigitte Bardot und das Jahr 62 war PRIVATLEBEN so etwas wie später NOTTING HILL für Julia Roberts – ein fast biographischer Film über Glanz und Elend des Lebens als Star, über Öffentlichkeit und Einsamkeit.

Stellen wir uns also vor, es wäre 1962, wir säßen im Kino und sähen Brigitte Bardot, wie sie im hellen Sommerkleid durch Genf radelt. Wie sie ihre blonde Mähne mal mit dem Stirnband bändigt, mal zu einer Art Vogelnest hochsteckt, mal zu Zöpfen flicht, mal unter einer schwarzen Perücke versteckt. Wie sie Jeans und weißes T-Shirt trägt, wie sie im weißen Bademantel dasteht, wie sie nur mit einem Herrenhemd bekleidet morgens Kaffee macht und ihn Marcello Mastroianni ans Bett bringt. Da kann man dann schon verstehen, was die Leute an ihr fanden und dass die Männer sich wahrscheinlich fragten, ob ihnen Mastroiannis heller Sommeranzug und seine breite Hornbrille womöglich auch ganz gut stehen würden. Und dass so ein großzügiges gläsernes Büro, so eine Bootsfahrt über den Genfer See und so ein Castello in Spoleto unter Umständen auch hilfreich wären, wenn man Frauen wie Brigitte Bardot verführen will. Und durch dieses Gespinst aus Sehnsüchten schwebt das verwöhnte Ding in einem weißen DS, jenem hydraulischen Traumauto von Citroën, dessen göttliche Züge allen Phantasien von einem besseren Leben eine Form zu verleihen schienen.

Wer mit Bardots puppenhafter Art nichts anfangen konnte, der hat aber vielleicht Gefallen gefunden an Monica Vitti, der blonden Lebensgefährtin von Michelangelo Antonioni, dessen Film L'ECLISSE in Deutschland unter dem Titel LIEBE 62 ins Kino kam. Die Liebe ist in dem Fall zwischen Monica Vitti und Alain Delon ein Gefühl, das so flüchtig ist wie der Wind, der in die Bäume fährt, so chaotisch wie das Durcheinander an der Mailänder Börse und so leer wie jene Straßenkreuzung, an der das letzte Rendezvous nicht zustande kommt, sondern den Film in eine Art Schwebezustand entlässt, in dem die womöglich flüchtige Liebe zweier Menschen nicht schwerer wiegt als die Abertausend anderen Dinge, die wir Welt nennen, aber selten wahrnehmen oder die sich zumindest selten niederschlagen, wenn wir diese Wahrnehmung artikulieren. Man sieht also ein paar Leute an einer Bushaltestelle, ein Stück Holz in einem Wasserfass, den Streifen eines Flugzeugs am Himmel und einen Mann, der eine Zeitung liest, deren Schlagzeile lautet: »La pace è debole« – der Frieden ist schwach. Und nirgends hat man so sehr den Eindruck, hier sei etwas von der Wirklichkeit jenes Jahres eingefangen, wie in den verstreuten Impressionen am Schluss von L'eclisse, deren Beiläufigkeit durch diese Worte auf einmal eine ungeahnte Spannung bekommt. Und vielleicht sind die Menschen danach aus dem Kino getreten, haben zum Himmel geblickt und an Kuba gedacht und sich gefragt, wie es um ihren Frieden bestellt ist.

Sie konnten noch nicht wissen, dass zur selben Zeit in Paris Chris Marker einen Film drehte, der nur 29 Minuten lang ist und aus lauter Standbildern und einer einzigen Bewegtszene besteht: La jetée. (Terry Gilliam hat aus der Geschichte später das Remake 12 Monkeys mit Bruce Willis und Brad Pitt gemacht.) Er beginnt mit den Worten: »Dies ist die Geschichte eines Mannes, der von einem Bild aus seiner Kindheit geprägt wurde. Die Szene, die ihn durch ihre Brutalität verstörte und deren Bedeutung er sehr viel später erst erfassen sollte, ereignete sich auf der großen Besucherterrasse von Orly, einige Jahre vor Ausbruch des Dritten Weltkriegs.« Man sieht, dass auch hier ein Regisseur die Spannung, die offenbar in der Luft lag, aufgefangen und in eine albtraumhafte Geschichte umgemünzt hat. Ein Mann reist in Gedanken aus der Zukunft zurück ins Jahr 1962 und sieht mit den Augen des Kindes, wie ein Mann erschossen wird – der er selbst ist. Der Zeitreisende, das Kind, der Mann, alle fallen in eins in dieser schrecklichen Zeitschleife, die für immer diese Besucherterrasse des Flughafens Orly im Jahr 62 zu einem Ort der unmöglichen Erinnerung macht.

Und es ist sicher kein Zufall, dass ausgerechnet der Schriftsteller Patrick Modiano, dessen ganzes Werk von der Flüchtigkeit der Erinnerung handelt und den vergeblichen Versuchen, ihre trüben Bilder vor dem geistigen Auge scharf zu stellen, just den Winter 62 in Orly herumhing: »Wir haben in diesem Winter ganze Tage auf dem Flughafen von Orly verbracht. Wir versuchten so lange wie möglich dort zu bleiben, wie die römischen *vitelloni*, saßen stundenlang auf den Terrassen der Cafés und spielten, wer am längsten an seinem Campari nippen kann… Ich erinnere mich, dass der Flughafen von Orly für mich wie eine innere Landschaft war: *no man's land*, eine Transit-Zone, wo ich einem grauen und erstickenden Leben zu entfliehen suchte. Ich fühlte mich wohl an diesem Ort in der Schwebe, am Rande der Ankünfte und Abflüge.«

Für jeden gibt es Namen und Worte, denen eine bestimmte Stimmung anhaftet, die einen bestimmten Duft verbreiten. Orly ist so ein Name, in dem all jene Sehnsüchte nach einer Zeit vor unserer Zeit aufgefangen sind, eine Art Nabel zwischen einer bestimmten Art von französischen Filmen und einem diffusen Bild von den Versprechen, die sie in Wirklichkeit bargen. Orly, das klingt nach PanAm und Citroën DS, nach Stewardessen mit Hütchen und Männern in Anzügen, nach Formen, die verschwunden sind wie das Wort Orly und seine Bedeutung – heute landet man in Charles de Gaulle. Das Wort aber ist weiterhin unsere Landebahn in die Vergangenheit, wo Modiano damals tatsächlich Françoise

Dorléac traf, die dort mit François Truffaut Die süsse Haut drehte, einen Film, der die Phantasien aller Geschäftsreisenden wahr macht, wenn die Stewardess im Fahrstuhl den Mann, der gerade noch ihr Passagier war, unvermittelt küsst – aber auch ihre Albträume, weil seine Ehefrau hinter die Affäre kommt und ihn erschießt. Doch da sind wir schon im Jahr 1964, das aber seinen Ursprung in jenem Winter 62 nahm, als Patrick Modiano in Orly dem grauen Winter zu entfliehen suchte.

Es hätte aber auch sein können, dass wir 1962 in Boccaccio '70 gesessen wären und in Luchino Viscontis Episode Romy Schneider entdeckt hätten, die wir als Sissi kennen, als Kaiserin der Herzen, die auf eine Weise lachen konnte, dass in ihren Augen stets die Sonne aufzugehen schien. Sie war eine Alpenschönheit, aber sie hatte dem Land, das sie regierte, den Rücken gekehrt, wollte nicht mehr Sissi sein, sondern lieber in Frankreich der Stimme ihres eigenen Herzens folgen. Dort war sie auch ein Star und hatte aus einer Schar unbekannter Gesichter Alain Delon auswählen dürfen, damit er an ihrer Seite in Christine spielt – und sich in ihn verliebt. Luchino Visconti hatte mit den beiden auf der Pariser Bühne *Schade, dass sie eine Dirne ist* inszeniert – und dieser Titel spiegelte ganz gut wider, was die Deutschen von ihr hielten. Sie fühlten sich von ihrer Kaiserin verraten.

Und jetzt trat sie unter Viscontis Regie in dieser Episode von Boccaccio '70 auf, einer Farce um eine sehr reiche Frau, die von ihrem verarmten adeligen Ehemann fortwährend betrogen wird. Als sie daraufhin Konsequenzen ziehen will, versucht er, sie noch mal zu umgarnen, aber sie durchschaut sein Spiel und lässt ihn zappeln. Wichtiger als die überzogene Scheidungsgeschichte war aber sicherlich die Tatsache, dass hier eine Schauspielerin ihren Körper fürs Kino entdeckte, dass sie nicht nur ihren Mädchencharme spielen ließ, sondern sich als Frau zu emanzipieren versuchte, dass sie sich von ihrem Rollenkorsett befreite und nackt ins Bad stieg. Einfach so. Im Jahr 62 war das ein Schock für die Deutschen – aber was für einer.

Und wer hätte damals schon ahnen können, dass man in diesem Moment Zeuge wurde, wie sich ein Schmetterling aus der Puppe schälte, dass man der Geburt einer Schauspielerin beiwohnen durfte, die wie keine zweite uns in ihr Leben verstrickte. Michelangelo Antonioni hat einen seiner Filme mal IDENTIFIKATION EINER FRAU genannt, ein rätselhafter Titel für eine Geschichte, die davon handelte, dass ein Filmregisseur nach einem Frauengesicht sucht, das ihn zu seinem nächsten Film inspiriert. Und genauso war es mit Romy Schneider. In ihr fanden wir ein Gesicht, das uns unsere Geschichte erzählte. Ein Gesicht, das von unseren Sehnsüchten, unseren Ängsten, unserem Glück, unserem Scheitern erzählte – weil sie als Schauspielerin die seltene Fähigkeit besaß, dass die Leute alles an ihr sehr persönlich nahmen. Und wenn sie dieser Tatsache auch tausendmal entfliehen wollte, so nahmen doch alle stets Anteil an ihrem Geschick, und es war kein Wunder, dass sie das im Lauf der Zeit als immer fatalere Verstrickung empfinden musste. Dass sie ein Talent für die falschen Männer hatte, sagt sich so leicht dahin, denn wer weiß schon, welches Glück sie bei ihnen gefunden hat und ob das nicht mehr war, als wir angesichts ihres tragischen Geschicks ahnen. Dass sie unglücklich war, glauben alle zu wissen, weil sie die Geschichte von ihrem schrecklichen Ende her aufrollen. Sie war ja nicht die Erste, die die Kluft zwischen öffentlicher Bewunderung und dem morgendlichen Blick in den Spiegel, den Riss zwischen Rolle und Ich mit Alkohol und Tabletten zu schließen suchte. Um sich die Verwirrung der Gefühle vor Augen zu halten, muss man sich nur mal vorstellen, wie das war, als sie, Jahre nachdem sie von Alain Delon sitzen gelassen worden war, mit ihm für den Film SWIMMING-POOL wieder zusammentraf, wie sie in der ersten Szene zu ihm an den Pool kommt, sich auf ihm ausstreckt, sich den Rücken kratzen lässt, dann stöhnt, das könne keiner so gut wie er, und sich ihr Bikinioberteil auszieht. Eine Schauspielerin muss das können, heißt es. Vielleicht war es ja auch so, aber es bezeichnet ganz gut die Verwicklungen, in denen sie sich verstricken musste.

Tatsache war, dass man ihrem wunderbar warmen österreichischen Akzent anhören konnte, dass sie Französisch für die Sprache der Liebe hielt, und dass das selbst in der deutschen Synchronisation, die sie gottlob fast immer selbst besorgte, durchzuhören war. Wenn sie in deutschen Fernsehshows, quasi ohne französische Vorlage, sprechen musste, wirkte sie immer erstaunlich verspannt. Sie hatte in der anderen Sprache eine Heimat gefunden, und als sie später in einer Böll-Verfilmung auftrat, tat sie das womöglich auch, weil sie hoffte, in seiner Sprache etwas wieder zu finden, was ihr im Deutschen offenbar verloren gegangen war oder was ihr Sissi geraubt hatte.

Sie führte das Leben, von dem wir träumen, wenn wir ins Kino gehen, und sie hat an unserer statt für diese Träume bezahlt. Ihren Figuren wohnt stets ein Wunsch nach Auslöschung inne, der Wunsch, sich ganz und gar im Gegenüber zu verlieren, ihm vertrauen zu können – und natürlich haben wir das immer auf uns bezogen. Ihr Blick, wenn sie Männer das erste Mal fixierte, ging stets durch Mark und Bein, weil er alles zugleich war: Prüfung und Flehen, Herausforderung und Hingabe. Wenn sie jemandem wirklich in die Augen blickte, dann schien sie sich auf eine Weise zu öffnen, dass man bis auf den Grund ihrer Seele blicken konnte, als wären diesem Blick nicht nur die Leidenschaften, sondern auch die unweigerlichen Enttäuschungen schon eingeschrieben. Es lag auch eine Anspannung darin, die ihrer Unsicherheit entwuchs, das Misstrauen eines Kindes, das erlebt hatte, dass dem Augenschein nicht immer zu trauen ist, und doch immer wieder darauf hereinfällt. Dass sie eine schöne Frau war, wusste sie und trieb ihr Spiel damit, aber wie gut sie als Schauspielerin war, das hat sie selbst nie so recht begriffen. Sie hat sich immer weiter entblößt, hat sich unseren Blicken dargeboten, hat sich Schmerzen zugefügt und sich im Rausch verloren, um jenes Stoffes habhaft zu werden, aus dem große Schauspieler vermeintlich gestrickt sind. Dass sie uns an diesem verzweifelten Kampf um Anerkennung und Erfüllung teilhaben ließ, schaffte eine Nähe, mit der sie im wirklichen Leben nichts anfangen konnte. Man muss ihr nur mal zusehen, wie sie in NACHTBLENDE eine ambitionierte Schauspielerin gibt, die sich in billigen Filmen durchschlagen muss. Da sitzt sie dann auf dem Boden und wehrt mit verheultem Gesicht die Blicke eines Fotografen ab: »Nicht. Bitte nicht. Ich kann auch etwas Besseres. Ich mache das nur, um Geld zu verdienen.« Aber Tatsache ist natürlich, dass es nichts Besseres als diese Szene gibt und dass sie uns in diesem Moment das Herz bricht, weil sie gar nicht zu wissen scheint, wie gut sie ist. Und wahrscheinlich ist NACHTBLENDE der einzige Film, in dem eine Frau durch ihre schiere Präsenz allein die Augen zum Überlaufen brachte, weil es kaum zu fassen ist, wie eine Frau so schön sein kann, so bei sich und so außer sich und dabei von einem so tiefen Ernst, dass man kaum wagt, ihr ins Gesicht zu blicken.

Wie viel Glück und wie viel Schmerzen die Zukunft für Romy Schneider bereithalten würde, konnte man 1962 wirklich nicht ahnen. Sie war Teil jenes Kinos, von dem sich der deutsche Film durch das Oberhausener Manifest zu befreien suchte. Und tatsächlich entstand daraus später der Neue Deutsche Film, dessen prominentester Vertreter Rainer Werner Fassbinder auf dem Höhepunkt seines Ruhms eine Verfilmung des Romans *Kokain* mit Romy Schneider plante. Doch dazu kam es nicht mehr. Am 29. Mai 1982 blieb Romys Herz stehen, und keine zwei Wochen später starb auch Fassbinder an einer Überdosis. Und man kann sagen, dass in diesen Tagen etwas im deutschen Kino starb, wofür wir bis heute keinen Ersatz gefunden haben.

Ist es wirklich schon so spät?

Ich würde gerne sagen können, dass mein erster Kinofilm eine Erweckung war, wenn schon nicht CITIZEN KANE, dann doch wenigstens STAR WARS. Leider ist das aber nicht so, denn ich kann mich einfach nicht erinnern. Ich weiß, dass mein Vater mit mir in FANTASIA gegangen ist – mein allererster Kinobesuch muss das gewesen sein, im damals nagelneuen Eldorado, zweifellos ein grandioser Film, aber ich müsste lügen, wenn ich behaupten würde, dass er zu jener Zeit einen wirklich bleibenden Eindruck hinterlassen hätte. Ich weiß noch, dass mich meine Tante in DIE FERIEN DES MONSIEUR HULOT mit Jacques Tati mitgenommen hat – und ich das damals nicht übermäßig lustig fand. Ich erinnere mich, dass wir in einem Vorstadtkino FLAMMENDES INFERNO angesehen haben – und mich das ziemlich kalt ließ. Ich erinnere mich an die ABENTEUER DES RABBI JAKOB – lustig, na und? Eine Schulaufführung von DER VERRÜCKTE PROFESSOR mit Fred MacMurray hat mich immerhin beschäftigt, weil darin der Supergummi Flubber vorkam, mit dem man beim Basketball bis zum Korb springen konnte. Von einer Aufführung des Musicals JESUS CHRIST SUPERSTAR in der Mehrzweckhalle ist hingegen nur die Erinnerung geblieben, dass das Mädchen, hinter dem ich damals her war, nach der Vorführung mit einem anderen verschwunden ist. So gesehen, konnte mir das Kino gestohlen bleiben.

François Truffaut hat mal geschrieben, er habe seine ersten 200 Filme im Stande der Heimlichkeit gesehen, indem er Schule schwänzte oder die abendliche Abwesenheit der Eltern ausnutzte, um sich durch den Notausgang oder die Toilettenfenster Zugang zum Kino zu verschaffen. Er habe das mit Bauchschmerzen und Schuldgefühlen bezahlt, die aber die von den Filmen ausgelösten Gefühlsbewegungen nur noch verstärkten. Natürlich ist das eine schöne Voraussetzung, um das Kino zum Abenteuerreich verbotener Vergnügungen, zu einer Blackbox süßer Begierden zu machen. Aber die Wirklichkeit sah anders aus, wenn man in den Siebzigern groß geworden ist. Unser Abenteuer war das Fernsehen, und unsere Gefahren waren also andere. Das Schlimmste, was passieren konnte, war Fernsehverbot. Eine Woche, zwei Wochen, nicht auszudenken. Taschengeldentzug war nichts dagegen.

Solange ich denken kann, hat sich alles ums Fernsehen gedreht. 18 Uhr 20, das war eine magische Zahl. So wie später 20 Uhr 15. Bis dahin musste man zu Hause sein, wenn man fernsehen wollte: SCHWEINCHEN DICK, PAULCHEN PANTHER, VÄTER DER KLAMOTTE, DICK UND DOOF. Dann war für eine halbe Stunde die Welt in Ordnung. Auf dem Boden vor der Glotze, die Arme um die Beine geschlungen, die Schneidezähne ins Knie geschlagen. Und jedes Mal am Ende ein kleiner Tod: »Wer hat an der Uhr gedreht? Ist es wirklich schon so spät?« Danach gab es Abendessen, dann ging's ab ins Bett. »Aber heute ist nicht alle Tage – ich komm wieder, keine Frage.« Es soll also keiner sagen, nur das Kino sei ein magischer Ort. Das Fernsehen hatte durchaus auch seine Regeln und Rituale, die Respekt einflößten.

Die Schule des Sehens, das waren die Fernsehserien. Angefangen mit FLIPPER und DAKTARI. Wobei Letzteres ständig erkämpft werden musste, weil es sich mit der SPORTSCHAU überschnitt. Also musste immer hin- und hergeschaltet werden, und von Fernbedienungen war damals noch keine Rede. Wer waren schon Sepp Maier oder Gerd Müller, verglichen mit dem schielenden Löwen Clarence und dem Affen Judy? Nicht zu reden von Leuten mit so seltsamen Namen wie Marshall Thompson oder Luke Halpin... Für BONANZA oder gar DIE LEUTE VON DER SHILOH RANCH hingegen war ich verloren. Männer auf Pferden fand ich irgendwie unrealistisch, den schnatternden Delphin und den schielenden Löwen hingegen nicht.

Wunder waren auf einmal nicht nur möglich, sondern auch machbar. Man musste nur wie Barbara Eden in BEZAUBERNDE JEANNIE die Arme verschränken, fest mit den Augen zwinkern, und sofort löste man sich in Luft auf. Ehrlich. Wer die Serie einmal gesehen hat, wird immer neugierig auf die Bauchnabel der Frauen sein, weil Jeannie dort immer diesen merkwürdigen Klunker trug. (Jahre später soll sie in einem Remake gezeigt haben, dass sie darunter tatsächlich auch einen Nabel hat.) Und wer Larry Hagman als stets überforderten Major Anthony Nelson an Jeannies Seite kannte, der nahm ihm den fiesen J. R. später in DALLAS nie so recht ab. Naturgemäß interessierte man sich vor allem für Serien, die Tricks vorführten, mit denen man die Wirklichkeit überwinden konnte und die sich leicht nachahmen ließen. Das Beamen aus RAUMSCHIFF ENTERPRISE war natürlich das Beste. Aber auch Ron Elys Tarzanschwung an der Liane samt Schrei (von Johnny Weissmueller) war ziemlich populär. Weniger bekannt war Stanley Beamish aus IMMER WENN ER PILLEN NAHM, der vermutlich wegen des pädagogisch unguten Titels seither nur noch selten wiederholt worden ist. Dabei war die Art, wie sich dieser Mr. Terrific mit seinem lächerlichen Umhang aus dem Fenster stürzte, höchst nachahmenswert. Später konnte man dann glänzen, indem man beliebige

Gegenstände mit jener Geste hochhob, mit der David Carradine jedes Mal im Vorspann von Kung Fu mit bloßen Armen das glühende Kohlebecken umfasste, um sich die Drachen einzutätowieren. Oder all die Haushaltsgeräte, die in Raumschiff Orion als Zukunft verkauft wurden. Oder das Tonband, das sich am Anfang von Kobra… übernehmen Sie! selbst vernichtete, indem es sich nach Abspielen des neuesten Auftrags für Mr. Phelps in giftige Dämpfe auflöste. All diese Dinge sind in Fleisch und Blut übergegangen und legen sich auch heute noch manchmal wie ein Echo über die Realität.

Als es noch Spielzeugautos gab und Corgi Toys und Dinky Toys die Welt regierten – die kleineren Matchbox-Autos konnten da nie wirklich mithalten –, da bekamen unsere Phantasien einen fahrbaren Untersatz. Neben James Bonds unvermeidlichem Aston Martin mit Schleudersitz gab es das Batmobil, das kleine orangene Raketen abschießen konnte, die genauso schnell verloren gingen wie der ebenfalls katapultierbare Rotor des Wagens aus Bruce Lee – Das Geheimnis der grünen Hornisse, mit dem tollen Hornissen-Signet. Dann gab es den Ford aus Solo für O.N.K.E.L., bei dem sich die Figuren von Napoleon Solo und Illya Kurakin abwechselnd aus dem Fenster lehnen konnten, den gestreiften Jeep aus Daktari samt Löwe und vor allem Lady Penelopes großartigen rosafarbenen Rolls-Royce mit dem Kennzeichen FAB1 aus der phantastischen und viel zu selten gezeigten Puppenserie Thunderbirds. Es gab auch die Autos von Kojak, Starsky und Hutch, und die der Professionals, Drei Engel für Charlie, Monkees. Aber die hatte keiner von uns. Heute gibt es all das nur noch als Sammlerstücke. Und man darf ihnen im Grunde auch nicht nachtrauern, weil die Figuren, die es heute etwa für He-Men oder gar Star Wars gibt, wesentlich raffinierter sind. Das A-Team konnte man als Modelleisenbahn-Set kaufen, mit Zug und Figuren und Schienenkreis und allem Drum und Dran. Wenn es damals allerdings schon Computer gegeben hätte, hätten wir uns für die Spielzeugautos vermutlich auch nicht interessiert.

Die einzige Fernsehserie, die nicht vom elterlichen Wohlwollen abhängig war, sondern quasi mit pädagogischer Billigung geguckt werden durfte, war DIE SENDUNG MIT DER MAUS, und man kann mit an Sicherheit grenzender Wahrscheinlichkeit annehmen, dass wir die erste Folge gesehen haben. Was hätte man denn sonst sehen sollen? Während Werner Höfer am internationalen Frühschoppen (was für ein Wort!) herummoderierte, erklärte Marcel Prawy im ORF klassische Musik – das waren für Kinder keine echten Alternativen. Heute kann man von Glück reden, wenn Kinder inmitten all der anderen so genannten Kinderprogramme auf DIE SENDUNG MIT DER MAUS stoßen. Was für ihre Eltern gut war, kann ihnen bestimmt auch nicht schaden.

Schließlich haben wir dort gelernt, wie Gummibärchen gemacht werden und Verkehrsschilder und allerlei anderes Zeugs. Nicht dass wir uns an die Erklärungen erinnern könnten – das meiste gibt uns auch heute noch Rätsel auf –, aber das ist im Grunde auch gar nicht so wichtig. Das Entscheidende an den Sachgeschichten war, dass sie die Welt, die uns umgibt, als etwas Gemachtes entlarvten. Dass sie so undurchdringliche Objekte wie eben Gummibärchen oder Verkehrsschilder, deren Existenz zu hinterfragen man nie auf die Idee gekommen wäre, in einen Kreislauf einreihten, der sich von alleine nie offenbart hätte. Dinge sind nicht da – sie werden gemacht. Das war ein irgendwie beruhigender Gedanke, der eine ganze Kindergeneration in Ingenieurberufe trieb und auch sonst mächtig Sinn stiftete. Wahrscheinlich war er dem Geist der 68er entsprungen: Wenn Dinge gemacht werden, dann können sie auch anders gemacht werden. Das führte aber komischerweise nicht zum Umsturz, sondern in die Achtzigerjahre, wo man zum Schluss kam: Was gemacht wird, kann auch gekauft werden. Zu den unverdächtigen Vergnügungen zählte natürlich auch URMEL AUS DEM EIS aus der Augsburger Puppenkiste, aber bereits bei PIPPI LANGSTRUMPF ging es los, dass die Bilder unterschwellig von ganz anderen Abenteuern kündeten. Wobei einem die rothaarige Pippi in dieser Hinsicht gestohlen bleiben konnte. Was uns entflammte, war Annika, das brave Nachbarsmädchen, die es faustdick hinter den Ohren hatte – auch wenn die Serie davon nichts wissen wollte. Umso größer war die Genugtuung, als man später erfuhr, dass Maria Persson, die Darstellerin der Annika, später dem Ruf des Herzens nach Spanien folgte und eine Kneipe auf Mallorca eröffnete, wo sie wahrscheinlich der freien Liebe frönte. Damit soll nur noch mal klar gemacht werden, welcher Art unsere Erweckungen waren. Keine Rita Hayworth, die sich so aufreizend aus ihren Handschuhen schält, dass man auch alles andere zu sehen glaubt, sondern ein unscheinbares Mädchen mit einem kecken Muttermal auf der Oberlippe, das eine schwedische Kinderserie in ein *guilty pleasure* verwandelte.

Ehe die Privaten kamen, gab es also in Bayern fünf Programme – ARD, ZDF, das Dritte und die beiden Österreicher –, und man hat manche Serie nur aus purer Verzweiflung darüber angeschaut, dass sonst nichts Gescheites lief. Davon profitierte zum Beispiel DIE ONEDIN-LINIE, die sonst nie in Frage gekommen wäre, oder DER SEEWOLF, in dem Raimund Harmstorf mit bloßen Händen eine Kartoffel zerquetschte, was als erste Demonstration deutscher Manneskraft seit dem Zweiten Weltkrieg eine ganze Nation von Halbstarken zur Nachahmung verlockte. Eindrucksvoller waren aber dennoch Männer wie die in KOJAK, PETROCELLI, STARSKY UND HUTCH, TOMA, HAWAII FÜNF-NULL, C.I. 5 – DIE PROFIS,

Detektiv Rockford und Die Strassen von San Francisco. Diese Serien waren ungefähr so wichtig wie Margret Dünsers V.I.P.-Schaukel, wenn es darum ging zu zeigen, wie es in der großen Welt zugeht. Ich erinnere mich noch an einen Streit mit einem Nachbarn, der James Garners Power Slide rückwärts für einen Filmtrick hielt. Ich hatte zwar keine Ahnung, hielt aber dagegen, weil mir der Typ ohnehin auf die Nerven ging. Er studierte später Physik. Das kommt davon.

Manchmal wünschte man, man hätte manche Serie früher gesehen, hätte statt Flash Gordons Silvesterraketen die sonderbare Welt von Nummer Sechs erlebt. Hätte Robert Loggia in T.H.E.Cat, Richard Bradford in Der Mann mit dem Koffer oder David Janssen in Auf der Flucht als Vorbild gehabt. Das Leben hätte vielleicht anders ausgesehen, hätte weniger den Munsters, den Jetsons oder den Feuersteins geähnelt.

Es gab andere Serien, die langsam damit vertraut machten, dass es kompliziertere Formen des Zusammenlebens gab als Vati-Mutti-Kind. Männerwirtschaft etwa, ein Remake von Ein seltsames Paar mit Walter Matthau und Jack Lemmon, führte Jack Klugman und Tony Randall zusammen, einen eingefleischten Junggesellen und einen Strohwitwer, einen Chaoten und einen Ordnungsfanatiker, die sich fortwährend auf den Wecker gingen und doch nicht voneinander lassen konnten. Oder es gab die englische Serie Robins Nest, in der ein Mann mit zwei Frauen zusammenwohnte. Am allerrätselhaftesten war aber sicher das Paar aus Mit Schirm, Charme und Melone, John Steed und Emma Peel, er ein Gentleman mit Bowler-Hut, sie eine Amazone in sagenhaften Kampfanzügen, die sich sinnigerweise Emmapeelers nannten. Abgesehen davon, dass man in der Serie die tollsten Autos sehen konnte und der Chef der beiden unerklärlicherweise »Mutter« genannt wurde, schienen die beiden vorzumachen, dass der Gipfel einer Beziehung weniger das hitzige Miteinander als das gepflegte Nebeneinander sein muss.

Auf Wiedersehen, Emma! hieß die letzte Folge, in der sich auf unnachahmliche Weise der Abschied von Diana Rigg vollzieht und die auf kleinstem Raum noch mal vorführt, was diese Serie auszeichnete. Emma erzählt, dass sie in wenigen Minuten von ihrem Mann abgeholt wird. Beim Abschied legt sie John Peel die Hand auf die Brust und sagt nach einer sehr langen, sehr traurigen Pause: »Always keep your bowler on in times of stress – and a watchful eye open for diabolical masterminds.« Dann beugt sie sich vor und küsst ihn auf die Wange. Als sie weggeht, ruft er ihr hinterher: »Emma!« Und nachdem sie sich umgedreht hat und ihn fragend ansieht, sagt er: »Danke.« Ein trauriger Blick, ein letztes Lächeln, dann geht sie. Auf der Treppe begegnet sie Tara, die nach Apartment 3 fragt. Nachdem sie ihre Nachfolgerin nach oben geschickt hat, dreht sie sich noch mal um und sagt: »Ähem, er mag seinen Tee gegen den Uhrzeigersinn gerührt.« Und dabei führt sie mit dem Zeigefinger vor, was sie meint. Und während Tara etwas ratlos diese Bewegung nachahmt, sagt Emma nur: »Ja.« Wobei die Art, wie Emma den imaginären Tee umrührt, etwa so eindeutig wie Lauren Huttons Zeigefinger in AMERICAN GIGOLO ist, wenn sie Richard Gere bedeutet, worauf sie aus ist. Es gibt allerdings Fotos von ihrer Vorgängerin Honor Blackman, die mindestens genauso atemberaubend aussehen. Und eine heimliche Schwäche für Tara Kings Nachfolgerin Joanna Lumley lässt sich auch nicht leugnen.

Damit konnten deutsche Serien natürlich nicht mithalten: DER KOMMISSAR, DERRICK, DER ALTE. Nichts in ihnen war fremd, alles vertraut, und das München dieser Serien teilte sich auf in Grünwalder Villen, wo betrogene Ehefrauen dem Alkohol frönen und ihre fremdgehenden Gatten ermorden oder ermorden lassen, und in die Innenstadt, wo andere Leidenschaften wie Habgier und Rauschgift gehandelt werden. Es wurde nach englischem Muster immer mit Rückblenden gearbeitet, die bei Erik Ode stets das Ende ankündigten und die Wahrheit immer als eine Art Kapitulation erscheinen ließen. Die Art, wie das Verbrechen noch mal von hinten aufgerollt wird, haben bei mir einen dauerhaften Widerwillen gegen jede Art von Rückblenden entstehen lassen, die die Erzählung mutwillig durchlöchern. Ich erinnere mich deutlich an die allwöchentlich wiederkehrende Enttäuschung, wenn die Verbrecher gefasst wurden. Jenseits der natürlichen *sympathy for the devil* war und ist besonders DERRICK von so aufreizender Banalität, dass man nicht anders kann, als zum Verbrecher aus Leidenschaft zu werden. Verglichen damit, war EIN FALL FÜR ZWEI immer Gold; nicht zu reden von LOBSTER, einer Serie mit Heinz Baumann, der in einem Bett mit eisernem Gestell lag und wenig Lust hatte, überhaupt Fälle zu übernehmen. Die Serie hat Hans Werner Geissendörfer damals produziert, der noch nicht ahnte, dass Serien seine Bestimmung werden würden. Aber in der Regel war der deutsche Krimi immer mehr eine Einübung in die Zwänge als in die Freiheiten des Genres.

TATORT war anders – nicht nur, weil er Spielfilmlänge hatte, sondern weil klar war, dass man fast erwachsen war, wenn man bis zum Ende aufbleiben durfte. Da war die Zwanzigsuhrfünfzehn-Schallmauer durchbrochen, die Kinder von Erwachsenen trennte und subtilere Genüsse wie DIE ZWEI mit Roger Moore und Tony Curtis eine Jugend lang verhindert hat. Da waren Figuren wie Trimmel und Veigl und Kressin, Schauspieler wie Felmy und Schwarzkopf und Eckart, und da gab es vor allem *Reifezeugnis* mit Nastassja Kinski, mit der Umfragen zufolge 55 Prozent aller deutschen Männer eine Nacht verbringen wollten – und mindestens 100 Prozent aller

Jugendlichen. Der Regisseur war übrigens Wolfgang Petersen, der später DAS BOOT drehte und schließlich Hollywood eroberte. Damals agierte er aber noch unter dem Stern des Fadenkreuzes, das sich im fabelhaften Vorspann über das Auge legt und das man aus gutem Grund nie verändert hat.

In den Krimis war die Gewalt stets fein säuberlich in immer gleiche Erzählmuster eingebettet, die das Ganze als Erfindung kenntlich machten. Bei AKTENZEICHEN XY gab es den Trost des Fiktiven nicht. Nichts hat diese ganze Generation so verschreckt wie die mit monotoner Stimme vorgetragenen und von laienhaften Darstellern nachgespielten Fälle, die stets mit Wendungen begannen wie: »Als die Mutter sich an diesem Nachmittag von der kleinen Tanja verabschiedete, ahnte sie noch nicht, dass sie sie zum letzten Mal sehen würde...« Man sieht Mädchen auf dem Fahrrad, junge Frauen auf dem Nachhauseweg, allein stehende Frauen, bei denen es an der Tür klingelt, Autos, die halten, um Anhalter mitzunehmen, verregnete Waldstücke – so hat Eduard Zimmermann das ganze Land in eine Szenerie real existierender Gewalt verwandelt. Plötzlich lag Angst über der Stadt, und nichts hat unsere Albträume so befördert wie der unbarmherzig mitleidige und grausam nüchterne Blick, mit dem Zimmermann um unsere Mithilfe bat. Nicht einmal MÖRDER AHOI! mit Miss Marple, den ich in den Ferien bei meiner Tante in Bayreuth gesehen habe und der mich aus heute nicht mehr nachvollziehbaren Gründen so verschreckt hat, dass ich tagelang unterm Bett Mörder oder Schlimmeres vermutete, hat einen solch verheerenden Eindruck bei mir hinterlassen. Nichts konnte da mithalten: nicht die Sache mit dem Lachgas, das in einem Film mit Peer Schmidt die Stimmen so grässlich verzerrte, und auch nicht das in der Luft sich zur Schlinge verdrehende INDISCHE HALSTUCH, mit dem sich der Täter bei Edgar Wallace von hinten seinen Opfern näherte.

Man sieht daran, dass diese Generation von Fernsehkindern auf eine andere Art mit den bewegten Bildern vertraut wurde als die ihrer Eltern. Am Anfang steht nicht mehr das große Staunen vor der riesenhaften Leinwand, die ihren Schlund aufreißt, sondern das große Hallo, wenn im Wohnzimmer die Glotze angeschaltet wurde. Das ist schon ein gewaltiger Unterschied, und es kann schon sein, dass dadurch dem Kino eine Menge abhanden gekommen ist. Aber man müsste nur mal die Titelmelodie von 77 SUNSET STRIP einspielen, schnippschnipp, und es wäre jedem, der die Melodie kennt, klar, dass auch die Fernsehserien ein Vehikel sind, mit dem wir in die Vergangenheit zurückkreisen können, ein TIME TUNNEL.

Das blanke Überleben

Man hätte so gerne die perfekte Erinnerung, das einmalige Gedächtnis, das jede Gemütsregung mit irgendeinem Erlebnis in Deckung bringen kann. Aber das Leben ist nicht so. Man geht ins Kino, man sieht fern, aber alles bleibt beim Alten. Wunderbar, wenn Schriftsteller jede Reminiszenz zur Anekdote aufblasen können, wenn jedes kindliche Erlebnis zum biographischen Fixpunkt wird. Doch unser Blick zurück ergibt jenes Rauschen nach Sendeschluss, das mittlerweile aus der Fernsehlandschaft verschwunden ist, weil auf allen Kanälen rund um die Uhr gesendet wird. Heute kann man das nur noch sehen, wenn der Sendersuchlauf einen Kanal nicht findet und hinter beunruhigendem Rauschen nur noch schwarzweißes Schneegestöber von sich gibt. Das ist exakt das Bild, das wir sehen, wenn wir in die Vergangenheit blicken. Weißes Rauschen. Wir wünschten, es wäre anders, aber es ist, wie es ist.

Wenn unsere Generation etwas auszeichnet, dann jenes Rauschen beim Blick zurück. Wir sind ohne Sorgen groß geworden, was wir erlebt haben, war nie existentiell, also sind auch unsere Erinnerungen flau, durchzogen von einem Wohlstandsflimmern, das keine Empfindungen zurückgelassen hat. Die Sendung unseres Lebens ist im Grunde die Quizshow AM LAUFENDEN BAND mit Rudi Carrell: Da durfte der Sieger sich am Ende in einen Korbsessel setzen und zusehen, wie ein Fließband 40 Gegenstände an ihm vorbeischweben ließ. Was er sich von diesen Gegenständen merken konnte, durfte er mit nach Hause nehmen. Da gab es dann beispielsweise ein Paar Skier, einen Mixer, einen Gartentisch, eine Stehlampe, einen Fußball – und einen Würfel mit einem Fragezeichen. Wenn die Erinnerung ins Stocken kam, dann fiel einem vor Ablauf der 30 Sekunden immer noch das Fragezeichen ein. So ist unser Leben: Wir erinnern uns an etwas, aber wir wissen nicht, wofür es steht. Wenn man versucht, scharf zu stellen, dann sieht man keine goldgerahmten Erinnerungen an fröhliche Nachmittagsvorstellungen, an frühe Schrecken und unvergessliche Lüste, sondern eben nur das Testbild, das beharrlich auf den Sendebeginn wartet.

Wir waren buchstäblich blank, und die diversen Bedeutungen dieses Wortes im Englischen darf man, so wie das Lexikon sie definiert, ruhig fürs Ganze nehmen:

blank
a weiß, leer, ungeschrieben, unausgefüllt;
com ungedeckt; stumpf, dumpf, ausdruckslos, langweilig; vergeblich, ergebnislos; ereignislos, inhaltsleer; unfruchtbar, unergiebig; einfallslos, verblüfft, bestürzt; bloß, rein; völlig, vollständig;
(*Schweigen*) tief;
poet reimlos;
s (Buch, Blatt; Papier) leere Stelle, freier Raum, unbeschriebenes Blatt (Papier);
Am Formblatt, Formular zum Ausfüllen, Vordruck; Gedankenstrich (für ein Schimpfwort); (Sprech-)Pause;
allg Lücke, Leere, Unausgefülltheit;
mil Platzpatrone;
(*Lotterielos*) Niete;
typ Durchschuss;

tech Rohling, Pressling;
to ~ out verbergen, verdecken; ausstreichen;
video austasten;
to draw a ~ eine Niete ziehen;
fam fig Pech haben;
to fill in the ~s die leeren Stellen ausfüllen.

Wir waren *blank* in jeder Hinsicht – und also bereit, die Lücken mit Bildern und Geschichten aller Art auszufüllen. Wir gingen buchstäblich zur Belichtung ins Kino und kamen aus dieser Dunkelkammer verwandelt wieder heraus – das Problem war nur, dass diese Bilder schneller verblassten, als wir gehofft hatten. Manche zerfielen schon beim Verlassen des Kinos zu Staub, und man kam sich vor wie Christopher Lee, wenn er in DRACULA mit dem Sonnenlicht in Berührung kommt – dann brauchte man neues Blut. Andere lösten sich mit der Zeit auf. Und wieder andere blieben so lange hängen, dass wir sie irgendwann für unser Leben hielten.

Man müsste also die Memoiren dieser nie gelebten ewigen Jugend schreiben, dieser im Reich der Fiktion verlorenen Jahre. Sie würden in Ländern spielen, wo wir nie waren, durch Betten führen, in denen wir nie gelegen haben, Wendungen besitzen, von denen wir nicht zu träumen wagten. Wo wir aber endlich versöhnt würden mit all den Bildern, die der Sehnsucht eine falsche Heimat geben. Eine imaginäre Biographie wäre das, die keine Schwere besitzt, aber die Schwermut kennt, die so verzweifelt die Auslöschung der eigenen Identität betreibt, dass wir begeistert fremde Schicksale auf uns nehmen.

Wer in der Vorstadt groß wird, wächst ohnehin in einer Wüste auf. Vielleicht ist das aber auch einfach ein Alter, in dem man sich von Natur aus in einem Vakuum befindet. So gesehen, entsprach unsere Umgebung durchaus unserem Zustand, und die Tatsache, dass die Peripherie eben keine besonderen Kennzeichen hat, spiegelte die eigene Orientierungslosigkeit. Wir hingen im Einkaufszentrum herum, spielten immer dort Fußball, wo es nicht erlaubt war, besaßen Meerschweinchen oder Hamster, die stets früh verstarben, fuhren Skateboard und ließen uns von Älteren verdreschen, beklauten zum Zeitvertreib irgendwelche Schreibwarenläden, bemalten Modellflugzeuge, warfen Blumentöpfe aus Hochhäusern, träumten von Bonanza-Fahrrädern, spielten Tipp-Kick oder sahen fern. Das war weder Idyll noch Abenteuer, sondern einfach das gelebte Nichts – aber es war unsere Jugend. Und wenn man auf das deutsche Kino wirklich sauer sein will, dann vor allem deswegen, weil es uns um unsere Jugend betrogen hat. Es hat damals unseren Vorstellungen keine Welt untergeschoben, die mit unseren Wünschen übereinstimmte, und es hat später unseren Erinnerungen keinen Halt gegeben, wenn sie nach einer Heimat suchten. Erst gab es DIE HALBSTARKEN, dann DIE VERWIRRUNGEN DES ZÖGLINGS TÖRLESS, und dann war Flaute.

Vielleicht ist das heute anders, denn seit einiger Zeit beschäftigt sich das deutsche Kino wieder verstärkt mit jenem heiklen Alter, in dem die Zukunft vor lauter Abschieden einen ewigen Moment lang auf sich warten zu lassen scheint. Selbst weniger ambitionierte Projekte wie MÄDCHEN, MÄDCHEN zeugen von einer Tendenz, die Pubertät zu entkolonialisieren und sich filmisch der eigenen Jugend zu versichern, die man allzu lange dem amerikanischen Kino überlassen hat. Und wie zur Bestätigung dieser These spielt der Film SCHULE ausgerechnet in meinem ehemaligen Gymnasium in Unterhaching und blendet neue Bilder über Erinnerungen, die längst in die Regale des Vergessens abgeschoben schienen. Aber bevor man jammert, dass diese Verjüngungskur ein paar Jahrzehnte zu spät kommt, sollte man sich vergegenwärtigen, dass mit diesen Filmen Leute aufwachsen, die sich darin aufgehoben fühlen. Womöglich ist das eine einmalige Chance fürs deutsche Kino, endlich erwachsen zu werden.

In den Siebzigerjahren war Deutschland nun womöglich mit anderen Problemen beschäftigt als der Melancholie der Vorstadtjugend. Es befasste sich lieber mit der Tristesse einer Generation, die vergessen hatte, wie jung sie mal gewesen war – und sich deshalb vor der Jugend drückte. Das so genannte Neue Deutsche Kino jener Jahre hatte andere Qualitäten, die auf den großen Festivals auch anerkannt wurden, aber einem Heranwachsenden kaum zugänglich waren. Die Probleme, die dort behandelt wurden, waren nicht unsere Probleme. Was wir nicht erkannten, war der Umstand, dass das Kino auch damals schon einen Nachholbedarf hatte und aufholte, was vorher versäumt worden war. Die Auseinandersetzung mit der Vergangenheit und der Art, wie sie in die Gegenwart hineinspielte, war überfällig – und so scheint das deutsche Kino seiner Zeit immer hinterherzuhinken. Wir wollten aber nicht Teil des Problems, sondern Teil der Lösung sein.

Natürlich gibt es auf der Welt drängendere Fragen als jene, was eigentlich aus den Jungs wird, wenn aus Mädchen Frauen werden, aber Tatsache ist, dass man stattdessen in bestimmten amerikanischen Filmen jene Nostalgie verspürte, die einen angesichts der eigenen Jugend befallen müsste. Es ist fast so, als hätten die amerikanischen Bilder rückblickend jenes Vakuum besetzt, das jene Jahre darstellen. Wenn man dann Bilder sieht, wie Jungs vom Fahrrad die Zeitung vor die Haustür werfen, wie sie mit dem Vater vor der Garage Basketball spielen, wie sie gemeinsam im Diner sitzen, wie die Mädchen in Trauben unter schattigen Bäumen auf den Wiesen des Campus schnattern, wie sie als Cheerleader am Spielfeldrand hüpfen, wie sie Kaugummi kauen, dann stellt sich leicht jene Wehmut ein, welche die eigene Vergangenheit hervorrufen müsste – aber für die hält das Kino keine Bilder bereit. Man hat all das so tausendfach in amerikanischen Filmen und Fernsehserien gesehen, dass sich diese Bilder an die Stelle der eigenen gesetzt haben oder sie zumindest verdecken. Wenn wir also an diese Jugend, die wir nie gehabt haben, zurückdenken, dann erinnern wir uns an die Stimme von Wolfman Jack im Drive-in, wo die Bedienungen auf Rollschuhen die Bestellungen aufnahmen, an den Streit um die Roastbeef-Sandwiches im Diner, wo sich der dicke Earl einmal durch die ganze Speisekarte fraß, und an die wilden Partys am Huntington Beach, wo wir auf die große Welle warteten. Wir erinnern uns, wie wir einer platinblonden Erscheinung im Thunderbird hinterherjagten, wie wir mit einer Stripperin auf dem Tresen tanzten und wie wir um die Einberufung nach Vietnam herumgekommen sind. Wir konnten uns eine Nacht lang nicht entscheiden, ob wir ans College gehen oder bei unserer High-School-Liebe bleiben sollten, und haben erlebt, wie sie über der schüchternen Prom Queen Carrie einen Eimer Schweineblut ausgeschüttet haben. Wir erinnern uns an Froschauge und Boogie und Bear. Das war unsere verdammt beneidenswerte Jugend. Wir hörten »Lollypop« oder »Stand By Me«, tanzten zu »Peggy Sue« oder »Twist & Shout«, kannten alle Baseball-Ergebnisse, veranstalteten als Mutprobe draußen in der Wüste Autorennen und fingen vor dem Observatorium eine Messerstecherei an. Und wenn wir mit unseren Surfboards wie Gladiatoren den Strand über die große steinerne Treppe betraten, dann waren wir unbezwingbar. Wir sind es heute noch, weil unsere Jugend im Kino ewig ist.

Her mit den kleinen Engländerinnen

Das Kino ist keine Wunschmaschine, sondern vor allem eine Folterbank. Solange man jung ist, lässt es uns von all jenen Wünschen träumen, die wir uns erfüllen können, wenn wir erst mal alt genug sind. Kaum ist man erwachsen, schürt es die Sehnsucht nach einer Jugend, die wir so leider nie erlebt haben. Im Kino ist man immer entweder zu alt oder zu jung, zu reich oder zu arm – oder zu deutsch, um etwa amerikanisch zu sein oder auch nur französisch. So richtig im Einklang ist man nie. Aus dieser Differenz speist sich ja womöglich auch der ganze Zauber.

Definitiv ein Film, mit dem man gerne vollständig im Einklang gewesen wäre, und deshalb der wichtigste Film der Siebzigerjahre, war HER MIT DEN KLEINEN ENGLÄNDERINNEN, der so etwas wie die Mutter aller Teenie-Komödien ist – oder womöglich gar die Großmutter, wenn man sich ansieht, wie es heutzutage in AMERICAN PIE zur Sache geht. Darin werden jedenfalls zwei französische Jungs, die in Englisch durchzufallen drohen, zu Sprachferien nach England geschickt, was naturgemäß wenig an ihrer Haltung zur Sprache ändert, wohl aber zu deren Benutzerinnen. Den Rest kann man sich ausmalen. Wesentlich war daran für den Hausgebrauch, dass der Nachdenklichere der beiden zum einen Tennisschuhe mit grünen Streifen trug (im krassen Gegensatz zu den damals noch völlig kultfernen Adidas-Schuhen, mit denen wir Fußball spielten) und zum anderen einen dunkelblauen Pullover mit V-Ausschnitt. Das waren natürlich wichtige Anknüpfungspunkte für identifikationssüchtige Halbwüchsige: Wie soll man sich frisieren, was soll man anziehen und was sagen beim ersten Date? Die Accessoires des Franzosen schienen fortan unentbehrlich, wenn man schöne Mädchen kennen lernen wollte. Völlig entbehrlich waren hingegen die Sprachferien, bei denen man nämlich feststellte, dass es zwar kleine, aber keine schönen Engländerinnen gibt – zumindest nicht in Südengland.

Es ist ja nicht so, dass man im Kino gleich für die große Kunst empfänglich ist, sondern man hakt sich ein, wo man kann. Und weil man in der Pubertät für bestimmte Dinge eben empfänglicher ist als für andere, beginnt es mit unverhofften Einsichten in die anatomischen Besonderheiten von Frauen und noch aufregenderen Darstellungen dessen, was man anstellen kann, wenn man mit ihnen alleine ist – küssen zum Beispiel. Und so gesehen, waren das geraubte Küsse, die man den Filmen abgerungen hat.

Am Schluss des wunderbaren Films CINEMA PARADISO gibt es eine Szene, in der all jene Kinoküsse versammelt sind, die der alte Vorführer eines italienischen Dorfes einst aus Zensurgründen aus den Filmen hatte herausschneiden müssen. Eine Sinfonie von Lippenbekenntnissen, ein wahres Feuerwerk, in dem das Schönste am Kino zu seinem Recht kommt. Küsse im Film sind ja auch was Wunderbares. Vorausgesetzt, man sitzt nicht im hellblauen Frottee-Schlafanzug mit den eigenen Eltern vor dem Fernseher, während dort fremde Menschen sich küssen. Genau so war es aber. Man verschränkte krampfhaft die Arme, und es fehlte nicht viel, und man hätte angefangen, ein fröhliches Lied zu pfeifen, um zu demonstrieren, wie ungezwungen, ja geradezu unbeteiligt man der Sache gegenübersteht. Ungute Situation, die zweifellos ein durch und durch unreifes Verhältnis zur Sexualität bezeugt. Andererseits besteht genau darin das Wesen der Pubertät.

Irgendwann war man nur noch auf das eine scharf, und da war die Präsenz der Eltern eher lästig. Da saß man dann also gemeinsam vor dem deutschen Organspendenthriller FLEISCH von Rainer Erler, einer amerikanischen Geschichte mit deutschen Schauspielern, Herbert Herrmann und Jutta Speidel, die später zwar Karriere machten, aber natürlich nicht im deutschen Film, sondern in Fernsehserien und Boulevardtheatern. Abgesehen davon, dass der Film ungewöhnlich spannend war, gab es darin eine Szene in einem einsamen Motel, auf deren Freizügigkeit man völlig unvorbereitet war. Man sah da tatsächlich, wie die aufregend sommersprossige Jutta Speidel mit offenem Hemd und also gut sichtbaren Brüsten auf Herbert Herrmann saß und Sex hatte. Das schien mir etwas so nie Dagewesenes, dass ich mich davon wochenlang nicht mehr erholte. Auf solche hormonellen Erschütterungen war man von der *Bravo* und dem Team um Dr. Sommer einfach nicht vorbereitet worden. Ich konnte ja nicht ahnen, was zur selben Zeit im Kino los war: was etwa Marlon Brando mit Maria Schneider im LETZTEN TANGO anstellte. Als Pubertierender wäre man bei der Szene, wo sie ihm im Café unterm Tisch einen runterholt, wahrscheinlich auf der Stelle einem Hirnschlag erlegen.

Der Gipfel erotischer Phantasien war damals noch BILITIS, in dem der Fotograf David Hamilton mit seinem Weichzeichner Minderjährigen zu Leibe rückte, die im Grunde den ganzen Tag nichts anderes taten, als unter leichter Bekleidung ihre Brüste knospen zu lassen, und einen Schock bekamen, wenn sie durch einen Türspalt Zeuge wurden, wie die mütterliche Freundin mit ihrem Geliebten echten Sex hat. Solche Filme waren das beliebteste Thema der Filmzeitschrift *Ci-*

nema, die den Hunger nach Anschaulichkeit stillte, wenn man gerade nicht den *Playboy* zur Hand hatte. Und wahrscheinlich hat die Tatsache, dass ich mich heute an das Gesicht von Sydne Rome besser erinnere als an manch begabtere Schauspielerin, vor allem damit zu tun, dass ihr dort ausgedehnte Fotostrecken gewidmet waren. Sie hatte mal in Polanskis WAS? gespielt, trat dann tatsächlich in dem deutschen Film LOOPING auf und irgendwann in der Fernsehserie DAS ERBE DER GULDENBURGS – wahrscheinlich besetzt von einem nostalgischen *Cinema*-Leser. Aber damals war sie für ein paar Monate die schönste Frau der Welt, mit strahlend blauen Augen, blonden Locken und einem breiten Mund mit sehr schönen Zähnen – obwohl ich damals nach Lage der Dinge schätzungsweise ihre Brüste für das Schönste an ihr hielt.

Natürlich gehörte auch Nastassja Kinski zu den Favoritinnen von *Cinema* sowie Olivia Pascal und die Traumfrau Bo Derek, deren Silberblick und Zöpfe damals Mode machten – vielleicht waren sie aber auch nur meine Favoriten. Jedenfalls schnitt ich mir damals aus der *Hörzu* eine Programmankündigung von Truffauts DER MANN, DER DIE FRAUEN LIEBTE aus, weil das schließlich kein schlechtes Motto war – dem man zumindest theoretisch frönen konnte. Dass das praktisch gar nicht so einfach war, konnte man in der REIFEPRÜFUNG sehen, in der Dustin Hoffman doch erhebliche Schwierigkeiten hat, mit den Avancen von Mrs. Robinson zurechtzukommen. Damals hielt man seine Zurückhaltung für unbegreiflich, war sich aber auch nicht ganz sicher, ob man selbst solchen Herausforderungen gewachsen wäre. Allerdings schien es unter den Freunden meiner Eltern auch niemanden zu geben, der für die Rolle von Anne Bancroft in Frage gekommen wäre – schon der Gedanke wäre völlig abwegig gewesen, irgendeine dieser zweifellos attraktiven Frauen würde auch nur einen Gedanken an einen Schuljungen verschwenden. Woran man sieht, dass es doch einen sehr tiefen Graben gibt zwischen dem, was wir uns im Kino ausmalen, und dem, was die Wirklichkeit bereithält. Was Letzteres angeht, muss man allerdings sagen, dass sich nirgends so gut wie an diesem Film festhalten lässt, wie sich die Perspektiven verschieben. Wer ihn in der Pubertät sieht, ist von Anne Bancroft ziemlich eingeschüchtert und hält sie für eine alte Hexe, weil sie sich der Liebe zu der viel hübscheren Katharine Ross in den Weg stellt. Mit erwachsenem Blick stellen sich die Dinge dann doch etwas anders dar: Man hält Anne Bancroft für eine sehr traurige, aber doch auch sehr aufregende Frau und würde viel eher mit ihr als mit der etwas langweiligen und zum Doppelkinn neigenden Katharine Ross etwas anfangen wollen.

Aber weder Anne Bancroft noch Katharine Ross standen damals auch nur irgendwie zur Debatte. Stattdessen besuchte man einen Freund, der einen Super-8-Projektor besaß sowie eine Kopie des obskuren Softpornos MELODY IN LOVE, in dem sich noch Sascha Hehn als Hengst die Sporen verdiente, ehe er aufs Traumschiff versetzt wurde. Aber diese Nachmittage im Keller waren nicht ganz unbelastet, weil jedesmal, wenn auf der Treppe die Eltern zu hören waren, schnell das Licht angeschaltet und so getan werden musste, als sei man mit etwas ganz anderem beschäftigt.

Es lässt sich nicht leugnen, dass man in einem bestimmten Alter vor dem Fernseher – selbstverständlich in Abwesenheit der Eltern – auf nichts anderes als solche Szenen wartet, wo man unruhig hin und her schaltet und zu erahnen versucht, welche Sendung am ehesten sexuelle Befriedigung verspricht. Man versucht, die Strickmuster zu durchdringen, den Fortgang zu erraten, mal auf diesem, mal auf jenem Sender, immer auf der Suche nach zwischengeschlechtlichem Kontakt – als würde dessen Aura auch schon in den vorangehenden Szenen zu erspüren sein. Wobei besonders atemberaubend jene Szenen waren, die sich eben nicht ankündigten, wenn in DIE AMERIKANISCHE NACHT das unscheinbare Skriptgirl Nathalie Baye den Aufnahmeleiter kurzerhand ins Gebüsch zieht oder wenn in DER DISKRETE CHARME DER BOURGEOISIE Stéphane Audran und Jean-Pierre Cassel in einem Anfall jäher Erregung vom Klingeln ihrer Gäste gestört werden und einfach aus dem Schlafzimmerfenster in den Garten klettern, um ungestört zu beenden, was sie angefangen haben. Diese Art impulsiv ausgelebter Sexualität war auch deswegen so unerhört, weil Filme sonst immer ein riesiges Brimborium veranstalteten, wenn es darum ging, zwei Menschen einander näher zu bringen. Ohne ein Vorspiel mit anschwellender Musik und gedämpftem Licht war das eigentlich gar nicht denkbar. Im wirklichen Leben offenbar doch.

Wir waren läufige Hunde, und jene Zeiten zu Beginn des Privatfernsehens, als man dort noch auf deutsche Softpornos der Siebzigerjahre setzte, wären für uns damals wahrscheinlich das Paradies gewesen. Wie Pubertierende heutzutage mit der Dauerpräsenz sexuell aufgeladener Bilder – auf Plakatwänden, in 0190-Werbungen oder im Internet – fertig werden, ist mir schleierhaft. Damals war Sex jedenfalls noch etwas, was den Bildschirm nahezu explodieren ließ.

Dennoch war mir unverständlich, wie man ins Kino gehen konnte, um in der letzten Reihe zu knutschen. Es war doch geradezu so, dass die Begleitung von Mädchen das ungestörte Erlebnis beeinträchtigte, dass es den unbeschwerten Genuss von etwaig anfallender Erotik nahezu unmöglich machte, weil es Implikationen mit sich brachte, denen man sich nur ungern aussetzte: Erwartet sie nun was von mir? Soll ich es wagen? Oder ist das zu offensichtlich? In diesem Fall waren das Fragen, mit denen man sich im Kino nicht beschäftigen wollte. Und als ich Jahre später die schwachsinnige Idee hatte, mit einer wunderbaren Frau am ersten Abend ausgerechnet in 9½ WOCHEN zu gehen, wand ich mich einen Film lang unter Qualen: Was mag sie von mir denken, sie in so einen Film zu schleppen? Man kam sich vor wie Robert De Niro, der in TAXI DRIVER die sichtlich auf gepflegte Annäherungsrituale bedachte Cybil Shepherd beim ersten Rendezvous ganz arglos in einen Schwedenporno mitnimmt und dann ganz erstaunt ist, als sie empört davonläuft. Während also Mickey Rourke den Inhalt eines Kühlschranks von Kim Basingers nacktem Körper schleckt, hatte ich einen Schweißausbruch nach dem anderen. Meiner Begleiterin ging es offenbar kaum anders. Hinterher beeilten wir uns einander zu versichern, wie plump der Film gewesen sei. Dabei ist er eigentlich gar nicht so schlecht. Später, als wir das Erlebnis überwunden hatten, erzählte die Frau, wie sie mal mit ihrer sittenstrengen Mutter in Aussicht auf gehobenen Filmgenuss ausgerechnet in Bertoluccis LETZTEN TANGO IN PARIS gelandet ist – die Hölle! Aber die Mutter blieb standhaft bis zum Ende. Danach wurde kein Wort über die Sache verloren. Es gibt eben Filme, die sollte man besser alleine sehen.

Wenn man mal von dem Skandal absieht, den solche Filme verursacht haben, dann ist man Jahrzehnte später immer wieder überrascht, welche Freiheit in den Siebzigern möglich war, wie viel Ausdrucksmöglichkeiten die sexuelle Revolution dem Kino damals eröffnet hatte – und wie weit wir in der Folge dahinter zurückgefallen sind. Was Brando und Maria Schneider in dem Pariser Apartment trieben, was Nagisa Oshima oder Pier Paolo Pasolini gezeigt haben, ist vielleicht nicht nach jedermanns Geschmack, aber die Selbstverständlichkeit, mit der die Schauspieler ihre gar nicht so perfekten Körper präsentieren, hat auch etwas zutiefst Berührendes. Das ist heute noch so verwirrend wie damals, obwohl wir mittlerweile viel früher und häufiger mit Sex konfrontiert werden. Wenn man so will, dann sind all die entblößten Körper, die auf Plakaten und Zeitschriften locken, womöglich nicht halb so nackt, wie sie tun: Ihre Perfektion verhüllt sie viel gründlicher, als es jeder Schleier vermag. Und das gilt auch für die Filme, in denen wir mit standardisierten Sexszenen abgespeist werden, die nichts von der Erregung transportieren, die damit einhergehen müsste. Denn obwohl es im Kino immer nur um das eine geht, tut es sich doch reichlich schwer, das auch zu formulieren. Schon dass man bei bestimmten Filmen immer nur davon redet, die Sexszenen seien »explizit«, zeigt nur, dass wir dafür noch immer keine Sprache gefunden haben. Natürlich haben wir gelernt, die Zeichen zu deuten, und es gibt ja auch ein paar gute Gründe, nicht immer bis zum Äußersten zu gehen – ein paar der allerschönsten Filme kommen auch ganz gut ohne aus. Aber es gibt auch genauso gute Gründe, die Schamgrenze zu überwinden und überhaupt erst dort anzufangen, wo andere Filme aufhören. Als Paul Schrader Lauren Huttons Hand zeigte, die sich in AMERICAN GIGOLO ins Laken krampft, um auf dem Höhepunkt loszulassen, war das ein wunderschöner Einfall, wie man das Eigentliche umgehen könnte. Mittlerweile ist das ein Standard des kinematographischen Vokabulars geworden. So wie der entschlossene Griff, mit dem der Mann den Frauenschenkel hochzieht, wenn sie es im Stehen treiben. Das Kino hat den sexualisierten Körper so zerstückelt, dass dabei irgendwie das große Ganze aus den Augen verloren wurde: Was passiert eigentlich, wenn sich zwei Körper vereinigen? Welche Gefühle lassen sich mit der Kamera einfangen? Worum geht es? Und wenn dann plötzlich in Patrice Chéreaus INTIMACY die beiden Schauspieler Mark Rylance und Kerry Fox auf eine Art und Weise übereinander herfallen, die sich völlig selbst genügt, wird darin sichtbar, wie wenig das Kino sonst in der Lage ist, mit der Erregungskurve beim Sex mitzuhalten. Wie unbefriedigend die Formeln sind, mit denen Sex sonst bebildert wird. Und dass der jähe Sprung über die Schamschwelle eben nicht einer Choreographie unterliegt, sondern mit Unbeholfenheit, Körperlichkeit, Entäußerung einhergeht. Weswegen äußere Erscheinung und sexuelle Performance auch so schwer in Einklang zu bringen sind: Den besten Sex hat man nicht mit den schönsten Frauen – auch im Kino nicht. Und wenn Kerry Fox zum ersten Mal unvermutet das Gesicht ihres Partners berührt, dann scheint der Kamera richtiggehend der Atem zu stocken – so dass sich das Bild zur Zeitlupe verlangsamt. Danach ist alles Gier und Raserei. Das ist genau das Wunder, nach dem wir im Kino suchen: dass es diese Grenze überschreitet, welche den ganzen Unterschied ausmacht zwischen Lust und Liebe.

Kann schon sein, dass nichts so aufregend ist wie erste Liebe und Ehebruch – den schönsten Sex der Filmgeschichte hat trotzdem ein verheiratetes Paar. Wenn man Julie Christie und Donald Sutherland in WENN DIE GONDELN TRAUER TRAGEN wieder sieht, dann ist man bis heute geradezu ergriffen von der Aufrichtigkeit, mit der das Paar gezeigt wird, die gerade dadurch, dass sie nichts beschönigt, die Sache so schön aussehen lässt wie nie. Das Geheimnis liegt wohl darin, dass Nicolas Roeg beides zugleich zeigt: die Atemlosigkeit der Begierde und die Melancholie danach, die maßlose Gemeinsamkeit und die Einsamkeit, die ihr folgt. In dieser Gleichzeitigkeit entsteht der Eindruck, dass dem Treiben im Bett schon eingeschrieben ist, wie hinterher im Badezimmer die Erregung ausklingt, wie die beiden sich wieder anziehen, zurückschlüpfen in den Alltag und wortlos ihren Gedanken nachhängen. Ein Echo dieser Inszenierung findet sich in Adrian Lynes UNTREU wieder, wo die außereheliche Leidenschaft gegengeschnitten ist mit der Erregung und Scham, die Diane

Lane empfindet, als sie auf dem Heimweg in der Subway den ehebrecherischen Nachmittag vor ihrem geistigen Auge Revue passieren lässt. Die besondere Stimmung in WENN DIE GONDELN TRAUER TRAGEN hat vielleicht auch mit der speziellen Atmosphäre des winterlichen Venedig zu tun oder damit, dass die Szene so besonders unvermittelt kommt, weil die beiden zuvor ihre Tochter verloren haben und man danach alles vermuten würde, nur nicht diesen Ausbruch von Leidenschaft.

Aber es ist noch etwas anderes, wofür wir noch keine rechte Sprache haben. Wir haben zwar gelernt, die Schönheit von Kamerafahrten zu besingen, aber für das, was hier passiert, lassen sich nur schwer die rechten Worte finden. Weil man dann von körperlichen Details reden müsste, die sonst diskret ausgeblendet werden: von der Art, wie er ihren Hintern umfasst, als wolle er das Fleisch noch weiter öffnen; wie sie fast ungelenk die Stellung wechseln, als könne der menschliche Körper mit den Gefühlen einfach nicht mithalten; wie plötzlich sein Speichel in ihrer Halsmulde aufschimmert, als wolle er die Entäußerung beglaubigen; wie seine Hände unter der Jacke, die sie anbehalten hat, ihre Brüste bloßlegen. All das ist mit einem Sinn für die Gesten, die dem Sex vorausgehen und ihn begleiten, ausgeführt, dass man zu spüren glaubt, was da in die beiden fährt. Hinterher steht Julie Christie vor dem Spiegel, den Lippenstift versonnen an die Lippen gehalten, der Liebe hinterherschmeckend, und es ist so, als könne man ihr dabei zusehen, wie sie erfüllt ist von dem Gefühl, das alle Liebenden umfängt, nämlich für einen Moment die begehrteste Frau der Welt zu sein. Und was man vor allem sieht, ist, wie die Gewissheit mit jedem Atemzug ein Stück entweicht. Wenn Sex gut ist, fühlt er sich immer so an, als wäre es das letzte Mal. In diesem Fall ist es auch so.

Die Dinge des Lebens

Irgendwann fängt man an, sich Gedanken darüber zu machen, wie man eigentlich mal aussehen will, wenn man erwachsen ist – und vor allem, welches Leben man zu führen gedenkt. Natürlich war eine gepflegte Erscheinung wie John Steed in Mit Schirm, Charme und Melone eine Option, aber auch ein Leben, wie es Michael Douglas in den Strassen von San Francisco führt, kam durchaus in Betracht. Aber bei näherer Betrachtung waren das nicht wirkliche Perspektiven, weil man dazu eine Karriere bei der Polizei oder mindestens dem Geheimdienst hätte einschlagen müssen. Die Frage war also eher, ob sich auch realistische Vorbilder finden ließen, die dem eigenen Mangel an Draufgängertum eher entgegenkamen?

In dieses Vakuum stieß der Film Die Dinge des Lebens von Claude Sautet, der zwar schon von 1970 war, aber bei meinen Eltern einen so bleibenden Eindruck hinterlassen hatte, dass er bei der Fernsehausstrahlung unbedingt angesehen werden musste. Es spielte auch gar keine Rolle, wie alt der Film war, weil er von einem Leben erzählte, das einem Halbwüchsigen so oder so verlockend erschienen wäre. Für die diversen Verwicklungen eines Mannes zwischen neuer Freundin und Exfrau musste man sich damals noch nicht interessieren – es reichte schon die bloße Vorstellung, es sei überhaupt möglich, ein so sündhaftes Leben zu führen, obwohl man aussieht wie Michel Piccoli, der so gar nicht den gängigen Vorstellungen von männlicher Attraktivität zu entsprechen schien. Aber noch aufregender waren die Details eines solchen Lebens, die beinhalteten, dass die Frau nur mit einem Handtuch und einer Brille bekleidet mit hochgesteckten Haaren an einer Schreibmaschine sitzt und man sich ihr im Bademantel von hinten nähern kann, um sie zu umarmen, und sie daraufhin mit einer unvergleichlichen Geste nach hinten greift, die alles weiß, über das Leben, die Liebe und die letzte Nacht. Dass es sich bei dieser Frau um Romy Schneider handelte, die damals so schön war wie nie wieder eine andere, tat ein Übriges, um in dieser Szenerie ein irgendwie erstrebenswertes Ziel zu sehen. So sollte das Leben sein, so musste es sein.

Kuriose Vorstellung, wie sich in jenem Moment mit den Eltern vor dem Fernseher verschiedene Sehnsüchte überkreuzten, wie sie mit dem Blick auf Altersgenossen von etwas träumten, in das man sich selbst hineinsehnte, wie sich da verschiedene Geraden im Unendlichen trafen, indem man sich plötzlich bewusst wird, dass dies ein Leben sein könnte, das die Eltern womöglich führen, wenn sie mal nicht Eltern sind – was für ein Kind eigentlich unvorstellbar ist. Jedenfalls weckte diese durch und durch zärtliche und dabei ganz alltägliche Szene ein Bewusstsein für eine Freiheit, die mit dem Erwachsensein verbunden sein könnte und von der man bis dahin noch keine Vorstellung hatte. Dass es nicht nur Abenteuer gibt, die einerseits ein gewisses Alter erfordern und andererseits in der Wirklichkeit aber nicht zu haben sind, sondern dass dort auch ein Alltag existiert, der wie ein Raum in einem weitläufigen Haus ist, dessen Tür man noch nie aufgestoßen hat. Dort also befanden sich Menschen, bei denen nicht nach dem ersten Lippenkontakt abgeblendet wurde und die beim Sex noch nicht mal gezeigt wurden, weil es offenbar etwas gab, was viel wichtiger war: das Hinterher, das Miteinander, das Nebeneinander. Es lag eine so große Selbstverständlichkeit in der Art, wie sich diese beiden Menschen einen Raum teilten, wie sie aufgestanden war, um zu arbeiten, während er irgendwann erwacht ist und ihre Abwesenheit bemerkt hat. Und dann sitzt sie da im Schein des Morgenlichts, ganz offensichtlich erfüllt von seiner Anwesenheit, und wenn er dann hinter sie tritt, liegt ein solches Einverständnis in ihrer Umarmung, wie sie weder im Kino noch im Fernsehen geschildert worden war – zumindest mir war das damals völlig neu. Das ähnelte den Eltern – und sah ihnen doch nicht ähnlich. Das atmete den Geruch von Erregung – und war doch ganz natürlich.

Es ist ganz egal, ob man in einer Nacht erstmals einen »richtigen« Roman liest oder in einem Museum auf ein Bild stößt – in jeder Kunst gibt es diesen Moment, wo sich etwas verfängt in unserer Imagination, wo wir auf einmal spüren, dass es Künstler gibt, die mehr über uns zu wissen scheinen als wir selbst. Und ein Leben lang jagt man diesem Erlebnis hinterher, verliert es auch mal aus den Augen, wendet sich anderen Dingen zu, erweitert seinen Horizont, verfeinert seinen Geschmack, fühlt sich über kindliche Begeisterung erhaben und spürt doch unter all dem, was da kommen mag, jenen ersten Funken, der fast zum blinden Fleck der Erinnerung wird. Und manchmal ist es ein Glück, dorthin zurückkehren zu können, einem Zipfel jener Begeisterung nachzuspüren, an der sich alles entzündete. Vielleicht wird man vergessen haben, was einen einst bewegte, aber ein Schatten jener Empfindungen geistert immer noch durch jene Werke. Kann schon sein, dass die meisten die Freiheit im amerikanischen Western erfahren haben, das Zigarettenrauchen mit Marlon Brando gelernt haben und von großbusigen neorealistischen Frauen in die Erotik eingeführt wurden – es gibt aber eben auch Leute, die es sensationell fanden zu erleben, wie sich eine Frau aus der nächtlichen Umarmung ihres Geliebten löst, ihn auf die Schulter küsst, sich im Handtuch auf den morgendlichen Balkon begibt, ihre Haare hochsteckt, während sie die Klammern zwischen den Zähnen hält, und sich an die Schreibmaschine setzt, um an einer Übersetzung weiterzuarbeiten; wie ein Mann erwacht, den Platz neben sich leer findet, sich eine Zigarette anzündet und sich im Bademantel in einen Sessel setzt, um seiner Geliebten beim Arbeiten zuzusehen; und wie sie plötzlich seine Anwesenheit spürt und ihn fragt, was er mache, und er antwortet, er sehe sie an, und wie er dann aufsteht, um ihr über die Schulter zu blicken und sie von hinten zu umarmen, und sie dieser Umarmung begegnet, als gebe es nichts anderes auf der Welt als diese Erwiderung und dieses Glück, das nicht halten wird, weil wir seit dem Vorspann schon wissen, dass der Mann bei einem Autounfall ums Leben kommen wird.

Es wird Jahre dauern, bis man begreift, dass die Szene mit Romy Schneider und Michel Piccoli natürlich nicht irgendeine Szene ist, auch wenn ihre Alltäglichkeit das vermuten lässt, sondern dass ihr Regisseur Claude Sautet einer der ganz großen, oft aber auch verkannten Meister jener Filme ist, die man als diskreten Charme der Bourgeoisie abtun kann, die aber eine Wahrheit finden, die auch im Kino nicht leicht zu haben ist – eine Genauigkeit des Milieus, der Stimmung und der Gesten, die eine Zärtlichkeit den Menschen gegenüber an den Tag legt, die manchmal fast schon schmerzhaft ist. Und so werden in jener Nacht am Schreibtisch die Dinge des Lebens zum einmaligen Geheimnis: Wie sich die Frau die Haare hochsteckt, wie sich der Mann eine Zigarette anzündet, das sind Gesten, die im Kino mit einem Zauber aufgeladen werden, den man fortan im wirklichen Leben sucht – als könne man ihn dadurch durchdringen. Und dann sagt sie: »Ich übersetze noch meine Seite zu Ende und dann mache ich dir einen Kaffee.« Als wäre das noch nicht bezaubernd genug, fragt sie noch, wie das französische Wort für »verschönern« heißt – es ist »affabuler«. Und dann küsst er sie auf eine Art auf den Nacken, dass die Gänsehaut noch bis heute zu spüren ist.

Michel Piccoli war fortan der Held, weil er immer denselben Beschäftigungen nachging: mit Frauen im Bett liegen und sich Zigaretten anzünden. Dazwischen mal auf einer Baustelle nach dem Rechten sehen, um sich dann mit Freunden im Bistro zu treffen oder das Wochenende auf dem Land zu verbringen. Letzteres war nicht ganz so abenteuerlich, weil das so elterliche Vergnügungen waren, bei denen man sich stets langweilte, aber ansonsten schien es, als ließe sich so das Erwachsensein aushalten. Bei Piccoli sah es zumindest immer sehr erstrebenswert aus. Es gibt eine Szene in Etienne Periers DAS GEFÄHRLICHE SPIEL VON EHRGEIZ UND LIEBE, da kommt er früher als erwartet nach Hause, und seine Frau liegt mit einem gemeinsamen Freund im Bett. Piccoli setzt sich einfach in einen Stuhl und wartet, ohne sich bemerkbar zu machen. Vielleicht, um sich und den anderen die ekelhafte Szene zu ersparen, auf jeden Fall aber, um die Auseinandersetzung auf seinem Terrain auszutragen. Als der Geliebte mit dem Handtuch um die Hüften aus dem Schlafzimmer kommt und ihn sieht, fällt ihm nichts anderes ein, als sich Hilfe suchend an die Frau zu wenden. Piccoli sitzt da, sehr beherrscht, die Hände an den Fingerkuppen aneinander gelehnt, und irgendwie schafft er es, dabei weder lächerlich noch gekünstelt zu wirken, sondern nur sehr zivilisiert. Und natürlich auf eine Weise eisig und leidenschaftslos, die Frauen in solchen Situationen erst recht bestätigt und zur Raserei bringt. Aber er hatte eine Art, sich an die Polkappen seiner Existenz zurückzuziehen, die unglaublich cool wirkte, obwohl das eine Eigenschaft ist, die gemeinhin eher mit amerikanischen Schauspielern in Verbindung gebracht wird. Aber bei den Franzosen wirkte das irgendwie lebensnäher, vertrauter, leichter anwendbar.

Wenn Piccoli als Ober-Croupier in einem Casino in ATLANTIC CITY seine Schülerin Susan Sarandon zusammenstaucht, weil sie sich von einem umgefallenen Glas hat ablenken lassen, dann ist das deswegen so besonders beeindruckend, weil man eigentlich dachte, er hätte ein Auge auf sie geworfen. Aber wen er liebt, von dem verlangt er nichts weniger als Perfektion. Vielleicht haben wir ihn in dieser Rolle auch nur deswegen geliebt, weil er inmitten der ganzen Amerikaner mit seinem Savoir-vivre so besonders verloren wirkte. In dem Film nahm uns aber eigentlich etwas ganz anderes gefangen: Wie Susan Sarandon allabendlich an ihrem Fenster sitzt und sich mit aufgeschnittenen Zitronen den Oberkörper abreibt, während der alte Burt Lancaster von gegenüber heimlich zusieht. Später bekommt er heraus, dass sie im Casino an der Austern-Theke arbeitet und mit den Zitronen den Fischgeruch zu bekämpfen versucht.

Dieser Blick ins erleuchtete Fenster gegenüber war natürlich unser Blick, und Louis Malles Kunst bestand darin, aus dem Akt der Hygiene ein erotisches Schauspiel zu machen. In diesen Dingen war unsere Begeisterungsfähigkeit definitiv nicht auf Frankreich beschränkt, auch wenn in dem Fall die Franzosen ihre Hand mit im Spiel hatten.

Heute sind französische Filme in der Regel ein Fall für Kunstkinos – damals lagen sie durchaus noch im Mainstream. Zumindest der französische Kriminalfilm war etwas genauso Alltägliches wie der amerikanische so genannte Actionfilm. So war es also kein Wunder, dass man heranwachsen konnte, ohne mit den Amerikanern groß in Berührung zu kommen. Es gab ja schließlich Belmondo, Delon und Ventura, die jährlich in einem Film zu sehen waren. Und wer in den Siebzigern mit ihnen aufwuchs, ahnte noch nicht einmal, dass die drei in den Sechzigern Filme gedreht hatten, die in einer ganz anderen Liga spielten und unser Leben verändern würden. Damals waren sie einfach Typen mit einer Knarre in der Hand und unterschieden sich darin nicht wesentlich von ihren Kollegen aus Übersee wie Burt Reynolds, Clint Eastwood und Gene Hackman. Damals.

Belmondo war damals der Tausendsassa, der Leuten eine wildfremde Wohnung verkaufen und mit der Anzahlung verduften konnte; Delon war der Mann aus Marmor, der nicht einmal für Frauen seine Miene verzog; und Lino Ventura hatte eine so gewaltige Präsenz, dass selbst leichtgewichtige Filme um ihn herum eine gewisse Schwerkraft entwickelten. Er war der Vater, den wir uns alle wünschten, aber im Zweifelsfall nicht wirklich hätten haben wollen. Wahrscheinlich gibt es außer Robert Mitchum keinen anderen, der es mit so wenigen Worten zum Star gebracht hat. Und es war kein Wort zu wenig. Was es zu sagen gab, hat er gesagt. Und der Rest ging ohnehin keinen etwas an. Reden konnten die anderen ohnehin besser, die Politiker, Nervensägen, Großmäuler. Ventura hielt sich lieber zurück, beobachtete und wartete auf einen falschen Zug. Sein Gesicht spiegelte die Stunden, Wochen, Monate konzentrierten Wartens. Scharfsinn war nicht seine Sache. Aber er war klug genug zu wissen, dass man mit seinen Möglichkeiten haushalten muss. Es gibt nicht viele Chancen im Leben, und wer dann nicht bereit ist, hat verloren. Aber ein Blick von ihm genügte, und es war klar: Lange schaut er nicht mehr zu. Verhöre waren deshalb seine Sache, weil niemand wagte, ihm mit irgendwelchen Geschichten zu kommen. Dabei hätte man ihm stundenlang zusehen können, wie er jemanden mit seinem Bulldoggen-Blick fixierte. Claude Miller hat das erkannt und ihm Michel Serrault in DAS VERHÖR zum Fraß vorgeworfen, damit wir uns einen Film lang an ihm sattsehen können. Natürlich war Ventura immer ein einsamer Mann, aber was gab es Schöneres, als ihm bei seiner Einsamkeit zuzusehen. Und schließlich konnte es immer passieren, dass ihn jemand wie Angie Dickinson in EIN MANN IN WUT etwas resigniert fragt: »Sie sind wohl nicht der Typ, der vor der Abfahrt eine Frau auf dem Bahnsteig küsst?« und er »Nein« sagt, um sie im nächsten Moment in den Arm zu nehmen und flüchtig zu küssen. Das war mein Mann.

Nichts gegen John Wayne, Humphrey Bogart und Frank Sinatra und schon gar nichts gegen Robert Mitchum, Dean Martin und Clint Eastwood, aber meine Welt waren Piccoli, Lino Ventura, Yves Montand, Alain Delon, Jean-Paul Belmondo, Jean-Louis Trintignant, Maurice Ronet – und sind es im Grunde bis heute noch. Nicht weil sie oder ihre Filme besser wären, sondern weil sie näher sind, weil in ihren Figuren der Reflex auf Amerika schon aufgehoben ist. Wenn Belmondo in AUSSER ATEM vor einem Aushangfoto von Bogart steht und ihn nachahmt, dann ist er eben einer von uns, die auf amerikanische Filme genauso reagieren – so wie Piccoli, der in DIE VERACHTUNG den gleichen Hut trägt wie Dean Martin in VERDAMMT SIND SIE ALLE. Amerika, das ist einfach eine andere Lebensart, und schon die Weite, in der amerikanische Filme spielen, diese enorme Bewegungsfreiheit, lässt die Filme abstrakter und ihre Helden ferner erscheinen. Aber das ist ein anderes Kapitel.

Der eiskalte Engel

Es gibt stets jenen Moment, an dem Filme in unser Leben treten, um es ein für alle Mal zu verändern. Seit es das Fernsehen gibt, sind die bewegten Bilder ohnehin unsere ständigen Begleiter, so dass man vermuten könnte, die Verwandlung gehe schleichend vor sich. Und doch wird man den Augenblick benennen können, an dem einem erstmals die Augen übergingen, an dem man begriff, dass hier etwas ist, was sich von unserem Leben unterscheidet und ihm doch ähnlich ist. Und dass dahinter eine irgendwie geartete Kraft steht, die es zu ergründen gilt. Und von da an ist diese Macht mit uns.

Aus irgendwelchen Gründen durfte oder konnte ich im Fernsehen DER EISKALTE ENGEL sehen, der mich aus allerlei Gründen beeindruckt hat, vor allem aber, weil darin unser Tonbandgerät vorkam. Hier verwendeten es die Bullen, um Alain Delon zu bespitzeln, und bei uns hatte es mein Vater im Schrank stehen. Es lässt sich schwer beschreiben, was daran so verblüffend war, aber irgendwie ging damit die Ahnung einher, dass es sich bei Filmen um etwas Gemachtes handelt und nicht um etwas Gegebenes. Eigentlich würde man ja annehmen, dass so eine Erfahrung die Illusion zerstört, es war aber eher so, dass es das Mysterium verstärkte. Als würde dadurch illustriert, welch magische Verwandlungskraft dem Kino innewohnt. Wenn diese Magie ein stinknormales Tonbandgerät, das bei uns zu Hause im Schrank steht, in eine Abhörapparatur in einem französischen Gangsterfilm verwandeln kann, wer weiß, wozu sie dann noch fähig sein mag… Ich konnte es kaum erwarten, am nächsten Morgen meinem Vater davon zu erzählen, der es aber relativ gelassen nahm. Ich holte das Tonbandgerät aus dem Schrank und starrte es an, als könne man darauf eine Taste drücken, die einen in die Welt des zu Tode gehetzten Gangsters versetzt.

Heute gibt es das, und man nennt es Videorecorder. Oder neuerdings DVD-Player. Man vergisst das leicht, aber die Siebzigerjahre sahen eigentlich ganz schön alt aus. Jede Menge Dinge, die heute zu unserem Alltag gehören, ließ man sich damals noch nicht träumen: Es gab keine Bankautomaten, keine Mikrowelle, keine Handys und keine SMS – dass Verabredungen dennoch klappten, erscheint rückblickend wie ein Wunder. Telefone besaßen damals noch Wählscheiben, Computer existierten noch nicht, Internet oder E-Mail also auch nicht, und selbst das Fax ließ noch auf sich warten. Immerhin war die Schreibmaschine schon erfunden. Darauf schrieb man Texte und verschickte sie mit der Post – und wenn es ganz eilig war, konnte man nachts am Hauptbahnhof zum Zug eilen und den Brief im Postwaggon abgeben. Als die ersten Taschenrechner auftauchten, beherrschten sie gerade mal die Grundrechenarten, waren aber so teuer wie heute ein gebrauchter Computer. Noch teurer war das erste Videospiel namens »Pong«, auf dem man mit zwei Strichen einen Punkt hin und her schießen konnte – Wunder der Technik. Aber das war damals noch reinste Zukunftsmusik.

Als DER EISKALTE ENGEL das nächste Mal ausgestrahlt wurde, verwandelte ich das Wohnzimmer in ein Sperrgebiet. Niemand durfte es betreten, solange der Film lief. Denn neben den Fernseher hatte ich meinen Kassettenrekorder gestellt, um den Film aufzunehmen. Ein erster rührender Versuch, der Erinnerung habhaft zu werden. Ich bewegte mich nur auf Zehenspitzen, um die Aufnahme nicht zu ruinieren. Dabei hätte ich mir keinen ungeeigneteren Film aussuchen können, um ihn als Hörspiel zu genießen. Denn es ist darin fast nichts zu hören: Autogeräusche, das Zirpen eines Kanarienvogels und etwa alle fünf Minuten ein einsamer Satz. Andererseits lag natürlich gerade darin der Reiz: Genau in diese Leere hinein konnte man sich die Bilder ausmalen, die sich zum Teil dem Filmerlebnis verdankten, zum schöneren Teil der Phantasie. Wieder und wieder wurde die Kassette abgespielt, als Soundtrack zum eigenen Leben, zu den Hausaufgaben wie zum Einschlafen. Und immer wieder dieselben Bilder: von dem Bund mit den falschen Schlüsseln, die Delon geduldig einen nach dem anderen ausprobiert, um das Autoschloss zu knacken; von den langen Laufbändern der Pariser Metro; den blinkenden Lämpchen auf dem Stadtplan der Polizei; der Vorortgarage unter bleigrauem Himmel; dem Bademantel aus Satin, den Delons Geliebte trägt; den abweisenden Gesichtern der Barkeeper, deren Chef von Delon erschossen wurde; dem rätselhaften Lächeln der schwarzen Sängerin, die seinen Mord deckt. All das braucht man heute nicht mehr, weil man die Bilder zur Verfügung hat, weil man sie auf Knopfdruck abrufen kann. Aber damals war das die einzige Möglichkeit, des Zaubers habhaft zu werden, den das Kino darstellt. Wir waren vielleicht blind damals, aber wir konnten hören.

Wer das Kino liebt, möchte es mit Haut und Haaren besitzen, sich alles einverleiben, was damit zu tun hat. Er fängt erst an, Zeitschriften zu lesen, dann Bilder zu sammeln und schließlich Artikel auszuschneiden. Ich fing vor allem an, penibel Buch zu führen, welche Filme ich Tag für Tag gesehen hatte: Titel, Originaltitel, Jahr, Regisseur, Schauspieler. Ich erstellte Listen meiner Lieblingsfilme, -regisseure und -schauspieler. Ich führte kein Tagebuch, sondern schrieb nur

Kolonnen von Zahlen, Daten, Fakten auf – mein Leben als Liste. Und ganz wesentlich war dabei, auf 365 Filme im Jahr zu kommen, wozu ich mir einmal an einem 31. Dezember in einem Kino in Rom zweimal hintereinander SAG NIEMALS NIE ansah, weil ich erst bei 363 war. Es gibt allerdings Schlimmeres, als zweimal Sean Connery dabei zuzusehen, wie er Klaus-Maria Brandauer fertig macht.

In MANHATTAN lässt Woody Allen seinen Helden mal aufzählen, was ihm das Leben lebenswert macht: »Groucho Marx, Willie Mays, der zweite Satz der Jupiter-Symphonie, Louis Armstrongs Aufnahme von ›Potatohead Blues‹, schwedische Filme, *L'Education sentimentale* von Flaubert, Marlon Brando, Frank Sinatra, diese unglaublichen Äpfel und Birnen von Cézanne, die Krabben bei Sam Wo's, Tracys Gesicht.«

Da möchte man doch gleich weitermachen: Harpo Marx, Roy Hobbs, der dritte Satz von Mahlers Vierter, Miles Davis' Aufnahme für FAHRSTUHL ZUM SCHAFOTT, iranische Filme, *Madame Bovary* von Flaubert, Robert Mitchum, Dean Martin, diese unglaublichen Kinoszenen von Edward Hopper, DAS GROSSE FRESSEN, Woody Allens Gesicht, wenn er die Hummer in den Topf werfen muss oder wenn er Diane Keaton fragt, ob es sein könne, dass sie eine Terz zu schnell fährt.

Oder: Jerry Lewis, die Tour de France, der letzte Satz von Beethovens Violinkonzert, Aimee Manns Songs für MAGNOLIA, Disney-Filme, die Texasville-Trilogie von Larry McMurtry, James Stewart, Jean Gabin, diese unglaublichen Farben von Nicolas de Staël, die Dampfnudeln meiner Mutter, Romy Schneiders Gesicht, wenn sie sich in NACHTBLENDE Fabio Testi anbietet.

Man könnte das ganze Leben in Listen fassen, in Aufzählungen dessen, was man mag und was man nicht mag – und auf den ersten Blick sagt es womöglich sogar mehr über uns aus als Charaktereigenschaften und Verhaltensmuster. Wer eine Frau kennen lernt, sollte mit ihr erst mal ins Kino und hören, was sie zu sagen hat. Man muss nicht immer einer Meinung sein. Aber ein paar Sachen müssen schon klar sein. Der Vater eines Freundes hat mal mit einer Frau Schluss gemacht, weil sie Stewart Granger besser fand als James Stewart – der Mann hat das einzig Richtige getan. Man selbst wäre damals womöglich nicht so weit gegangen, sondern wäre schon froh gewesen, überhaupt jemanden zu haben, mit dem man hätte Schluss machen können.

Stattdessen hockte man vor dem Fernseher – das war die Regel. Kein Wunder, wenn man damit groß geworden ist, verregnete Sonntagnachmittage mit Piratenfilmen vor der Glotze zu verbringen und elternfreie Abende mit dem großen Zeh am Ausschaltknopf für den Fall einer verfrühten Rückkehr. Es gab da eine Reihe, die hieß schlicht »Das Film-Festival«, der ein Trailer vorausging, in dem zu einer stakkatoartigen Musik Ausschnitte der vorangegangenen Filme ineinander geblendet wurden. Nichts schien verlockender, nichts den Zauber besser zu vermitteln als diese Zusammenschnitte, die irgendein unerkannter Künstler irgendwo in der ARD gestaltete und die mehr von Kraft und Macht des Kinos erzählten als das Kino selbst. Es hat schon seinen Grund, warum auch Godard über Kinotrailer mal sagte, diese Vorschauen seien für ihn fast der perfekte Film. Tatsächlich sind mir die Trailer bis heute mit das Liebste am Kinobesuch, weil sie den Film so zeigen, wie er selbst gern wäre – oder wie ihn der Verleiher gerne hätte. Nirgends ist Sam Fullers schöner Satz wahrer als in diesen Momenten: »Kino ist ein Schlachtfeld: Liebe. Hass. Action. Gewalt. Tod. Mit einem Wort: Emotionen.« Ein paar der schönsten Filme der Welt sind in diesen Trailern verborgen – aber wahrscheinlich existieren sie in

Wirklichkeit gar nicht. Und irgendwo sitzt ein einsamer Cutter, der zu den alleraufregendsten Filmen einen Trailer nach dem anderen schneidet, aber sein Platz ist irgendwo im hintersten Winkel unseres Bewusstseins, und das Einzige, was wir von seiner Arbeit zu Gesicht kriegen, ist das, was wir unser Leben nennen.

Im Fernsehen existierten diese Filme damals jedenfalls, weil das die Zeit war, in der fast jeder Film neu und aufregend erschien. Schliesslich hatte man die gesamte Filmgeschichte nachzuholen. Hat man ja auch heute noch! Der Fernseher stand damals auf dem Fensterbrett, und ich schob den Sessel davor, je einen Fuss zu beiden Seiten des Bildschirms, um so tief wie möglich in den Film einzutauchen – und es ist kein völlig abwegiger Vergleich, wenn man behauptet, dass Frauen in derselben Position beim Gynäkologen liegen. Der mehr oder weniger komplette Truffaut lief damals und DER SCHLACHTER von Claude Chabrol, und ich erinnere mich noch, dass ich mich nicht mehr einkriegen konnte, als ich erkannte, dass das Erlöschen eines blinkenden Fahrstuhlknopfes das Ableben des darin Transportierten signalisierte. Im Film gab es also eine Sprache, die sich erlernen liess, und es gab Regisseure, die sie besser beherrschten als andere. Das war schon mal ein Schritt nach vorne. Und es folgten DIE FREUNDINNEN, DAS BIEST MUSS STERBEN und DIE UNTREUE FRAU, an dessen Ende Chabrol eine Wegfahrt der Kamera mit einem Zoom verbindet, was die Trennung und gleichzeitige Annäherung von Stéphane Audran und Michel Bouquet vermitteln soll – das war schon die ganz hohe Schule der Filmsprache. Es gab also offenbar etwas zu entdecken, was über das hinausging, was nach dem Kinobesuch von Filmen übrig blieb, über den üblichen Austausch, was dieser gemacht und was jene gesagt hat. Und dann kam CHAMPAGNER-MÖRDER, der damit endete, dass sich Maurice Ronet, Anthony

Perkins und Stéphane Audran auf Leben und Tod in den Haaren lagen, während die Kamera sich über sie erhob, immer weiter, bis die Wände des Zimmers ins Bild kamen, die von völliger Schwärze umgeben waren, und die Kämpfenden auf dem Boden immer kleiner wurden, bis sie nur noch ein Punkt im Dunkel waren, ohne dass je aufgelöst wurde, wer den Kampf gewinnt. Etwas ähnlich Kühnes hatte ich noch nie gesehen – und Chabrol war definitiv der Größte, bis Godard kam und dann all die anderen. Und immer mit den Füßen neben dem Fernseher, damit der Film auch wirklich bis in den hintersten Nerv in einen eindringen kann. So wurde das Fernsehen der Nabel zu einer anderen Welt.

Kino war damals Belmondo und Burt Reynolds, Louis de Funès und Mel Brooks, Terence Hill und Bud Spencer oder das, was Frank Hoffmann in seiner Kinosendung TRAILER im ORF daraus machte – und nichts, aber auch gar nichts deutet darauf hin, dass das damals mehr versprochen hätte als unbeschwerte Vergnügungen. Es gab einfach keinen Unterschied zwischen dem, was man dort sah, und dem, was im Fernseher lief. Ich hatte mit der Schule BARRY LYNDON gesehen, toll, aber keine Erweckung. Ich war in TAXI DRIVER gewesen, irre, aber kein Erlebnis. Wir haben uns in ZOMBIE geschmuggelt, obwohl der erst ab 18 war, gruselig, aber nichts, was das Kino zu einem verwunschenen Ort gemacht hätte. Drei der größten Filme der späten Siebziger und keine Reaktion. Wäre ja schön, wenn es anders gewesen wäre, aber so war es eben nicht. Kino, das waren lauter so vereinzelte Erlebnisse, die sich nicht zu einem Ganzen fügten. Man ging in EIN KÄFIG VOLLER NARREN statt in DIE EHE DER MARIA BRAUN, in SUPERMAN statt in ALIEN, in MOVIE MOVIE statt in APOCALYPSE NOW, und in NOCH EIN KÄFIG VOLLER NARREN statt in DIE DURCH DIE HÖLLE GEHEN. Man heulte in KRAMER GEGEN KRAMER, lachte in KENTUCKY FRIED MOVIE, gruselte sich in THE FOG – NEBEL DES GRAUENS und überlegte ernsthaft, ob man in SHINING oder CALIGULA, in KAGEMUSHA oder BLUES BROTHERS gehen sollte. Man entschied sich dabei mit einer Konsequenz, die man fast schon vorsätzlich nennen muss, immer fürs Falsche. Aber wer weiß schon, wofür es gut war.

Immerhin verirrte man sich in EIN MANN FÜR GEWISSE STUNDEN. Hinterher sagte mein Freund, man sehe daran, dass es im Leben doch vor allem um Stil gehe. Ich war fassungslos. Wenn man in AMERICAN GIGOLO etwas sieht, dann vor allem, dass es höchstens im Kino um Stil geht, wohingegen Richard Gere auf schmerzhafte Weise vorgeführt bekommt, dass es im Leben um ein paar andere Dinge geht. Aber natürlich hatte der Freund in gewisser Weise Recht: Was uns im Kino faszinierte, war die Art, wie Gere in seinem Mercedes-Coupé zur Musik von Blondie durch Kalifornien fuhr, wie er vor seinem Kleiderschrank herumtänzelt, um das richtige Outfit für den Tag zu wählen, wie er sich beim Gehen in den Hüften wiegt und im Bett immer die richtigen Sachen macht. Die ganze Arroganz seiner Erscheinung machte uns an – schließlich standen die Achtzigerjahre an, in denen es dann mehr um Design als Sein gehen sollte. Natürlich prüfte ich zu Hause auch meinen Kleiderschrank, ob darin vielleicht irgendwas entfernt nach Armani aussah, aber so direkt nach dem Film mochte ich lieber daran glauben, dass man durch die Liebe einer Frau aus genau dieser Scheinwelt erlöst werden kann und dass es nichts Schöneres gibt, als endlich den Kopf vor ihr senken zu können und jene demütigen Worte zu sagen: »Oh Michelle, it's taken me so long to come to you...« Natürlich sagte er es auf Deutsch, aber ich habe mir den Film in den folgenden Jahren jedesmal angeschaut, wenn er im Europa-Kino hinterm Hauptbahnhof in der Originalfassung lief. Und die Jungs, die wie von Zauberhand gezogen dort auch jedes Mal auftauchten, wussten, dass man hinterher am besten nichts sagt. Aber das ist schon wieder eine andere Geschichte.

Aki nonstop

Es hat gar keinen Sinn, darum herumzureden: Das Fernsehen ist womöglich eine ganz gute Schule des Sehens, aber wer erwachsen werden will, muss ins Kino gehen. Es ist ein dunkler Kontinent, der erobert werden will, und das gelingt nur dem, der sich dafür entscheidet, dieses Wagnis auch einzugehen. Vor dem Fernseher zu sitzen und an der Fernbedienung zu spielen kostet nichts – am allerwenigsten eine Entscheidung. Wir können uns einfach treiben lassen, nichts als unseren Gelüsten folgend, und womöglich sieht man auch auf diese Weise von Zeit zu Zeit Land. Aber nur im Kino betritt man jene Zone, in der plötzlich die Welt von einem abzufallen scheint und man verwandelt ins Freie tritt. Wer hingegen vor dem Fernseher seine Abenteuer erlebt, der wird vielleicht auch verwandelt, aber hinterher hat er nicht viel mehr Optionen, als an den Kühlschrank zu gehen oder auf die Toilette. Er bleibt bei sich, in der eigenen Wohnung, und wo soll er schon hin mit seinem Gefühl, wenn er nicht gerade auf den Balkon treten und es herausbrüllen möchte. Das Kino hingegen verlässt man mit dem sicheren Gefühl, eine Erfahrung geteilt, ein Abenteuer gemeinsam bestanden zu haben, und auch wenn man gesenkten Blickes aus dem Saal geht, glaubt man sich der Menge verbunden – oder zumindest jenem Gemeinwesen, in das der Film die Leute verwandelt hat. Man ist dadurch nicht weniger einsam, aber man ist es wenigstens in

Gesellschaft. Und auf dem Weg zum Kino oder im Gedränge danach die Frau seines Lebens zu treffen, ist immerhin eine Option. In der eigenen Wohnung ist die Chance definitiv geringer.

Frank Böckelmann hat es am schönsten beschrieben: »Der Kinobesuch ist ein Anlauf ins Vergessen, getrieben von der Hoffnung auf Verwandlung. Niemand geht ins Kino, um sensibler, erfahrener und gebildeter zu werden, mag er es sich auch einbilden. Jeder will in das Land eines unerbittlichen Wunders geschleust werden. Er betritt das noch nicht verdunkelte Kino als den Ort eines sich zuverlässig einstellenden Exzesses. Da warten schon andere in den Reihen: Ihr also auch.«

Ihr also auch... Das ist genau das Gefühl, das einen im Kino befällt, auch wenn sich immer wieder andere Dinge in den Vordergrund schieben: die Platzwahl, bei der man immer hofft, der Platz neben einem werde frei bleiben und vor einem werde keiner sitzen, der den ganzen Film über kerzengerade sitzen bleibt und die Sicht verdeckt; die Dämmerung, bei der man stets einen Moment lang seinen Augen nicht traut und sich fragt, ob die langsame Verdunkelung nicht nur eine Täuschung ist; die Werbung, bei der man stets zu erraten versucht, um welches Produkt es sich handelt und immer häufiger falsch liegt; das Einsinken in den Sitz, bei dem es unerlässlich ist, dass man die Knie gegen die Rückenlehne des Vordermanns stemmen kann; das Dunkel, bei dem allerlei Nachbilder noch auf der Netzhaut tanzen und ein paar Vorbilder dessen, was da kommen mag; das Knistern, ehe der Film die Augen aufschlägt und uns mit seinem stieren Blick zusammenbannt. Und immer gibt es jene unmerkliche Scham, diesen kurzen Moment, da man sich in seiner Haut nicht wohl fühlt, ohne sagen zu können, warum. Dann fällt es einem wieder ein: Es ist schon eine verdammt intime Angelegenheit, sich in der Gegenwart wildfremder Menschen so weit zu öffnen.

Wer ins Kino geht, muss eine Entscheidung treffen, muss einem Impuls nachgeben, der aus nichts als ein paar losen Versprechungen besteht: einem Titel, einem Namen, vielleicht einigen Bildern, die er schon gesehen hat, oder Geschichten, die man ihm erzählt hat. Also all das, was in der Werbung Anmutung genannt wird und was man auch als Aura bezeichnen könnte – alles, was ein Film abstrahlt, noch ehe ihn jemand zu Gesicht bekommen hat, und was bei den erfolgreicheren Filmen so ansteckend ist, dass es noch in den hintersten Winkel der Welt vordringt. Natürlich ist das mittlerweile eine Wissenschaft geworden, die eine Menge Leute in Lohn und Brot setzt: Marktforscher, Werbestrategen und Presseabteilungen befassen sich mit nichts anderem als jenem Image, das dem Film ein Gesicht geben und ihn aus der Menge der namenlosen anderen Mitbewerber herausheben soll. Man braucht einen Titel, der alles sagt, aber nicht zu viel verrät, ein Plakat, das alles zeigt und noch mehr verspricht – und wovon der Film im Übrigen handelt, muss sich in einem Satz zusammenfassen lassen, noch besser in einem Wort oder einem Namen. Natürlich können die Amerikaner das am besten – und jedes Mal fallen wir darauf herein. DER WEISSE HAI war schon nicht schlecht, weil die arglose Schwimmerin an der Oberfläche und das gefräßige Biest unter Wasser alle Ängste mobilisierten, die uns nicht nur im Wasser befallen, aber der Gipfel der Kunst war BATMAN, die knappste, effektivste und folgenreichste Kampagne aller Zeiten: Man sah nur das modernisierte Fledermaus-Signet auf schwarzem Grund – kein Titel, kein Name, nichts weiter. Das reichte, um alle nötigen Informationen an den Mann zu bringen – hier wird ein Markenzeichen, das jedes Kind kennt, generalüberholt und auf den neuesten Stand gebracht. Der Rest blieb der Phantasie überlassen. Natürlich verdankte der Film seinen Erfolg der Tatsache, dass er all die Versprechen auch einlöste, aber ohne diesen Vermarktungscoup hätte er nicht einmal halb so viel Geld eingespielt. Ein Film kann noch so gut sein, aber ohne die richtige Vermarktung erfahren die Leute nie von ihm. Und natürlich gilt auch das Gegenteil. Aber weil die Filmgeschichte voll ist von nie gesehenen Meisterwerken, kommt man irgendwann zu dem Schluss, dass die wahre Geschichte dieser Kunst womöglich nicht an der Kinokasse geschrieben wird, sondern irgendwo im Herzen der Welt, wo es völlig genügt, wenn einem einzigen Zuschauer die Augen übergegangen sind und sein Leben fortan unter einem anderen Stern steht. Und wenn das Motto der Kinogeher lautet »Ihr also auch«, dann muss das des Kinos heißen: »Nur für dich.«

So tritt man also hinaus ins Leben, um gleich wieder ins Kino zu verschwinden, und teilt seine Sehnsucht mit anderen – das ist nicht viel, aber es ist ein Anfang. Natürlich ist das eine verdammt romantische Vorstellung, der in Wirklichkeit vieles entgegensteht. Es kann einem zweifellos den Spaß verderben, wenn der Hintermann dauernd quatscht, wenn der Ton scheppert, wenn die Heizung nicht funktioniert, wenn die Leute an den falschen Stellen lachen oder wenn der Film nicht scharf gestellt ist und man eine Ewigkeit lang überlegt, ob man ein paar Szenen des Films opfern soll, um den Vorführer aufzutreiben, oder ob man riskiert, sich bis zum Ende weiterzuärgern, falls er es nicht merkt. Aber letztlich setzt sich ein guter Film gegen alle Widrigkeiten durch – so wie Mozart ja auch durch ein Kofferradio nicht kaputtzukriegen ist. So gesehen, auch nicht durchs Fernsehen. Aber bei einem Film, den man im Kino sieht, hat man den Eindruck, dass er in der Erinnerung topographisch verortet wird, dass er in der Speicherablage unter dem jeweiligen Ort abgeheftet wird. Als sei dieser Raum das Gefäß für diesen Film – und beim Fernsehen werden alle Filme stets in dasselbe Gefäß gegossen. Am Ende macht das vielleicht gar nichts aus, aber der Gedanke ist schöner, all diese körperlosen Erinnerungen könnten auf diese Weise wenigstens so etwas wie eine räumliche Präsenz im Gedächtnis beanspruchen. Unter Umständen ist das jedoch für zukünftige Generationen eine völlig überholte Vorstellung, weil das Gehirn nur noch aus jenen virtuellen Räumen besteht, die das Auge durchforstet hat. Ist ja vielleicht auch in Ordnung, wenn alles nur noch im Kopf stattfindet und keiner mehr vor die Tür treten muss, um eine Erfahrung zu machen.

Das Kino war schließlich schon immer ein nostalgischer Ort. Wenn wir heute bei billigen Filmen manchmal davon träumen, wir hätten sie gerne im Autokino gesehen, dann geht es uns nicht so sehr um den Ort oder gar um die Filme, sondern um jenen Zustand, in dem eine bestimmte Art von Filmen zusammenfiel mit einem Gefühl von Freiheit und einem Übermaß an Sehnsucht. Generation um Generation von Kinogehern schwelgt von der Art des Filmerlebens in einem bestimmten Alter, in dem die Kinobilder auf besonders fruchtbaren Boden fielen, und verbucht als Verlust, dass sich die Kinolandschaft seither verändert hat. So wie einst der Verzicht auf Klavierbegleitung eine Epoche besiegelt hat, der dann eine Generation nachtrauern konnte, so werden wahrscheinlich die Kids von heute irgendwann der guten alten Zeit der Multiplexe nachweinen, die in nicht so ferner Zukunft von neuen Sichtweisen verdrängt sein werden. Die großen Kinopaläste sind verschwunden, die Autokinos größtenteils auch, und selbst die verhassten Schuhschachtelkinos werden mittlerweile, da sie nach und nach schließen, mit einer bestimmten Art des Erlebens identifiziert.

Es ist sicher nicht der miserable Ton, der vermisst wird, und auch nicht die erbärmliche Vorführqualität, sondern eher der Ruch der billigen Vergnügung, die Vorstellung, sich an den Rändern der Kultur zu bewegen, in jenen Vergnügungsvierteln, die im Reich des Guten, Wahren, Schönen fast schon eine Art Rotlichtmilieu darstellen. Je billiger, desto besser. Man grub sich in seinen Regenmantel ein wie die Besucher von Pornokinos und hing einer Begierde nach, die ihre Erfüllung gerade dort fand, wo der Kulturbetrieb nicht mehr hinreichte. Nachmittags. Nachts. Allein. Verloren. Im Kino aufgehoben. Die Orte waren die billig erkaufte Illusion eines unbehausten Lebens, das von Gefahren und Verworfenheit kündete, die das Leben nicht bereithielt. Die Filme waren das Fastfood für jenen Hunger, der keine Sättigung kennt und die Erfüllung scheut, den Lebenshunger, der von der Zukunft nur mit beschränkter Haftung träumen mag. So fuhren wir ins Autokino und genossen die Freiheit, unterwegs zu sein und doch eine Heimat zu haben, erwachsen zu sein, aber doch Kind bleiben zu dürfen, Filme zu sehen, aber doch alles hinter sich zu lassen. Und so gingen wir ins Aki-Nonstop im Hauptbahnhof, als die Bahnhöfe noch nicht dem Dienstleistungswahn verfallen waren, und saßen zwischen gelangweilten Reisenden und liebeshungrigen Verlorenen, um jene Niederungen des Kinos auszukosten, in denen die Illusionen so fadenscheinig sind, dass die Wirklichkeit darin auf eine Weise zum Vorschein kommt, die jedem Kunstwillen verschlossen bleibt.

Es gibt ein Projekt des Internet-Künstlers Jon Haddock namens *P0rn0graphy*, in dem er am Computer aus den Bildern von Pornofilmen die Darsteller herausretouchiert hat und nur noch die Räume sichtbar sind, die trostlosen Schauplätze einer Lust, die sich selbst genügt. Man sieht Betten, Tapeten, Teppiche, Möbel, die so etwas wie ein Ambiente herstellen sollten für das, worum es wirklich ging. Übrig ist nur die entleerte Fratze einer Welt, die nichts mehr davon zu wissen scheint, was ihrem Antlitz entzogen ist. In diesen Bildern ohne Höhepunkte kommt zu sich, was irgendwann mal Realität war – eine Mondlandschaft versiegter Begierden.

Aki, das stand für Aktualitätenkino, und im Vorprogramm liefen damals noch Naturfilme, um den Schein des Zeitvertreibs für Reisende aufrechtzuerhalten – in Wahrheit, um die Vergnügungssteuer zu umgehen –, und danach kamen die Sexfilmchen der Siebziger, in denen noch schamhaft ausgespart wurde, was heutzutage jede Werbeunterbrechung genüsslich ausmalt. Die Filme stammten aus einem anderen Jahrzehnt, und ihre Schamlosigkeit wirkte fast schon wieder unschuldig, weil sie keinem erkennbaren Gestaltungswillen unterworfen schien. Es ging ja auch eher darum, das Kino von seinen Rändern her zu erfahren und dem Etablissement die Zunge herauszustrecken. Der Zauber ging dabei vor allem von diesen Orten aus, die sich in den Leerstellen der Städte eingenistet hatten, in den Transiträumen des urbanen Lebens, an der Peripherie oder im Bahnhof, wo man der gesellschaftlichen und der elterlichen Kontrolle entzogen schien. Das war vielleicht nicht das Kino, wie wir es kennen und lieben, sondern eine Schule des anonymen Lebens und des halböffentlichen Trostes. Man fragt sich, wo diese Armeen der Einsamkeit heute unterkommen, wo sie ihren Platz finden in einem städtischen Alltag, der immer weniger Leerstellen kennt. In den Peepshows, im Internet oder wo auch immer die Liebe definitiv nicht mehr als ein Wort ist. Das Aki jedenfalls hat seine Zeit gehabt – und mit ihm ist auch ein Stück Filmgeschichte verschwunden. Es hatte schon seinen Grund, warum neben der Leinwand eine Uhr an der Wand hing, die diskret angestrahlt wurde, um den Anschein aufrechtzuerhalten, hier werde nur die Zeit zwischen zwei Zügen überbrückt – dabei zeigte sie nur an, dass die Zeit dieser Art von Kino längst abgelaufen war.

Wahrscheinlich könnte ich von jedem Film noch sagen, wo ich ihn gesehen habe, könnte das, was von ihm übrig ist, auf eine unsichtbare Leinwand projizieren, die in einem der Phantomkinos hängt, die nur noch im Kopf existieren. Und wenn ich an die Kinos denke, sehe ich ihr Programm noch vor mir. Zum Arri-Kino in der Türkenstraße fallen mir sofort Dennis Hoppers OUT OF THE BLUE, Jonathan Demmes MELVIN AND HOWARD und Juliet Bertos NEIGE ein. Zur Lupe 2 im Fuchsbau Antonionis BLOW UP, Bressons DIE DAMEN VOM BOIS DE BOULOGNE und die Truffaut-Reihe mit den Filmen um Antoine Doinel. Und im Theatiner Joseph Loseys DON GIOVANNI, Rohmers DIE FRAU DES FLIEGERS und Godards RETTE SICH, WER KANN (DAS LEBEN), eine wahrhaft unvergessliche Erinnerung. Während die Vorstellung lief, schlich ich mich nämlich ins Foyer, um eines der Aushangfotos von der Pinwand zu klauen. Es zeigte Isabelle Huppert, die in einem Schweinestall den Tieren ihren nackten Hintern entgegenstreckt. Ein komplett rätselhaft erotisches Foto, das ich unbedingt haben musste. Schnappte es, steckte es in den Mantel, setzte mich wieder und folgte dem Film klopfenden Herzens weiter. Und es passierte, was passieren musste, aber nicht durfte. Die Theaterleiterin kam herein und sagte für alle hörbar, wer das Foto von der Wand genommen habe, möge es bitte wieder zurückgeben. Ich schlich raus und gab es ihr – die Hölle. Und im Grunde muss ich ihr hoch anrechnen, dass ich den Film zu Ende sehen durfte. Was kein Wunder ist, weil es sich um eine der unbeugsamsten Kinomacherinnen der Stadt handelte. Später schickte mir der Filmemacher Jan Schütte genau dieses Foto, das ihn damals auch nicht losgelassen hatte. Und bis heute rätseln wir über diese Geste, mit der Huppert den Schweinen ihren Hintern hinstreckt.

Wer eine DVD einlegen kann, hat wirklich keinen Grund,

sich zu beklagen, aber mitunter gibt es diese Sehnsucht nach jener Zeit, in der ein Filmfoto das einzige Mittel war, eines Filmes irgendwie habhaft zu werden. Das waren unsere Einstiegsluken ins Reich der Erinnerung, wenn wir den Film schon kannten, und in all den anderen Fällen Boten aus dem Jenseits des Ungesehenen. Und wie das so ist, wenn ein ganzer Film auf ein einziges Bild zusammenschrumpft, nistet sich sofort die Imagination ein, um es in Gang zu bringen. Als könnte man wie ein Computer die komprimierten Informationen wieder auseinander falten zur ursprünglichen Dateigröße. Und manchmal sind es tatsächlich die oft gesehenen Fotos, welche den jeweiligen Szenen nie gesehener Filme besonderes Gewicht verleihen – so wie man in Museen unwillkürlich vor jenen Bildern verharrt, die man bereits aus Kunstbüchern kennt. Der Wiedererkennungseffekt verleiht ihnen eine bestimmte Aura, die das Bekannte sozusagen mit Originalität anreichert. Und man träumt ein Leben lang von diesen Filmen, die man unbedingt ansehen muss, auch auf die Gefahr hin, dass das Bild dann allen Zauber verliert. Die schönsten Filme der Welt sind auf diese Weise schon zerstört worden, weil sie nicht hielten, was Fotos versprachen – und andererseits gibt es Filme, deren Zauber sich mit keinem Foto der Welt einfangen lässt.

Wenn man sich erst mal ins Kino verliebt hat, führen alle Wege früher oder später zurück. Alles, was wir im Kino sehen, hat seinen Ursprung in dem, was nicht mehr zu sehen ist. Oder nur noch dort, wo sich Leute der Errettung des filmischen Erbes widmen. Im Münchner Filmmuseum etwa, wo Enno Patalas Generationen von Filmfans herangezogen und versorgt hat. Er war ein gestrenger Kinomacher, der Retrospektiven immer nur komplett und in Originalfassung gezeigt hat. Welcher Luxus das war, merkt man erst heute, da sich keiner mehr solchen Purismus leisten kann oder will.

Man musste aber erst einmal hinabfinden in diesen Keller der endlosen Seligkeit. Ich weiß noch, wie ich dort zum erstenmal war und Truffauts DIE AMERIKANISCHE NACHT sah und sich der Kamerakran zu Georges Delerues majestätischer Musik über den Platz erhebt, der in den Kulissen des Studios Victorine in Nizza erbaut wurde, und ich mir dachte: So sollte das Leben sein, emporgetragen von einer Kamerafahrt über eine Welt, die wir nach unserem Willen gestalten können. Und ich höre noch das »Silence!« des Aufnahmeleiters, das diese Szene einleitete, die das Kino feiert wie nichts sonst.

Damals saß ich noch in den hinteren Reihen, aus der unsinnigen Vorstellung heraus, dort habe man einen besseren Überblick. In Wahrheit geht es aber darum, so tief wie möglich in den Film einzutauchen, sich so nahe wie möglich an die Leinwand zu setzen, so wie man ins Meer hineinläuft, um sich von der Brandung überspülen zu lassen. Und hinterher, wenn man dann wieder auftaucht, dann fühlt man sich mit ein bisschen Glück wie jemand, der aus dem Wasser steigt und durch die Feuchtigkeit in den Ohren ans Erlebte erinnert wird. Und so findet jeder seinen Platz, in dem er wie in einem Cockpit in schwindelnde Höhen startet. Vierte Reihe, rechts außen, musste es sein – und wehe der Platz war besetzt...

Und nach einiger Zeit stellt man fest, dass man nicht allein ist, dass es andere Reisende gibt, die mit schöner Regelmäßigkeit ihrem Flugplan folgen und Tag für Tag wiederkommen. Und mit dieser Armee im Dunkeln erforscht man gemeinsam das Unbekannte, lässt sich auf jedes Abenteuer ein, bis man weiß, dass man einander blind vertrauen kann. Bald begreift man, dass hier nach dem Film keinesfalls zerredet wird, was doch so zerbrechlich ist: dieser Geschmack von Freiheit, der ohnehin viel zu schnell verfliegt, dieser Hauch von Nerz, in den man vielleicht gebettet ist.

Und ganz im Gegensatz zur landläufigen Meinung stecken

diese Cinephilen hinterher keineswegs die Köpfe zusammen, um Meinungen auszutauschen, sondern treten einander fast schüchtern gegenüber, weil sie besser als jeder andere wissen, dass dies die kostbarsten Momente sind. Und so beginnt ein vorsichtiges Abtasten, bei dem man in möglichst unverfänglichen Sätzen versucht, die Gemütslage des Gegenübers zu erspüren, immer darauf bedacht, nicht allzu vorschnell die eigene Meinung preiszugeben. Und all das nur, weil alle wissen, dass nichts die Laune so gründlich verderben kann wie ein falsches Wort. Weil jeder die Erfahrung kennt, dass man sich nach dem Film oft fühlt wie ein gerade aus dem Ei geschlüpfter Vogel. Und alle sehen sie dabei so aus, als habe man sie gerade aus einem Traum gerissen, der viel zu früh geendet hat.

Ein Mann für Sekunden

Es gibt nichts Schöneres als jenen Moment, wenn der Film die Augen aufschlägt, wenn er uns im Dunkel zu fixieren scheint, als wolle er überprüfen, ob wir bereit sind, seine künstlichen Paradiese zu betreten. Und früher konnte man anhand des vorangehenden Studio-Signets tatsächlich noch Aussagen darüber treffen, was einen erwartet. Bis in die Fünfziger hinein wusste man, wenn das Wappen der Warner Brothers auftauchte, dass einen düstere Geschichten erwarten, und wenn das Bergmassiv der Paramount auftauchte, dass die Direktion weder Kosten noch Mühen scheuen würde, uns mit großem Aufwand Sand in die Augen zu streuen. Wenn sich die Weltkugel von Universal drehte, dann erwarteten einen womöglich kleine giftige Melodramen, und wenn der Sendeturm von RKO funkte, dann wurde man ins Reich des Phantastischen entführt. Und dann gab es natürlich noch diesen modernistischen Scheinwerferturm der 20th Century-Fox und den brüllenden Löwen von MGM. Später haben sich diese Unterschiede verwässert, und wenn heute das goldene UIP-Signet auftaucht, dann signalisiert das nicht notwendigerweise eine andere Art von Film als der krähende Gockel, der statt eines Eies das »I« des Verleihers TOBIS legt. Mittlerweile ist das ohnehin ganz anders, weil jede Produktionsfirma ihr eigenes Logo hat, das den Filmen vorangeht, so wie etwa Castle Rock mit dem schweifenden Licht des Leuchtturms.

Aber das ändert nichts daran, dass Anfänge immer ein Versprechen sind. Die ersten Momente entscheiden, wie man dem Film begegnet. Was zeigen die ersten Bilder? Wollen sie locken oder verführen, sich verweigern oder schockieren? Oder fängt der Film einfach an, seine Geschichte abzuspulen, ohne weiter auf die Zuschauer einzugehen? Auf jeden Fall hat es ein Film, der sich nicht ordentlich vorstellt, schwerer, auf sich aufmerksam zu machen.

Vorspänne sind das, was in der Oper die Ouvertüre ist – oder könnten es zumindest sein. Dort werden die Namen der Leute vor und hinter der Kamera und der Filmtitel genannt und im Idealfall auch Themen und Ton des Films angeschnitten. Man nennt das *title sequence* oder *credits*. Das kann man mit weißer Schrift auf schwarzem Grund erledigen oder aber, indem man sich etwas einfallen lässt. Eine Zeit lang war es populär, erst einmal die erste Szene des Films zu zeigen, ehe die Titel kommen. Heute ist es durchaus nicht ungewöhnlich, den Film einfach zu beginnen und die Beteiligten erst am Ende zu nennen. Das mag daran liegen, dass im Publikum während des Vorspanns meistens Unruhe herrscht und deshalb die meisten Regisseure versuchen, die Titel so schnell wie möglich hinter sich zu bringen. Eine andere Möglichkeit ist es, den Vorspann zur Kunst zu erheben. Das ist allerdings etwas aus der Mode gekommen, bis David Fincher in SEVEN daran erinnerte, dass schon die ersten Sekunden dem Zuschauer eine Vorstellung davon vermitteln können, was ihn erwartet, eine dunkle Ahnung aus der Werkstatt eines Mörders, der mit dem Skalpell auf einem Lichttisch Identitäten zusammensetzt und auslöscht.

Jeder kennt den rosaroten Panther aus Blake Edwards' PINK PANTHER, der einem Funkeln des gleichnamigen Diamanten entsprungen ist und so erfolgreich war, dass er sein Eigenleben als Zeichentrickfigur führen durfte. Und ähnlich populär dürften die Anfänge der James-Bond-Filme sein, in denen wir durch eine Irisblende 007 ins Visier nehmen, der sofort zurückschießt und eine Lawine von wohlproportionierten Damensilhouetten auslöst. Aber der unbestrittene Meister dieses Genres ist Saul Bass, ein New Yorker Grafikdesigner, der in den Fünfzigern und Sechzigern vor allem für Alfred Hitchcock und Otto Preminger gearbeitet und zuletzt für Martin Scorsese die Vorspänne gestaltet hat. Als er anfing, war es in amerikanischen Kinos noch üblich, den Vorhang erst dann aufzuziehen, wenn sich die Titel dem Ende zuneigten. Preminger ließ deshalb auf allen Filmkopien eine Notiz für die Vorführer anbringen, den Vorhang schon zu öffnen, ehe der Film beginnt. Wenn man die Vorspänne von Bass sieht, weiß man auch, warum. Jeder von ihnen ist ein eigenes kleines Kunstwerk.

Saul Bass hätte gewusst, was Rilke meinte, als er von der Angst schrieb, »dass ein kleiner Wollfaden, der aus dem Saum der Decke heraussteht, hart sei, hart und scharf wie eine stählerne Nadel; die Angst, dass dieses Krümchen Brot, das jetzt von meinem Bette fällt, gläsern und zerschlagen unten ankommen würde, und die drückende Sorge, dass damit eigentlich alles zerbrochen sei, alles für immer; die Angst, dass irgendeine Zahl in meinem Gehirn zu wachsen beginnt, bis sie nicht mehr Raum hat in mir«. Seine Vorspänne sind Welten für sich, als würde man mit dem Mikroskop auf die Filme blicken und dabei die Emotionen wie Eiskristalle betrachten können. Deshalb ist es gar nicht so verwegen zu behaupten, er sei einer der zehn größten Regisseure der Filmgeschichte.

Das Kino hat vergessen, von diesen Dingen zu erzählen. Es hat Zeiten gegeben, da hat ein ganzes Universum in eine Kaffeetasse gepasst, heute weiß allenfalls noch Brian De Palma, wie man einen ganzen Film in einen einzigen Schweißtropfen packt. Was sie aber ganz genau wissen, ist, wie man einen ganzen Film zu einem eingetragenen Warenzeichen zusammenrollt. Und es war Saul Bass, der damit angefangen hat, all die einzelnen Bilder eines Films in einem Einzigen zu überblenden. Die meisten Filme gerinnen oder erstarren in einem Image; bei ihm gipfeln sie darin, ehe sie überhaupt angefangen haben. Sie schlagen Wurzeln in unserem Herzen und treiben schon die wundersamsten Blüten, bevor sie überhaupt das Licht der Welt erblickt haben.

Am Anfang war das Bild, das sich Bass von einem Film, einer Geschichte, einer Atmosphäre, einer Stimmung gemacht hat. Und er versuchte, dies mit den einfachsten Mitteln festzuhalten: sparsame Mittel, schlichte Formen, klare Sprache. Eine Rose für CARMEN JONES, eine Träne für BONJOUR TRISTESSE, einen Arm für DER MANN MIT DEM GOLDENEN ARM. Die Hand scheint dabei schon von den Konvulsionen des Entzugs verzerrt und greift vergeblich nach den schmalen weißen Balken, die mikadoartig durch die Titel fallen: wie der Schlagzeuger, dem seine *drum sticks* entgleiten, wie der Fixer, der in ein Meer von Nadeln greift. Wer nur diesen plakativen Griff ins Leere sieht, hat schon eine Ahnung, wie die Dinge laufen werden.

Jedesmal sieht es wie ein Kinderspiel aus, aber wie eines mit Tücken und Fallen. Die kindliche Unschuld, mit der die Formen der Gliederpuppe in ANATOMIE EINES MORDES auf blutigem Rot liegen, bildet einen scharfen Kontrast zum Leichengeruch, der von diesem Bild ausgeht. Gerade durch die Einfachheit, mit der durch Schnitte im Vorspann die einzelnen Glieder abgetrennt werden, bekommt die Sache einen blutigen Ernst.

Saul Bass ging mit dem Seziermesser an seine Arbeit heran, und wie ein Leichenbeschauer nahm er immer wieder die Körper auseinander und die einzelnen Sinnesorgane unter die Lupe. VERTIGO beginnt mit einem Sturz in Kim Novaks Auge.

DER MANN, DER ZWEIMAL LEBTE erzählte die ganze Geschichte der kosmetischen Chirurgie, mit der dem Helden eine Identität als Rock Hudson verschafft wird und die in einem Zerrspiegel, der Auge, Mund, Nase und Ohren zusammenfließen lässt zu Vexierbildern von austauschbaren Identitäten. Und in SPARTACUS meißelt die Kamera einzelne Partien von antiken Statuen aus dem Dunkel, als wolle sie darauf hinweisen, welche Arbeit es ist, all den hohlen Gesten und leeren Blicken, die dem alten Rom anhaften, Leben einzuhauchen.

Wo für Bass bei Preminger die Reduktion auf einzelne Sinnbilder im Vordergrund stand, da hat er für Hitchcock seine Ouvertüren noch weiter abstrahiert. Hat er bei DER UNSICHTBARE DRITTE noch die Fassade des UN-Gebäudes als Raster benutzt, in dem sich dann der New Yorker Straßenalltag spiegelte, so hat er für PSYCHO wieder schmale weiße Balken verwendet, die wie Klingen die Namen der Mitarbeiter zerschneiden. Und VERTIGO mit seinen ausufernden bunten Spiralen, die wie Netze über unsere Blicke geworfen werden, ist ohnehin der größte Vorspann überhaupt, dem Film in jeder Hinsicht gewachsen. Das fängt schon damit an, dass man geschminkte Frauenlippen in rotem Licht sieht und im nächsten Moment der Name JAMES STEWART auftaucht. So ist der Mann schon in den Bann der Frau geschlagen, ehe er zum ersten Mal ins Bild kommt.

In den *credits* von Bass durchdringen sich immer der mikroskopische Blick und der Blick aus großer Höhe, Anatomie und Architektur, Form und Muster. In GRAND PRIX werden die Detailaufnahmen im Splitscreen-Verfahren multipliziert, bis sie ein beinahe abstraktes Muster ergeben. Dazwischen bleibt eine Menge Platz für die Filme: Die Ouvertüre der WEST SIDE STORY über abstrakten Strichen, die sich als Vogelperspektive auf Manhattans Südspitze entpuppen. Danach ein Flug mit steilem Blick nach unten, der dem unübersichtlichen Häusermeer eine klare Topographie abgewinnt und dem Duell der Banden das Terrain bereitet. So wie der Kampf der Katzen in AUF GLÜHENDEM PFLASTER mit einer ähnlich schwebenden Eleganz eingeleitet wird.

Von Ende der Sechziger an war es dann 20 Jahre lang still um Saul Bass, wenn man von seinen Logos für amerikanische Konzerne und seinem eigenen Spielfilm PHASE IV absieht, der praktisch nur vom Kampf zwischen Form und Muster erzählt und mit Mikro- und Makro-Perspektive sein existentielles Spiel treibt.

Martin Scorsese hat in seinem Hang zur Anverwandlung der Filmgeschichte natürlich erkannt, welches Talent da brachliegt, und Bass zu drei seiner schönsten *credit sequences* animiert. In KAP DER ANGST taucht man ein in ein Bad aus giftig kühlen Farben, über die sich Vorahnungen des Kommenden legen: der Flug eines Seeadlers, ein nervöses Auge, ein schattenhaftes Gesicht, ein Körperumriss mit langen Fingern, ein unendlich langsamer Tropfen, der das Wasser rot färbt und zu Augen hinführt, die panisch ins Negativ umgeschlagen sind. In ZEIT DER UNSCHULD erblühen Blumen über einem Muster aus Spitzen und Schrift in immer schnellerem Rhythmus, bis die Titel in einem Feuerwerk aus Blüten zu explodieren scheinen. Ein wenig nimmt dieser grandiose Vorspann auch die etwas schematische Kunstfertigkeit des Films vorweg. Und schließlich das kalte Feuer von CASINO, ein Funkenregen aus tausendfach gespiegelten Neonlichtern, in dem De Niros Silhouette in einem endlosen Höllensturz gefangen ist.

Nochmal Rilke in den *Aufzeichnungen des Malte Laurids Brigge*: »Du atmest es ein mit Durchsichtigem; in dir aber schlägt es sich nieder, wird hart, nimmt spitze, geometrische Formen an zwischen den Organen. Die Menschen möchten vieles davon vergessen dürfen; ihr Schlaf feilt sanft über solche Furchen im Gehirn, aber Träume drängen ihn ab und ziehen die Zeichnungen nach. Aber ach, auf welcher Kante hält sich diese Sicherheit. Nur eine geringste Wendung, und schon wieder steht der Blick über Bekanntes und Freundliches hinaus, und die eben noch so tröstliche Kontur wird deutlicher als ein Rand von Grauen. Hüte dich vor dem Licht, das den Raum hohler macht; sieh dich nicht um, ob nicht vielleicht ein Schatten hinter deinem Aufsitzen aufsteht wie dein Herr. Besser vielleicht, du wärst in der Dunkelheit geblieben...«

Klingt das nicht wie eine Beschreibung dessen, was in uns aufsteigt, wenn wir diese Vorspänne sehen? Saul Bass ist der Mann, der dem Kino wie kein anderer zur Introspektion verholfen hat – ein paar Sekunden haben ihm dafür genügt.

Heute heißt es oft, man habe für Vorspänne kein Geld mehr. Aber wer dafür nichts ausgeben will, der kann sich das Geld für den Rest auch gleich sparen.

Leben im Schatten

Die Verrückten aus dem Filmmuseum trafen sich jeden Freitag in der HFF, der Hochschule für Fernsehen und Film, die in einer hübschen Villa in der Münchner Kaulbachstraße untergebracht war. Freitags war Filmgeschichte, was dazu führte, dass kaum Hochschüler, aber umso mehr Filmfans kamen. Helmut Färber und Ulrich Kurowski bestritten das Programm, indem sie vormittags zwei und nachmittags zwei Filme zeigten, alte Hollywoodfilme und Nouvelle Vague, Western, Melodramen und Dokumentarfilme, bunt gemischt. Die Einführungen waren knapp gehalten, dem bedächtigen Wesen der Dozenten entsprechend, der Rest war pure Lust, in diesem Gemischtwarenladen namens Kino zu stöbern. Mittags saß man dann im nahen Café und versuchte, Frieda Grafes Film-Tipps aus der *SZ* zu enträtseln. In wenigen Sätzen, manchmal nur ein paar Worten, wies sie auf das hin, was in den kommenden Tagen abseits des aktuellen Kinoprogramms in München laufen würde: die schiere Brillanz auf kleinsten Raum eingedampft. Und für die Filmbegeisterten war es ein wenig so, als würde man die Heilige Schrift auslegen. Es ging darum, die Anspielungen zu erkennen, die Bedeutungen zu entziffern. Das waren unsere Haikus – und alles andere war popelig.

Und danach sah man noch mal zwei obskure Filme an, kämpfte gegen die Nachmittagsmüdigkeit und schwelgte in den giftigen Farben von Technicolor oder in den sanften Schatten von Schwarzweiß. Und allmählich kam man dahinter, was die Franzosen immer meinen, wenn sie von Cinéphilie reden. Dass man dabei nicht wählerisch sein darf, sondern sich allem stellen muss, auf alles neugierig, allem aufgeschlossen, nichts auslassend. Es geht nicht darum zu werten, sondern zu sammeln. So wie die Menschen, die der Philatelie anheimgefallen sind, nicht eher Ruhe geben, als bis sie ihre Sammlung komplett haben, so lebt auch die Cinéphilie vom Drang zur Vollständigkeit – natürlich ein hoffnungsloses Unterfangen. Und weil man mit der Weltfilmproduktion nie wird Schritt halten können, stürzt man sich auf einzelne Regisseure, konzentriert sich auf bestimmte Genres, fixiert sich auf ausgewählte Stars – und versucht, vom Rest so viel wie möglich mitzunehmen. Sieht tagsüber in Pressevorführungen neue und abends im Filmmuseum alte Filme. Registriert in den Vorspännen noch den kleinsten Nebendarsteller und bleibt beim Abspann bis zum Ende, um noch in der letzten Danksagung versteckte Hinweise zu finden. Man geht ins Kino, so wie andere Menschen in die Kirche gehen, regelmäßig, bedingungslos, immer in der Hoffnung, jener Macht teilhaftig zu werden, die ein besseres Leben im Jenseits verspricht.

Der Cinéphile ist ein Astronaut, der in einer fernen Galaxie versucht, so viel Informationen wie möglich über eine bestimmte Spezies herauszufinden, die sich als Mensch entpuppt. Er erforscht eine fremde Lebensform und verweigert sich nach Möglichkeit der Erkenntnis, dass es das eigene Leben ist, das er da betrachtet. Er sieht und sieht und sieht und hofft, dass am Ende irgendwie doch eine Biographie daraus wird. Das ist der Widerspruch, den er aushalten muss und vor dem er nur ins Kino fliehen kann. Weil es für Momente dann so aussieht, als sei das, was da vor seinen

Augen vorbeizieht, sein eigenes Leben. Man flüchtet vor dem Leben auf die andere Seite des Spiegels und versucht, in dieser Schattenwelt aufzugehen.

Man könnte sagen, dass das eine Art Feigheit vor dem Feind ist, aber letztlich unternimmt jeder auf seine Weise alles Mögliche, um eine Art Ordnung in das zu bringen, was man Leben nennt. Man treibt Sport, züchtet Orchideen, sammelt Bierdeckel oder sonst was, um für Momente nicht mit den unendlichen Optionen konfrontiert zu sein, die uns tagtäglich verwirren, sondern ein festes Ziel vor Augen zu haben. Jeder sucht sich seine Felder, auf denen die Spielregeln klar sind, und das Spielfeld des Cinéphilen hat eben die Größe einer Leinwand – oder eines Bildschirms – und bringt in eine Form, was ansonsten zu einem unübersichtlichen Chaos zerfließen würde. Gespräche – eine Sache von Schnitt und Gegenschnitt. Action – eine Frage von Großaufnahmen und Totalen. Gefühle – eine Kamerafahrt, ein Augenzwinkern oder ein Kuss. Es gibt eine Sprache im Kino, die man erlernen kann, aber sie ist so vielfältig wie das Leben selbst. Doch immerhin gibt es so etwas wie eine Grammatik, die es zumindest erleichtert, die Dinge zu durchdringen, hinter ihre Bedeutung zu kommen. Eine Frau, die im Kino weint, lässt in der Regel eine begrenzte Anzahl von Lesarten zu – eine Frau, die im wirklichen Leben weint, ist üblicherweise weniger leicht durchschaubar. Und so geht man ins Kino, um das Leben zu lernen. Tatsächlich ist man davon wahrscheinlich weiter entfernt als anderswo, aber es gibt zumindest immer wieder Momente, wo man im Dunkel glaubt, etwas begriffen zu haben. Die Schwierigkeit besteht dann darin, diese Erkenntnisse irgendwie ins Licht des Alltags hinüberzuretten, immer in der Hoffnung, dass man bei der nächsten Frau, die weint, weiß, was zu tun ist – oder wenigstens eine lose Ahnung hat, warum sie weint.

All das sind Erwägungen, die der Cinéphile vorsätzlich

verdrängt. Er erstellt lieber Listen, grast unbekannte Gefilde ab, versenkt sich in immer entlegenere Gebiete. Der so genannte Kultfilm ist ihm zwar ein Gräuel, aber natürlich muss er ihn gesehen haben. Und so versucht er, ihn sich so unterschiedslos anzusehen wie ein obskures Werk des georgischen Filmschaffens. Auf Hierarchie pfeift er, Kritiken liest er, aber verachtet jeden Hinweis auf den Gebrauchswert der Filme. Es geht eher darum, den Film einzubetten in ein Netz von Bezügen, den Assoziationen freien Lauf zu lassen, sich einem immer esoterischeren Geschmack hinzugeben. Das Problem ist, dass diese Lebensform wenig andere Berufschancen als die des Filmkritikers eröffnet. Und so fangen sie alle über kurz oder lang an, über das, was sie gesehen haben, zu schreiben. So wie die Vorbilder aus Frankreich, Jean-Luc Godard, François Truffaut, Jacques Rivette, Eric Rohmer oder Claude Chabrol, die alle in den Fünfzigern für die *Cahiers du Cinéma* geschrieben haben. Dass alle fünf im Schreiben schon jene Filme vorweggenommen haben, die sie später machen sollten, ist ein weiterer Widerspruch, dem man sich lieber nicht aussetzt. Man geht schließlich nicht ins Kino, weil man sich für einen besseren Filmemacher hält, sondern weil man das Kino fürs bessere Leben hält. Aber man fängt an zu schreiben, benügt sich zunächst damit, die Filme nur ganz vorsichtig abzutasten, und ist irgendwann mit der Forderung konfrontiert, dass Schreiben genauso vom Leser lebt wie das Filmemachen vom Zuschauer und dass man sich also eine Meinung bilden und sie auch formulieren muss. Dass man sich der Frage stellen muss: Was hat das alles mit unserem Leben zu tun?
    Welchem Leben?

Im Saal der verlorenen Schritte

Vielleicht liegt es an Alain Delon und der kindischen Freude über das Tonbandgerät, dass ich mich fortan im Kino nirgends so zu Hause fühlte wie in Paris. Dabei ist das Paris im EISKALTEN ENGEL auch nur die Phantasie eines Filmverrückten, der zu viele amerikanische Gangsterfilme gesehen hatte. Der Regisseur Jean-Pierre Melville trug selbst immer einen Stetson und eine dunkle Sonnenbrille und verbrachte seine Nächte damit, mit seinem Ford Galaxy bis ins Morgengrauen durch die Pariser Außenbezirke zu fahren, als wolle er die Spuren nachzeichnen, welche die Fahrten unzähliger Filme in seiner Erinnerung zurückgelassen haben. Und konsequenterweise fährt in der letzten Einstellung seines letzten Films DER CHEF Alain Delon im fahlen Licht des anbrechenden Tages die ausgestorbenen Champs-Elysées entlang. Melville wollte Paris stets aussehen lassen wie New York, indem er in verlassenen Unterführungen, in der Nähe von Eisenbahngleisen und in ganz und gar unfranzösischen Bars drehte, aber dadurch gewann seine Stadt nur noch hinzu – als habe selbst diese gewaltige Sehnsucht nach Amerika problemlos Platz in ihr.

So soll Melville unser Fahrer sein, mit dem wir bis zur Dämmerung durch diese Stadt tauchen, in der wir keine Spur hinterlassen, weil sie nur in unserem Herzen existiert. In Prousts *Auf der Suche nach der verlorenen Zeit* liegt der Erzähler eingangs im Dunkel und versucht vom Bett aus, den Raum zu rekonstruieren, in dem er eingeschlafen ist. Im Grunde geht es uns nicht anders: Wir sitzen im Dunkel des Kinos und versuchen zu erraten, wie wohl der Raum beschaffen sein mag, in den wir eintauchen, und vor allem, wie es jenseits dessen aussieht, was wir gezeigt bekommen. Als sei der Film unser Proustsches Bett, von dem aus wir jene Umgebung imaginieren, die uns der Film vorenthält. All die Filme, die wir sehen, legen Stadtpläne und Straßenkarten in uns an, die wir in der Phantasie fortzuzeichnen versuchen. Manche werden nach dem Film ein für alle Mal verstaut, weil man sie wahrscheinlich nie wieder wird hervorholen müssen. Aber manchmal reicht das schon, um eine bestimmte Landschaft für immer in uns festzuschreiben. Abbas Kiarostami ist sicher der Regisseur mit dem ausgeprägtesten Sinn für Topographie überhaupt, und so werden wir für immer den Weg kennen, den er in WO IST DAS HAUS MEINES FREUNDES? so hingebungsvoll nachzeichnet. Es ist kaum anzunehmen, dass je wieder ein Film in jenem persischen Dorf spielen wird, in dem sich der kleine Junge verliert, und ganz sicher werden wir dort nie hinkommen, aber irgendwo ist auch diese filmische Landkarte in uns abgelegt – und wenn es so weit ist, werden wir wissen, wo das Haus unseres kleinen Freundes ist.

Eine Stadt wie Paris hingegen ist filmisch bis in den letzten Winkel vermessen, und allein aus unseren Kinoerfahrungen können wir blind jeden Taxifahrer führen. Es ist fast so, als sei diese Stadt in unserem Herzen langsam gewachsen, als hätten wir sie nach und nach noch mal neu erbaut, eine mentale Konstruktion, in die wir uns nach Bedarf hineinprojizieren. Ernst Lubitsch hat mal gesagt, es gebe das Paris von Paramount und das Paris von Metro und natürlich das Paris in Frankreich – aber das von Paramount sei das Pariserischste von allen. Natürlich hat er Recht, aber trotzdem müssen wir widersprechen, weil natürlich unser eigenes Paris all das vereint, die wirkliche und die erfundene Stadt. Und in diesem eigenen Paris laufen wir Jeanne Moreau auf den regennassen Boulevards hinterher und trinken zu den Klängen der Trompete von Miles Davis in einer neonhellen Bar ein Glas mit ihr, während sie auf Maurice Ronet wartet, der nie kommen wird, weil er im Fahrstuhl stecken geblieben ist; und wir fahren mit Juliette Binoche auf der Seine Wasserski und brüllen vor Glück, während über Pont-Neuf ein Feuerwerk hochgeht, das allein von unserer Begeisterung entzündet scheint; und wir rasen mit Godards Außenseiterbande durch den Louvre, um den amerikanischen Besuchsrekord von 9 Minuten 45 Sekunden um zwei Sekunden zu unterbieten; wir stehen auf Notre-Dame und leiden mit dem buckligen Glöckner, der den stummen Wasserspeiern seine Verzweiflung gesteht: »Ich wollt', ich wär' aus Stein wie du«; oder wir lassen mit Amélie Poulain flache Kiesel auf dem Kanal hüpfen und veranstalten eine Schnitzeljagd um Sacré-Cœur, die den Montmartre in ein verwunschenes Märchenviertel verwandelt. In diesem Paris sind wirklich nur wir zu Hause – aber wenn jemand sehr nett ist, nehmen wir ihn mit ins Kino.

Wer von Paris träumen will, braucht ohnehin nicht mehr als einen Métro-Plan. Das bunte Netzwerk, dessen Linien organischer verknüpft sind als in irgendeiner anderen Stadt, ist auch eine Art Landkarte der Träume. Jede der Haltestellen mit den mysteriösen Namen klingt wie ein eigenes Gedicht und weckt die kühnsten Phantasien:

Malakoff
Mabillon
Denfert-Rochereau
Oberkampf
Bir-Hakeim

Wagram
Kléber
Havre-Caummartin
Chaussée-D'Antin
Richelieu-Drouot

Raspail
Miromesnil
Barbés-Rochechouart

Réaumur-Sébastopol
Gambetta
Ménilmontant

Und es wirkt fast so, als sei dieses Höhlenlabyrinth ein eigenes Reich, von dem man kaum glauben will, wie Walter Benjamin schrieb, »dass dies alles oben ineinander verläuft, sich unterm hellen Himmel zusammenzieht«. Wie dieses unterirdische Paris zusammenhängt, sieht man nirgends so schön wie im EISKALTEN ENGEL. Während Alain Delon die Métro benutzt, wird er von immer neuen Zivilbeamten beschattet, deren Sender ein Signal ans Kommissariat weitergeben, wo auf einer großen Métrokarte entsprechend Lämpchen aufleuchten. So treiben der Großstadt-Samurai und seine Verfolger ein Katz-und-Maus-Spiel zwischen Pyrénées und Châtelet, auf dessen langen Rollbändern er seiner Beschatterin entkommt. Das Lämpchen erlischt – und der eiskalte Engel verschwindet.

In den Achtzigern kam es in Paris in Mode, die Katakomben zu erobern und dort Partys zu feiern. Eine Art Ersatz für die verlorenen Jazzkeller im Paris der Fünfziger. Wie sehr das unterirdische Labyrinth eine Parallelwelt bildet, hat Luc Besson deutlich gemacht. SUBWAY erzählt von den Typen, deren Welt eigentlich erst dort beginnt, wo die Tunnel der Métro aufhören, in der Kanalisation und den Katakomben unter der Stadt. Isabelle Adjani und Christopher Lambert inszenieren dort in Abendgarderobe ihre Auftritte, von Rollerskatern und Bodybuildern umschwirrt. Die Métro ist so oder so ein Eingang in ein Reich der Toten, eine Art Vorhölle.

Die Métro ist nicht das einzige Netz, das sich über unsere Träume legt. In Truffauts GERAUBTE KÜSSE schickt Antoine Doinel seiner Angebeteten Fabienne Tabard einen Abschiedsbrief mit der Rohrpost. Damit hat Truffaut den so genannten Pneumatiques ein Denkmal gesetzt, in denen die Briefe mit Druckluft in einer Kapsel durch ein Röhrensystem gejagt wurden. Er lässt die Kamera den Weg durch den Untergrund verfolgen, indem sie den Rohren zum Ziel nachspürt: Rue de Montmartre/Rue Lepic, Place Clichy, Rue St.-Lazare, Rue Lafayette, Rue La Boétie, Rue Richelieu, Rue de Rivoli, Avenue de l'Opéra. Den Antwortbrief bringt die wunderbare Delphine Seyrig allerdings gleich selbst vorbei, um ein für alle Mal zu erklären, was der Unterschied zwischen Höflichkeit und Takt ist.

ZAZIE IN DER MÉTRO spielt übrigens nicht in der Métro, weil dort gerade gestreikt wird und die kleine Zazie vor verschlossenen Sperrgittern steht. Aber in diesem Film sinniert Philippe Noiret am Fuße des Eiffelturms: »Ich frage mich, warum man Paris immer als Frau darstellt. Mit so einem Ding. Bevor das gebaut war, vielleicht. Aber jetzt?« Der Eiffelturm ist der Dreh- und Angelpunkt der Geschichte – nicht nur weil dabei seine phallischen Qualitäten diskutiert werden. Dort oben geraten Zazie und ihr Onkel Gabriel ins Nachdenken über die Stadt. Sie sei, sagt wieder der Onkel, »nur eine Täuschung, nur ein Traum, nur die Täuschung eines Traums«. Und kurz darauf hört man das Meer rauschen, und während die Gesellschaft auf der Plattform steht, wird sie von einer Welle von Kopf bis Fuß durchnässt. Und das Stakkato ihrer Schritte beim schier endlosen Abstieg über die Treppen des Turms behält man noch lange im Ohr.

Wo der Blick auf den Eiffelturm vor allem im amerikanischen Kino immer Paris und also die Liebe symbolisierte, da trieb die Nouvelle Vague ihr Spiel mit dem Wahrzeichen. Nicht nur Louis Malle, sondern besonders Truffaut verband mit dem Turm geradezu eine Obsession. Sein Kameramann Nestor Almendros schrieb: »Er hatte eine riesige Sammlung von Eiffeltürmen, vom kleinsten bis zum größten, aus Eisen, Papier, Gold. Und er brachte sie in seinen Filmen unter: In AUF LIEBE UND TOD etwa schlägt Fanny Ardant jemanden mit einem metallenen Eiffelturm nieder.«

Jacques Tati hat in PLAYTIME eine Vision von Paris aus Glas und Licht entworfen, die nichts mehr mit dem Paris, das man kennt, zu tun hat. Einmal betritt eine Touristin, die vorher schon am Mangel an fotogenen Motiven verzweifelt ist, durch eine Glastür ihr Hotel. In dem Moment spiegelt sich in der Scheibe der ferne Eiffelturm. Sie hält einen Moment lang inne, dreht sich um, sieht aber nichts. Hier sind die Stadt und ihr Wahrzeichen nur noch eine Reflexion, eine Täuschung, ein Traum.

Die schönste Eiffelturm-Szene findet sich allerdings in Eric Rochants EINE WELT OHNE MITLEID, wo Hippolyte Girardot Punkt Mitternacht für seine Geliebte mit einem Fingerschnippen die Lichter des Turms auslöscht. Und dann entwirft er ihr die verführerische Vision, dass in Paris, wenn die Lichter erlöschen, die Liebenden auf die Dächer steigen, um sich unter dem Nachthimmel ihren Gefühlen hinzugeben. Und dabei schwenkt die Kamera über die nachtblaue Silhouette der Stadt. In HASS von Mathieu Kassowitz versuchen die Kids aus der Banlieue ebenfalls den Trick mit dem Eiffelturm, aber auf ihr Fingerschnippen passiert nichts. Erst als sie sich wegdrehen, gehen die Lichter aus.

Wer zum ersten Mal AUSSER ATEM sieht, wird automatisch entflammt für diese Stadt, der Schwarzweiß so gut zu Gesicht steht. Da wandelt dann die Amerikanerin mit den kurzen blonden Haaren und dem Herald-Tribune-Pulli über die Champs-Elysées, wo sie Zeitungen verkauft. Auch sie taugt gut als Führerin durch unser Sehnsuchtsparis, obwohl uns selten im Kino jemand mehr enttäuscht hat als Jean Seberg, wenn sie Belmondo an die Polizei verrät und dann so tut, als wisse sie von nichts, als er ihr im Sterben noch sagt, sie sei wirklich zum Kotzen.

Was er wählen würde, hatte sie ihn zuvor gefragt, zwischen dem Leiden und dem Nichts, und er antwortete: »Blöde Frage: natürlich das Nichts.« Das Leiden sei schließlich ein Kompromiss. Damals war Jean Seberg 20 und wusste noch nicht, was auf sie zukommen würde: Jahre der Verfolgung durchs FBI, weil sie mit einem Schwarzen liiert war, eine Fehlgeburt, der endgültige Abschied aus Hollywood und Auftritte in immer obskureren französischen Filmen, die Bekanntschaft mit Alkohol und Tabletten, Entziehungskuren und Sanatorien, gescheiterte Ehen und Heerscharen anonymer Liebhaber. In AUSSER ATEM sitzt sie einmal mit geschlossenen Augen auf dem Bett und sagt: »Ich versuche die Augen so fest zuzumachen, dass es ganz dunkel wird. Aber es gelingt mir nicht. Ganz schwarz wird es nie.«

20 Jahre später wurde es dann doch ganz schwarz um sie. Am 8. September 1979 findet man ihre in eine Decke gehüllte nackte Leiche auf der Rückbank eines Renault, der nur wenige 100 Meter von ihrer Wohnung entfernt in der Rue Général Appert parkte. Weil sie dort schon zehn Tage gelegen hatte, konnte man zwar noch feststellen, dass sie an einer Überdosis Barbiturate gestorben war und fast acht Promille Alkohol im Blut hatte, aber nicht mehr, ob Fremdeinwirkung im Spiel war. Es spielt nicht wirklich eine Rolle: Ihrem äußeren Tod, schrieb ihr ehemaliger Liebhaber Carlos Fuentes, sei längst ihr innerer Tod vorausgegangen.

Ihr zweiter Film hatte geheißen BONJOUR TRISTESSE – es war ihr Lebensmotto geworden. Und wenn man all das weiß, wird der Schluss von AUSSER ATEM noch trauriger, und man sieht neben dem jungen Mädchen, das im gestreiften Sommerkleid über der Leiche ihres Freundes in der Rue Campagne-Première steht, auch schon die Phantome, die auf sie warten.

In diesem Totenreich spielt einer der allerschönsten und traurigsten Parisfilme, DAS IRRLICHT von Louis Malle aus dem Jahr 1963, in dem die Stadt eine einzige verflossene Liebe ist, ein schöner Traum, der sich einem entzieht, sobald man versucht, die Hände danach auszustrecken. Er schildert die letzten 24 Stunden eines Mannes, der beschlossen hat, aus dem Leben zu scheiden. Auf den Spiegel seines Zimmers in einem Sanatorium hat er das Datum geschrieben – 23 juillet –, dessen Bedeutung man erst erkennt, wenn es zu spät ist und er sich in aller Ruhe die Pistole an die Brust setzt. Und jene Worte auf der Leinwand erscheinen, mit denen auch die Romanvorlage von Pierre Drieu la Rochelle endet:

»Ich töte mich, weil ihr mich nicht geliebt habt, weil ich euch nicht geliebt habe. Ich töte mich, weil unsere Beziehungen feige waren – um unsere Beziehungen zu festigen. Ich werde auf euch einen unauslöschlichen Makel hinterlassen.«

Ich war fassungslos. Man geht an einem Sonntagmorgen in eine Matinee ins Isabella-Kino und sieht einen Film, der auf einen gewartet zu haben scheint. Er wurde gedreht, als man gerade auf die Welt gekommen war, und irgendwo im Dunkel war diese Schattenwelt errichtet, die man nur betreten musste, an einem Sommersonntag in Schwabing. Das ist ja das Kuriose am Kino, dass irgendwo diese Armee von ungesehenen Filmen verborgen steht und es nur darauf ankommt, sie ausfindig zu machen. Nichts garantiert, dass man im Leben auf einen vergessenen französischen Film aus dem Jahr 1963 stößt, der trotz eines Jury-Preises in Venedig überhaupt erst 1966 zum ersten Mal in Deutschland zu sehen war. Aber die Tatsache, dass es doch passieren kann, eröffnet so ungeahnte Möglichkeiten, dass einen der bloße Gedanke schon schwindeln lässt. Wer weiß schon, wie viele Entdeckungen dieser Art noch auf einen warten. Wir können sie sehen. Wir können sie aber auch verpassen. Es hatte also schon seinen

Grund, warum wir damals so zwanghaft alles ansahen, was wir zu Gesicht kriegen konnten. DAS IRRLICHT also, dessen Autor mit den Deutschen kollaboriert und sich 1945 erschossen hatte, der einzige Film, der es in seiner Perfektion mit dem EISKALTEN ENGEL aufnehmen kann, weil er auch auf einer langen Geraden dem unausweichlichen Tod entgegensteuert. Ich kann nicht behaupten, dass einer der beiden Filme in mir den Wunsch geweckt hätte, mein Leben aufs Spiel zu setzen, aber es wird schon seinen Grund haben, warum mich die Unbedingtheit gerade dieser beiden Filme faszinierte wie nichts sonst. Die Schärfe, mit der die Dinge ein letztes Mal aufleuchten, schien für Momente dem eigenen Leben eine Schärfe zu verleihen, die es nicht besaß. Die Vergeblichkeit, mit der sich die Welt ein letztes Mal nach diesen Helden ausstreckt, besaß in gewisser Weise etwas Tröstliches – wie in jenen Träumen, in denen man eine Trauergemeinde am eigenen Grab imaginiert. Und die Vorstellung, ein Verlorener zu sein, der seinen Abschied von der Welt mit größtmöglicher Ruhe durchführt, deckt sich mit allerlei Visionen, die man in einem gewissen Alter pflegt. Womöglich in jedem Alter.

Maurice Ronet spielt im IRRLICHT diesen Verlorenen, einen Playboy, der seit sechs Monaten in einer Entzugsklinik in Versailles untergebracht ist und auf ein Zeichen seiner Frau hofft, die in New York lebt. Zu Beginn liegt er mit einer Freundin seiner Frau im Bett, und an ihrem Verhalten merkt man, dass er nach wie vor ein gefragtes Spielzeug von Frauen ist, die sich das leisten können, aber auch, dass er den Geschmack an dieser Lebensform verloren hat. Und so zieht er ein letztes Mal los, um zu sehen, ob nicht irgendwas seine Lebensgeister wieder wecken könnte. Aber überall begegnet er nur seinem eigenen Spiegelbild, alle scheinen in ihm nur den sehen zu können, der er mal war – und die, die sehen, was er heute ist, entwerfen ein noch verheerenderes Bild von ihm. Die Schwulen im Café Flore bedauern ihn wie einen gefallenen Engel, die Freunde aus der Bourgeoisie bemitleiden ihn wie einen verlorenen Sohn, und die anderen Weggefährten behandeln ihn wie einen Aussätzigen. Er war ein König der Nacht, dessen Eskapaden legendär gewesen sein müssen, ein Frauentyp, der nie an die Zukunft denken musste, ein Trinker, der irgendwann nicht mehr von seiner Gewohnheit loskam. Jetzt versucht er, den Zauber von einst wieder zu finden, aber alles wirkt schal und leer. Und vielleicht will er sich auch gar nicht retten lassen. Womöglich gibt er tatsächlich nur eine Abschiedstournee, sucht nur die Bestätigung, dass es richtig ist, endlich aufzuhören. Der Barkeeper im Hotel am Quai Voltaire freut sich zwar ehrlich, den alten Stammgast nach so langer Zeit wieder zu sehen, hat aber nur wenig Verständnis, dass er auf den angebotenen Drink verzichtet. Und am Tresen hängt ein junges Paar, das dringend ein Alka-Seltzer braucht, ehe es wieder dem Scotch Sour zuspricht – und es ist völlig klar, dass sie Wiedergänger dessen sind, was Alain einst selbst gelebt hat. Jetzt gehört die Stadt ihnen – und von einer traurigen Figur wie Ronet wollen sie gar nichts wissen. Er ist die Zukunft, die sie so lange verdrängen, bis ihr eigenes Glas zur Neige geleert ist. Jeder glaubt an die Legende vom heiligen Trinker, bis er selbst den Absprung verpasst hat.

Einmal überquert er mit seinem alten Kumpel, der sich in Ehe und Familie geflüchtet hat, die Rue de Seine, als gerade eine elegante junge Frau im kleinen Schwarzen einem Auto entsteigt und ihm im Vorübergehen einen Blick zuwirft, der alle jene Verheißungen birgt, von denen er in seinem früheren Leben zu viel gekostet hat – aber Alain hat gar keine Augen mehr für sie, weil er mit dem Herzen nicht mehr bei der Sache ist. Und dann begegnet er eine Ecke weiter in der Rue de Bucci einer alten Freundin, die ihm freudig hinter einer Glasscheibe zuwinkt, eine hohlwangige Grimasse macht und mit den Lippen die Worte formt: »Tu as l'air d'un cadavre.« Er sehe aus wie eine Leiche. Sie meint es gar nicht unfreundlich, sondern eher besorgt und erweist sich in dieser Welt ohne Mitleid als einzige Person, die überhaupt Verständnis für ihn aufbringt. Dass sie von Jeanne Moreau gespielt wird, gibt diesen Szenen noch mal ein ganz anderes Gewicht. Aber auch sie kann ihn nicht retten, denn das ganze Leben spielt sich für ihn wie hinter Glasscheiben ab, die er nicht mehr durchdringen kann. Und dann trinkt er einen ersten Cognac, der ihn nur noch krank macht – und so geht er zurück nach Versailles, um seinem Leben ein Ende zu setzen.

Und wir sitzen ebenfalls hinter einer Glasscheibe und blicken auf dieses Paris, dem selbst der Regen und der graue Himmel nichts anhaben können, und verzweifeln daran, dass wir nie einen Fuß in diese Stadt werden setzen können, weil sie nur im Kino existiert. So träumen wir auf ewig von diesen Städten des Vergessens, gefangen in unserem ganz privaten Saal der verlorenen Schritte.

Wenn Männer singen

Die Röte des Rots bei Technicolor hat Hartmut Bitomsky eines seiner Bücher genannt und damit etwas bezeichnet, was nur kennt, wer es erlebt hat. Denn dieses Farbverfahren, mit dem in den Fünfzigern gearbeitet wurde, erlaubte tatsächlich eine Strahlkraft der Farben, die mehr an die Paletten von Malern erinnert als an heutige Farbfotografie. Der Prozess war irre kompliziert, denn die Farben wurden einzeln bearbeitet, und dafür brauchte man eigene Farbberater. Aber der Aufwand lohnte sich, weil in manchen Momenten die Leinwand buchstäblich zu glühen schien. Wenn also Cyd Charisse ein rotes Kleid trug, dann war sie nicht nur von Stoff umhüllt, sondern von flüssigem Licht, an dem man sich jederzeit die Finger verbrennen konnte. Und wenn in THE GIRL CAN'T HELP IT Abbey Lincoln vor blauem Hintergrund singt, dann wirkt es, als sei die Luft plötzlich aus einem blauen Satin, den man selbst auf der Haut zu spüren glaubt. Und natürlich waren die Wiesen niemals grüner als in jener Zeit, und die ganze Welt sah aus, als sei sie in einen Farbtopf gefallen, und wenn man es gewagt hätte, die Leinwand anzufassen, dann hätte sie womöglich einen Farbabdruck auf der Handfläche hinterlassen: Vorsicht. Frisch gestrichen!

Dieses Glück kann man nur im Kino erleben, und oft genug kann es passieren, dass die Farben ausgebleicht oder verwaschen sind, vom rötlichen Dunst vernebelt oder einem

Grünstich erlegen. Aber selbst dann hat man den Eindruck, dass die Filme eine eigene Körperlichkeit besitzen, die heute verschwunden ist. So wie man den Anblick vergilbter Papierseiten am Computer nie wird erleben können. Man muss das auch gar nicht bejammern, weil man das eine kennt und das andere nicht missen muss, aber selbst im lupenreinen Dolbydigitalsurroundglück befällt einen manchmal eine gewisse Wehmut, wenn man zufällig den Fernseher anschaltet und in den Schluss von Antonionis LA NOTTE gerät, wo die Kamera Jeanne Moreau im Morgengrauen in einen Park folgt und beim Blick auf ihr schulterfreies Kleid auf der Tonspur ein Knistern, Knacken und Rauschen zu hören ist, das in diesem Moment eben nicht als technischer Mangel empfunden wird, sondern als reines Glück, als eine Art greifbarer Körperlichkeit, als gerate die Luft um sie herum in Schwingungen, welche nur die alte Tonspur hörbar macht. Das ist vielleicht das Gegenteil von dem, was man heute unter Sound Design versteht, aber es ist genau das, was einen sonst vor alten Schallplatten befällt: das Bewusstsein, dem Material beim Arbeiten zuhören zu können, wo heute nur noch lautlose Datenströme durch ihre Speichermedien schleichen.

Und genau das war es, was wir empfanden, wenn wir im Dunkel des Filmmuseums saßen. Scheppernde Fanfaren, blecherner Klang, dumpfe Dialoge, verkratzte Kopien – eine verlorene Welt von abenteuerlichen Unzulänglichkeiten, ohne die das Glück nicht zu haben war. Und wenn wir zwischen zwei Stummfilmen zu McDonald's gegangen waren, dann konnte man nach der Pause in der Stille die Verdauung arbeiten hören. Auch das gehörte zu diesem seltsamen Glück, das uns erschauern ließ, wenn wir in diesen Schlund schauten, den das riesige Maul der Filmgeschichte uns entgegenreckte.

So hysterisch war ich damals, dass ich einmal drei Stunden vor Filmbeginn ins Kino kam, damit ich auch ganz sicher eine

Karte bekäme, um dann festzustellen, dass ich der Einzige war. Halbe Stunde hätte auch gereicht. Aber immerhin ging es um die erste und einzige und vermeintlich letzte Möglichkeit, einmal Hitchcocks VERTIGO zu sehen, der damals noch eine Legende war, weil der Meister seine Aufführung auf Jahre hinaus untersagt hatte. Damals wusste ich noch nicht, dass die Wiederaufführung der fünf gesperrten Hitchcock-Filme nicht mehr lange auf sich warten lassen würde. Es gab ein Sonderheft der Zeitschrift *Filmkritik* mit Bildern und Schilderungen, die so irrwitzig waren, dass dieser Film alle Geheimnisse des Weltkinos in sich zu wahren schien. Und wenn man genau darüber nachdenkt, dann ist es ja auch irgendwie so. Ein Mann, der eine Frau verliert und eine andere nach ihrem Bild zu schaffen versucht. Und wenn er am Ende auch die zweite verliert, dann erkennt er in einem schrecklichen Moment, dass sie die wahre Liebe war – und die erste Frau nur eine Illusion. Die erste Kim Novak war nur ein Köder und ihr Tod nur vorgespielt. Und die zweite Kim Novak musste keine Rolle spielen und wurde aber von James Stewart in jenen Tod getrieben, der doch eigentlich nur ein Spiel sein sollte. Natürlich geht es wie immer bei Hitchcock um die Unschuldigen mit den schmutzigen Händen, aber im Falle von VERTIGO war das Schicksal noch unausweichlicher, die Erotik noch brutaler, die Atmosphäre noch giftiger. Die Menschen schienen durch ein Aquarium ihrer Leidenschaften zu treiben, und ihr Verhängnis vollzog sich in Zeitlupe. Und es konnte passieren, dass die platinblonde Kim Novak plötzlich in einem Hintereingang verschwand und ihr Verfolger James Stewart eine Tür öffnete, die verblüffenderweise in einen Blumenladen führte, dessen jähe Blütenpracht das Objekt der Begierde zu vertausendfachen schien. Es gibt wahrscheinlich überhaupt keine andere Einstellung, bei der einem dermaßen die Augen übergehen, wie dieser Schnitt in den Blumenladen – selbst der Blick in die Tiefe des Glockenturms, bei der sich der Raum zu dehnen scheint, ist nichts, verglichen mit dieser Offenbarung. So gesehen, waren drei Stunden ein geringes Opfer für dieses Blumenwunder. Für einen Film, der alles sagt über Männer, die versuchen, Frauen nach irgendeinem Vorbild zu formen. So muss jedem, der ins Kino geht, klar sein, dass es die Frauen im wirklichen Leben nie mit denen im Kino werden aufnehmen können – wäre ja auch noch schöner. Das gilt natürlich auch für Männer.

Und so scheint man mit jedem Film irgendeinem Geheimnis immer näher zu kommen, und jedes Mal läuft es auf jene Formel hinaus, die Quentin Tarantino angesichts von Wong Kar-Wais CHUNGKING EXPRESS formuliert hat: »Es ist schon ein großes Glück, einen Film so lieben zu können.« Vielleicht ist es das – eine Einübung in Liebesfähigkeit, eine emotionale Fahrstunde, die auch nicht garantiert, dass man seinen Wagen wirklich beherrscht, aber vielleicht dazu führt, dass man sich im Verkehr ein wenig besser zurechtfindet.

So haben wir uns jeden Montag im Filmmuseum eingefunden, um Western zu sehen, ein Jahr lang jeweils um 18 und 21 Uhr. Und es war eine Entdeckungsreise in ein Land, das im Fernsehen immer verschlossen geblieben war. Dort sah man nur Männer mit Hüten auf Pferden durch weites Land reiten – und alle sahen irgendwie gleich aus. Aber im Kino öffnete sich plötzlich eine Landschaft, und die Weite des Himmels wurde auf eine Weise spürbar, dass man den Eindruck hatte, man müsse immer montags Luft holen für die ganze Woche, müsse die Lungen vollpumpen und Sonne tanken, die uns bis zum nächsten Montag von innen wärmt.

Es gibt überhaupt kein anderes Genre, das so sehr aufs Kino angewiesen ist wie der Western. Komödien kann man zur Not auch zu Hause lustig finden, ohne dass ein ganzer Saal mitlacht, aber Western verkümmern auf dem Bildschirm zu Mustern ohne Wert. Sie brauchen Luft zum Atmen, müssen die immense Leere und majestätische Größe des Landes entfalten, um daran zu erinnern, gegen welche Widerstände sich die Menschen hier eingerichtet haben. Es gibt die Theorie von Larry McMurtry, der behauptet, im Wilden Westen sei vor allem deswegen so viel geschossen worden, um etwas Abwechslung in die unglaubliche Monotonie des Lebens und der endlosen Ritte dort zu bringen. Und es gibt den schönen Satz von Helmut Färber, die Eroberung des Westens sei von Anfang an an die Phantasie des Geldes gebunden gewesen. Immer geht es um Ausbeutung, Schürfrechte, Landnahme. Die Eisenbahngesellschaften wollen Geld machen, die Rinderbarone, die Viehtreiber, die Kopfgeldjäger, die Saloon-Wirte und die leichten Mädchen – und die Indianer waren die Einzigen, die bei diesem Handel regelmäßig übers Ohr gehauen wurden. Wo unsere Mythen doch einigermaßen in die Ferne gerückt sind, kann man im Western hautnah erleben, wie dieses Land zu sich fand, wie es seine Geschichte in diesem Genre noch mal neu erfand. Und man verdrängt leicht, wie nah diese Zeit eigentlich ist, dass die meisten dieser Helden Zeitgenossen von Bismarck waren – fast unvorstellbar. Buffalo Bill, der uns so fern erscheint wie Robin Hood, trat beispielsweise 1910 mit seiner Wildwestshow auf der Münchner Theresienwiese auf. Das ist also alles viel näher, als wir denken, und eben doch von geradezu mythischer Ferne. Unsere Großväter waren unter Umständen Zeitgenossen dieser Cowboys und Indianer, und doch wäre für Europa eine solche Bewegungsfreiheit undenkbar. Das muss man sich vor Augen halten, wenn man John Wayne über die Prärie reiten sieht.

Alles ist so klar und übersichtlich, alle Antriebskräfte der Zivilisation treten so offen zu Tage in diesen Erzählungen, dass man sich immer ganz aufs Wesentliche konzentrieren kann. Es gibt einen Sheriff, einen Großgrundbesitzer, einen Saloon, eine Bank, einen Krämerladen, einen Waffenschmied, einen Bestattungsunternehmer. Es gibt Leute, die sich niederlassen wollen, und andere, die nicht zur Ruhe kommen, weil sie der Vergangenheit entfliehen oder ohnehin keine Zukunft haben. Es ist immer dieselbe Geschichte: Ein Fremder kommt in eine Stadt – und damit fangen die Probleme an. Mal ist der Fremde das Problem und mal die Lösung. Und stets geht es um mehr Konflikte, als sich in einem Duell klären lassen. Der Rest ist so abwechslungsreich wie die Gegenwart selbst – vorausgesetzt, man sieht Western im Kino an.

Es gibt die bitterkalten Winter und die elend trockenen Wüsten, es gibt Verbitterung und Entschlossenheit vor dieser weiten Landschaft und Liebesgeschichten, in denen es immer um alles oder nichts geht, weil sich entscheiden muss, ob einer bleibt oder weiterzieht. Es gibt Büffeljagden und Flussüberquerungen, Wagenburgen und Massaker.

Und es gibt RIO BRAVO und jenen Moment, in dem die Zeit stillzustehen scheint: vier Männer in einem Raum. Frauen sind keine da. Sie haben ohnehin schon genug Schaden angerichtet. Oder werden es noch tun. Und wenn man Angie Dickinson ansieht, dann weiß man, dass das auch gut so ist. Aber bis es so weit ist, sitzen die Männer beisammen und machen, was sie am liebsten tun: Sie lecken ihre Wunden. Und tun so, als gebe es nichts Wichtigeres als ihre Männerwelt. Und dann singen sie ein Lied, das zwar heißt »My Pony, My Rifle and Me«, aber natürlich von der Sehnsucht erzählt, mit einem *sweet girl companion* ein paar ruhige Minuten zu verbringen. Das ist in gewisser Weise die natürliche Distanz, die das amerikanische Kino zwischen Männer und Frauen legt. Erst kommen die Männer, dann ihre Sehnsucht – und schließlich die Frauen. Dass Letztere immer am längeren Hebel sitzen, ändert an dieser Hierarchie gar nichts.

Das ist die eine Geschichte, die stets mitgedacht – oder mitgesungen – werden muss, die unsichtbare, bessere Hälfte der Geschichte. In diesem Fall heißt das: Dean Martin hat ein Erlebnis mit einer Frau hinter sich; John Wayne hat es noch vor sich; Walter Brennan ist für solche Dinge zu alt; und Ricky Nelson zu jung. Das sind vier gute Gründe, den Kontakt mit Frauen auf ein Lied zu beschränken, das ganz egozentrisch um Pferde und Gewehre kreist und doch nur das eine meint. Manchmal sind Frauen als Lied einfach leichter zu ertragen.

Die andere, sichtbare Hälfte der Geschichte erzählt also von vier Männern in einem Raum – und sie wäre ohne die kurze Schwarzblende nicht halb so schön. Denn ehe das Lied gesungen werden kann, müssen erst noch ein paar Dinge geklärt werden, die der Geschichte ihren Drive verleihen. Es geht dabei um Freundschaft, Verantwortung, Alkohol und all die Dinge, mit denen sich Männer eben so rumplagen. Dino hat – man sagt, wegen einer Frau – das Trinken angefangen und ist deshalb nicht mehr der Alte. Der Duke hat dabei lange genug zugesehen und irgendwann beschlossen, dass dem Mann nicht mehr zu helfen ist. Deshalb setzt er jetzt sein Vertrauen in Ricky Nelson, *the new kid on the block,* und will ihn zum Hilfssheriff machen. Wenn es nach ihm geht, kann Dino fortan so viel trinken, wie er will – es kümmert ihn nicht mehr. Aber genau das bekehrt den Säufer. Er schüttet sein Glas – ohne einen Tropfen zu verschütten – zurück in die Whiskeyflasche. Er sagt zwar, es sei die mexikanische Melodie des Deguello gewesen, die ihn wiedererweckt habe, aber natürlich war es der Duke, der gesagt hat, der Neue sei genauso gut wie er. Walter Brennan macht das Hin und Her jedenfalls so verrückt, dass er sich erst mal einen Schluck genehmigt. Abblende.

Aufblende. Die vier sind immer noch vom Feind umzingelt, aber keine Lage ist so ernst, dass ein Lied zur rechten

Zeit nicht noch Trost bieten könnte. Dino liegt mit tief übers Gesicht gezogenem Hut und Zigarette auf der Pritsche und fängt an, dann fällt Ricky Nelson mit seiner Gitarre ein: »My Pony, My Rifle and Me.« Brennan hat seinen Spaß, und der Duke grinst wohlgefällig dazu. Und dann singt Nelson seinen Part, und Dino pfeift dazu. Und als Zugabe singen sie »Get Along Home, Cindy, Cindy«. Jetzt kann auch Brennan mitgrölen, und der Duke trinkt Kaffee aus seiner Blechtasse und setzt die väterlichste Miene auf, die er auf Lager hat.

Vorher war die Welt in Stücken, jetzt setzt sich alles wieder zusammen. Fortan weiß man, dass nichts mehr schief gehen kann. Ein Lied hat dazu gereicht, mehr nicht. Eine schönere Lösung hat das Kino nicht anzubieten.

Und so etwas kann man in jedem Western erleben, solange man begreift, dass ein Lied oft mehr sagen kann als tausend Worte. Wer es für nötig hält, in solchen Momenten zu lachen, hat im Kino eh nichts verloren. Denn nur so kann es passieren, dass Herbert Achternbusch aus einer Vorstellung von Otto Premingers FLUSS OHNE WIEDERKEHR kommt und folgende unvergleichliche Sätze schreibt: »Ich empfand in dem Gesang der Monroe nur meine alte Liebe wohltuend und nah. Ich konnte plötzlich wieder Französisch, das ich nie gelernt habe. Une main secourable... The body en action... Jeux de mains, jeux incertains... Ich fragte den Nebenmann, was das heißt. Ich wechselte bei der nächsten Vorstellung den Sitz, damit man den Blutfleck unterm Stuhl nicht auf mich bezog. So hatte mein Herz geblutet.«

Und danach standen wir jeden Montag an der Theke, tranken unser Bier und bedauerten, dass wir keine Cowboyhüte hatten, die wir uns tief übers Gesicht hätten ziehen können.

Was soll ich mir ansehen?

Ich kann eigentlich nicht behaupten, dass es von jeher mein Plan gewesen wäre, Filmkritiker zu werden. Folgerichtig studierte ich erst mal Kunstgeschichte und dann Germanistik, wie jeder ordentliche Student, der nicht weiß, was er will. Und auf die Frage, was ich werden will, hätte ich damals geantwortet: Germanist. Wie man sich das genau vorstellt, ist eine Frage, die man sich in Seminaren über Mittelhochdeutsch lieber erst mal nicht stellt. Und weil das Nachdenken über die Zukunft ganz generell eher unergiebig war, ging man eben ins Kino, wo eine Menge Leute herumhingen, die auch nichts Besseres zu tun hatten und ein großes Talent entwickelt hatten, so zu tun, als sei die Sache selbst Zukunft genug. Man geht ins Kino, um ins Kino zu gehen – und vielleicht ist man hinterher ja klüger. Tatsächlich war ich nach dem Kino immer klüger und felsenfest überzeugt, ich würde mich am nächsten Tag zum Militär melden, um Kampfpilot zu werden, oder eine Karriere an der Börse anstreben oder als Saxophonist mein Geld verdienen – was einigermaßen der Grundlage entbehrt, wenn man kein Instrument beherrscht. Tatsächlich wollte ich unbedingt Journalist werden, nachdem ich DIE UNBESTECHLICHEN gesehen hatte, wollte wie Dustin Hoffman und Robert Redford mit hochgekrempelten Hemdsärmeln und gelockertem Krawattenknoten düstere Gewährsmänner in Garagen treffen und Leuten am Telefon Dinge entlocken, die sie eigentlich nicht preisgeben wollten – ich will es auch heute noch jedes Mal, wenn ich den Film sehe. Aber ich kann nicht sagen, dieser Film hätte mich zum Journalismus gebracht – als ich ihn zum ersten Mal sah, war ich längst bei einer Zeitung, wo das Leben allerdings eine Spur weniger aufregend war als bei den Unbestechlichen.

Andere Leute gehen ins Kino, sehen STAR WARS und wissen fortan, dass sie auch Filme machen wollen. Und wenn es gut läuft, machen sie Jahre später Filme wie INDEPENDENCE DAY oder so. Ich ging ins Kino und wollte erst mal nichts – außer penible Listen erstellen, was ich gesehen hatte, oder zur Abwechslung Listen meiner zehn Lieblingsschauspielerinnen. Darauf fanden sich dann Frauen wie Jacqueline Bisset, Nastassja Kinski, Romy Schneider natürlich und Senta Berger, die mir schon mein Vater ans Herz gelegt hatte. Jahre später saß ich mal bei einem Festival neben ihr im Kino und hätte ihr fast davon erzählt, habe es aber dann lieber gelassen, weil ich zu allem Überfluss auch noch während des Films aus dem Kino musste, um in einem anderen Kino einen Chabrol anzusehen. Ich war mir sicher, dass sie denken musste: So einer ist das also, der mitten im Film aus dem Kino geht. Dabei gehe ich nie aus Filmen raus. Nie. Auch wenn ich es mir vorher vorgenommen habe, weil ich auf einem Festival irgendwas anderes sehen will. Immer bleibe ich, weil ich mich nicht losreißen kann. Aber in diesem Fall musste ich über den Chabrol schreiben. Es war MADAME BOVARY, und ich hätte schlecht sagen können, tut mir Leid, die Kritik muss einen Tag warten, weil ich neben Senta Berger saß und mich nicht rausgetraut habe. Wenn es allerdings Romy Schneider gewesen wäre, hätte ich nicht garantieren können, dass Chabrol gewonnen hätte.

Es war also offenbar etwas passiert zwischen der Listenschreiberei und dem Erlebnis mit Senta Berger. Ich hatte irgendwann angefangen, über Filme zu schreiben. Die anderen, die damals in den Kinos herumhingen, übrigens auch. Was hätte man auch sonst machen sollen? Mittelhochdeutsch unterrichten? Man wird dann doch lieber Filmkritiker und macht, wie man so schön sagt, das Hobby zum Beruf. Aber man kann behaupten, dass Kampfpilot, Börsenmakler und Enthüllungsjournalist natürlich die aufregenderen Berufe sind. Wenn man in Gesellschaft sagt, womit man sein Geld verdient, wird man ungefähr so angesehen wie Leute, die auf Jahrmärkten ihr Geld verdienen, indem sie Schiffschaukeln anschieben oder Autoscooter einparken. Als gehe man keiner ernst zu nehmenden Tätigkeit nach. Tut man ja eigentlich auch nicht. Aber nach einem kurzen »Ach?« folgt dann unweigerlich die Frage: »Und was soll ich mir denn im Kino ansehen?« Die Frage ist ein Killer. Wenn Sie je einen Filmkritiker treffen sollten, stellen Sie ihm nie diese Frage, niemals. Ich werde daraufhin regelmäßig von einer sofortigen Hirnlähmung befallen und erwäge nach kurzem Stottern, ob ich einen Ohnmachtsanfall vortäuschen soll. Plötzlich herrscht völlige Leere in meinem Hirn, und ich erinnere mich bestenfalls an einen Film, den ich gerade gesehen habe, der aber erst in drei Monaten ins Kino kommen wird. Und jedes Mal nehme ich mir vor, vor solchen Anlässen die Kinoanzeigen zu studieren, um für diese Frage gewappnet zu sein – aber ich habe es noch nie geschafft. Die meisten Leute, die mir diese Frage gestellt haben, müssen mich für schwachsinnig halten. Oder wenigstens für einen Hochstapler. Denn wie kann einer ein Filmkritiker sein, wenn er nicht einmal auf die einfachste Frage eine Antwort geben kann? Ich weiß es nicht. Und mein einziger Trost ist, dass ich damit nicht allein bin. Ein Kollege hat mir kürzlich mal gestanden, dass er in seiner Verzweiflung auf die Frage geantwortet hat: PEARL HARBOR, ein Film, über den man vieles sagen kann, den man aber eigentlich unter keinen Umständen empfehlen möchte. Es fiel ihm in dem Moment einfach nichts anderes ein.

Es folgt dann – wenn überhaupt noch etwas folgt – die Frage:»Und wie fanden Sie... (den und den Film, der gerade in aller Munde ist)?« Noch schlimmere Situation. Entweder hat man schon darüber geschrieben, dann wiederholt man Bruchstücke der Kritik, womit man ungefähr so klingt, als würde ein Schauspielschüler einen Text aufsagen, oder man hat noch nicht darüber geschrieben und schafft dann allenfalls so etwas wie »ganz gut«, was das Gegenüber in der Überzeugung bekräftigt, hier habe sich jemand unter falschem Namen auf die Party geschlichen. Meistens aber stellt man ohnehin fest, dass man den jeweiligen Film nicht gesehen hat – und auch die anderen Filme, die dann abgefragt werden, aus irgendeinem dummen Zufall verpasst hat. Das ist dann der Moment, in dem das Gegenüber die Polizei ruft, um den gefährlichen Irren abführen zu lassen.

Ich weiß auch nicht. Wenn ich darüber reden könnte, wäre ich wahrscheinlich Talkshow-Moderator geworden. Bin aber stattdessen Filmkritiker, weil ich nur darüber schreiben will. Weil all das, was einem zu Filmen einfallen kann, viel zu kompliziert ist, als dass man es gesprächsweise formulieren könnte. Was natürlich Quatsch ist, weil es durchaus Kollegen gibt, die das sogar sehr gut können. Bündig, schlüssig, kurz – brillant. Irgendwie gehöre ich nicht dazu und werde es in diesem Leben auch nicht mehr tun. Mein einziger Trost ist, dass der Pearl-Harbor-Mann im wirklichen Leben – wenn also keiner Fragen stellt – wie kein anderer von Filmen erzählen kann. Er schafft es, auf eine Weise von seiner Begeisterung zu sprechen, dass man glaubt, an den besten Filmen der Welt teilzuhaben. Stichproben haben ergeben, dass die Filme in den seltensten Fällen halten, was er verspricht. Aber wenn ich König wäre, würde ich den Mann anstellen, um mir jeden

Abend einen Film erzählen zu lassen. Und ich befände mich in einem Reich, in dem es keine Enttäuschungen gibt. In dem jeder Film hält, was er verspricht. Für die weniger Beredten gilt: Wovon sie nicht sprechen können, davon müssen sie schreiben. Ich habe keine Ahnung, wie man dahin kommt. Es gibt nicht wirklich Regeln dafür – und schon gar keine Schule. Man geht ins Kino. Und irgendwann will man mehr wissen über das, was man gesehen hat, und fängt an zu lesen. Dann stellt man fest, dass man dabei oft Erklärungen dafür findet, was man wie und warum genauso empfunden hat, aber genauso oft nicht. Das ist wahrscheinlich der Moment, wo man anfängt, seine eigenen Beobachtungen niederzuschreiben. Man nimmt seine Schreibmaschine, besorgt sich eine Schachtel Gauloises ohne Filter und tut es. Und wenn man Glück hat, gibt es irgendeinen, der jemanden kennt, der bei einer Zeitschrift arbeitet oder selbst eine macht – und dann legt man das vor und es wird gedruckt oder nicht, und man bekommt eine Reaktion oder nicht. Ich kannte jemanden, der bei der alternativen Münchner Stadtzeitung namens *Blatt* untergekommen war und mich in Filme schickte: erst in Truffauts AUF LIEBE UND TOD, dann in Claude Millers DAS AUGE, dann in Greenaways KONTRAKT DES ZEICHNERS, dann in Aragons DÄMONEN IM GARTEN. Und ich lieferte brav meine Texte ab, die mir ungeheuer brillant vorkamen, voll aufregender Beobachtungen, ungewöhnlicher Gedanken, stilistischer Höhenflüge. Dann bat mich einer der Chefredakteure dieses im Kollektiv gemachten Blattes zu sich ins Zimmer und sagte, das sei ja alles ganz schön, aber sie hätten sich eigentlich vorgestellt, dass in den Kritiken mehr steht als nur Inhaltsangaben. Äh ja. Ich gelobte Besserung. Aber das half nichts, weil das *Blatt* nach Jahren verdienstvoller alternativer Pressearbeit mit der nächsten Nummer eingestellt wurde. Aber es gab glücklicherweise noch eine andere Stadtzeitung, dem Markt etwas zugewandter, bei der ich unterkam und weiter Inhaltsangaben schreiben konnte. Ich weiß bis heute nicht, was der Mann meinte. Die Texte waren brillant. Ich würde es allerdings nicht noch mal überprüfen wollen.

Plötzlich ist man also Filmkritiker. Oder tut zumindest so. Man geht tagsüber in die so genannten Pressevorführungen, wo die Verleihfirmen Monate vor dem Kinostart ihre Filme nur den Kritikern vorführen, erst in Originalfassung, später dann noch mal synchronisiert. Manchmal in normalen Kinos, manchmal in kleinen Vorführräumen. Und wenn sie befürchten, den Kritikern könnten die populären Qualitäten eines Films entgehen, werden die Filme abends gezeigt und normale Menschen dazu geladen, die auch an den richtigen Stellen lachen, aufschreien oder weinen. Damit die Kritiker auch merken, wenn etwas lustig sein soll. Heute wird das eigentlich meistens so gemacht, weil man keine Lust mehr hat, teure Filme der Begriffsstutzigkeit von Kritikern auszusetzen. Damals war das jedoch noch eine vergleichsweise exklusive Sache, und die Informationen, welche Filme wann und wo vorab zu sehen sind, wurden hoch gehandelt. Und irgendwie hatten wir herausgefunden, dass HAMMETT von Wim Wenders im Eldorado gezeigt würde, an einem Vormittag. Das eröffnete völlig neue Perspektiven, dass man fortan auch tagsüber ins Kino gehen konnte, dass überhaupt ein Paralleluniversum existierte, in dem privilegierte Menschen von der Welt unbemerkt ins Kino gehen konnten, von dem man bislang glaubte, es erwache frühestens nachmittags zum Leben. Man betrat also doch einigermaßen beeindruckt das Kino, und einer flüsterte im Vorbeigehen, dort säße Peter Buchka, der Filmredakteur der *Süddeutschen Zeitung*, ein Name, den man nur vom Lesen kannte, eine Autorität, die in anderen Sphären schwebte. Das Eindrucksvollste aber war, dass dieser Mann neben seinem Sitz einen Standaschenbecher stehen hatte und im Kino rauchen durfte. Arg viel weiter konnte man es im Leben ja wohl nicht bringen. Filmkritiker schien also doch ein richtig erstrebenswerter Beruf zu sein.

Wie das Kritikenschreiben eigentlich geht, weiß ich bis heute nicht so genau. Jeder Film ist anders, und jeder Kritiker auch. Wer sich an Regeln hält, wird nicht glücklich werden. Am besten vergisst man den Film vollständig und versucht dann schreibend sich zu erinnern, sich das Erlebnis zu vergegenwärtigen. Was man gesehen hat – und was das mit unserem Leben zu tun haben könnte. Was man empfunden hat – und wie der Film das bewerkstelligt hat. Welchen Ton der Film angeschlagen hat und welche Atmosphäre herrschte. Und ob die Art, wie etwas erzählt wird, mit dem, was erzählt wird, etwas zu tun hat. Der Rest ist Inhaltsangabe, das ist immer das Langweiligste. Ehrlich.

Um all das zu lernen, gibt es keine andere Schule als das Kino selbst. Wer nur einen Film von Hitchcock gesehen hat, weiß noch nicht viel. Wer zwei gesehen hat, kann schon anfangen, Mutmaßungen über den Regisseur anzustellen und seine besondere Art, sich der Welt zu nähern. Wer alle gesehen hat, wird seinen Stil blind erkennen und wissen, was ihn von anderen Regisseuren unterscheidet. Und das gilt für alle Bereiche: Je mehr Filme man von einem Genre, einem Studio, einem Schauspieler gesehen hat, desto leichter lassen sich die Besonderheiten ausmachen und desto interessanter werden diese auch. Das führt zwangsläufig dazu, dass Filmkritiker mit der Zeit einen etwas speziellen Geschmack entwickeln, der sich von dem der großen Masse des Publikums unterscheidet. Manchmal werden sie auch blind für das, was es noch zu entdecken gäbe. Wenn sie aber vom Kino etwas gelernt haben, dann erkennen sie das und lassen Jüngere ran, die auf diese Filme mit anderen Augen schauen. Für Filmkritiker gibt es ohnehin nichts Langweiligeres, als wenn jemand die gleichen Sachen sieht wie man selbst. Peter Buchka hatte das erkannt. Nicht umsonst stammte sein Lieblingssatz aus Luchino Viscontis DER LEOPARD: »Die Dinge müssen sich ändern, um die gleichen zu bleiben.« So wie man sich dem Kino sehend nähert, kommt man dem Schreiben lesend näher. Ich erinnere mich noch, dass ich Godards RETTE SICH WER KANN (DAS LEBEN) gesehen hatte, einen Film, der den unbefangenen Betrachter wohl verzaubern kann, der sich ihm aber kaum sofort erschließt. Und dann las ich in der *Zeit* eine Kritik von Norbert Jochum und war ganz beglückt festzustellen, was man in dem Film alles sehen kann und vor allem, wie man sich so einen Film schreibend aneignen kann. Indem die Sprache etwas wiedergibt von der Erzählweise des Films, indem sie einen Nachhall des Gesehenen vermittelt. Wenn Kritiken gut sind, dann sind sie so etwas wie der Resonanzboden des Kinos. Wenn sie schlecht sind, dann sind sie wie Schulzeugnisse – Schauspieler: gut. Kamera: befriedigend. Regie: ausreichend. Geschichte: ungenügend. Setzen.

Was mich damals faszinierte, war ein Text von Hartmut Bitomsky, den eine Freundin aus einem alten Heft der Zeitschrift *Filmkritik* ausgegraben hatte. Darin wird der Film JACKSON COUNTY JAIL mit Yvette Mimieux geschildert, der schon wegen seines deutschen Titels VERGEWALTIGT HINTER GITTERN schätzungsweise wenig Freunde in der Filmkritik gefunden hatte. Aber Bitomsky hatte darin etwas gefunden – eine Genauigkeit, eine Einfachheit, eine Radikalität –, was er schreibend zu beschwören versuchte. Und das klang dann so: »Auf einer verlassenen Farm finden sie ein Versteck. Coley springt mit einer so geübten Eleganz über den Zaun, dass der Kran schon mit einer gleitenden Auffahrt mithalten muss, um sie im Bild zu fassen. Vielleicht ist das die einzig mögliche Form der Freiheit, zwei graziöse Meter über der Erde beim

Einbruch und von einer Kranfahrt gewiegt, Polizei auf den Fersen.« Schöner kann man nicht ausdrücken, was einen mitunter bei den einfachsten Bildern und Geschichten befällt. Wenn man den Film ansieht, fiele einem die Szene kaum ins Auge, wenn man nicht vorgewarnt wäre – und so ist sie vor allem der schöne Traum eines Filmkritikers, der einen Moment lang im Kino die Freiheit gespürt hat. »Von einer Kranfahrt gewiegt« – phantastisch.

Natürlich bedeutet Filmkritik auch die Möglichkeit, Gefühle auszudrücken, für die man sonst nicht die richtigen Worte fände, sich aus dem Fundus des Kinos zu bedienen, um sich zu verkleiden, eine Geschichte zu schildern, um von etwas ganz anderem zu erzählen. Es war zwar keine Filmkritik, sondern ein Nachruf auf den ganz früh an Aids verstorbenen Musiker Klaus Nomi, der mir das vor Augen führte, aber der Text von Barry Graves in *tip* zeigte, wie man sich vom bloßen Nacherzählen der Daten und Fakten lösen kann, um ganz andere Gefühle in Worte zu fassen. 1983 schrieb er also am Ende seines Nachrufs: »Das ist die Tragik des Sterbens im New York dieser Tage: Der Tod ist dein Disco-Flirt, dein Sparrings-Partner beim Body Building, deine Ballerina beim Pas de deux. Einfach so, mitten in der Vitalität und Lebenslust – schnell, gemein und qualvoll. Es ist schon ganz schön entsetzlich, das mit ansehen zu müssen.«

So konnte man das also auch sagen.

Aber natürlich wird man nicht Filmkritiker, um schöne Texte zu schreiben, sondern um leichter an schöne Frauen ranzukommen. Das gibt es schließlich in keinem anderen Beruf der Welt, dass man Zeit mit Stars verbringen darf, nach denen sich die halbe Welt verzehrt. So stellt man sich das zumindest vor, bis man zum ersten Mal jemandem gegenübersitzt, dem man bislang nur in Träumen begegnet ist. Natürlich ist man auch dumm genug, vorher zu glauben, es sei tatsächlich alles möglich. Wahrscheinlich wäre das auch so, wenn einem im richtigen Moment die richtigen Sätze einfallen und die Hände etwas weniger zittern würden, aber das wirkliche Leben ist eben kein Kino. Kann es ja auch gar nicht sein, wenn Agenten dabeisitzen und aufpassen, dass man nicht die falschen Fragen stellt, oder fünf Kollegen, mit denen man sich die 20 Minuten teilen muss. So sind Interviews vor allem Situationen, in denen das Leben das Kino auf die Probe stellt – und dabei meistens unterliegt.

Ein einziges Mal war es anders. Aus Gründen, die auf der Hand liegen, war Jacqueline Bisset der Traum meiner schlaflosen Jugendnächte. Und als sich 1984 die Gelegenheit bot, sie für den Film VERSTECKT zu interviewen, habe ich erst mal begeistert zugesagt, bis mir langsam dämmerte, dass das wirkliche Leben andere Anforderungen an solche Begegnungen stellt als der doch eher einseitige Blickkontakt im Kino. Vor dem Termin im Berliner Hotel Kempinski war ich dann in der Tat so nervös, dass ich von der Pressebetreuerin praktisch in die Hotelsuite getragen werden musste. Dass ich den angebotenen Kaffee nicht sofort wieder von mir gegeben habe, war nachgerade ein Wunder körperlicher Beherrschung. Das Interview verlief dann immerhin vergleichsweise kontrolliert ab: Ich meisterte eine halbe Stunde Fragen und Antworten, während ich am Rande der Ohnmacht stand. Es ging mir wenigstens nicht wie Jean-Pierre Léaud, der in dem Truffaut-Film GERAUBTE KÜSSE von der von ihm angebeteten Delphine Seyrig nach Hause eingeladen wird und vor lauter Nervosität auf die Frage, ob er einen Kaffee wolle, antwortet: »Oui, Monsieur.«

Ich hatte das Interview also überlebt, hatte der Dame zwar meine Verehrung gestanden, aber keinen Antrag gemacht, und die Sache wäre nicht weiter der Rede wert gewesen, wenn nicht am selben Abend noch ein Empfang des Berliner Bürgermeisters für Jacqueline Bisset stattgefunden hätte. Ich stand also in einem Saal mit Hunderten von Leuten, als die Tür aufging und Mrs. Bisset den Raum betrat, naturgemäß nahezu überirdisch schön. Alle klatschten, als sie den Raum durchquerte und ... auf mich zuging. Ich schaute mich um, ob vielleicht der Bürgermeister neben mir stand oder sonst eine prominente Figur. Keiner zu sehen. Man versucht dann zwar, betont unbeteiligt dreinzublicken, aber das Blut wich doch langsam, aber merklich aus dem Kopf. Tatsächlich kam die definitiv schönste Frau der Welt direkt auf mich zu, sagte »Hi!«, sprach ein paar Sätze, die ich am Rande der Hyperventilation kaum wahrnahm, und drückte mir ihre Visitenkarte in die Hand, auf der ihre Telefonnummer stand, und sagte, wenn ich mal in Los Angeles sei, solle ich sie doch anrufen. Äh ja, gerne, mach ich. Sonst fiel mir nichts ein. Dann entschwebte sie, und ich verbrachte den Rest des Abends zwei Meter über dem Boden. Ich kann nicht behaupten, dass jemals wieder etwas Ähnliches passiert sei, und kann mir bis heute nicht erklären, warum es damals passierte – ich habe dann auch vorsichtshalber nie angerufen, um die Erinnerung nicht mutwillig auf die Probe zu stellen.

Aber die Episode erklärt, warum die Frau selbstverständlich bis heute zu den großartigsten Schauspielerinnen aller Zeiten gehört. Es gibt natürlich noch ein paar andere, nahezu objektive Gründe. Wenn man mal von dem nassen T-Shirt absieht, das sie in DIE TIEFE trug, ihrem Auftritt als Lichtgestalt in UNTER DEM VULKAN und jener Szene in CLASS, wo sie im Fahrstuhl einen Schüler vernascht, dann wäre das vor allem jener Moment in dem allgemein unterschätzten Film DER RICHTER UND SEIN HENKER, in den Regisseur Maximilian Schell eine Szene einbaute, die nicht in der Romanvorlage von Friedrich Dürrenmatt stand. Da verlässt der Bösewicht Robert Shaw in der Frühe das Haus und will sich von seiner Frau

Jacqueline Bisset verabschieden, die noch im Bett liegt. Aber als er sich herabbeugt, um sie zu küssen, dreht sie sich weg und sagt: »Nicht. Ich habe einen schlechten Geschmack im Mund.« Mehr nicht. Mal davon abgesehen, dass schöne Frauen im Kino in der Regel dazu da sind, geküsst zu werden, und Jacqueline Bisset ungeschminkt natürlich noch aufregender aussieht als mit Make-up, besitzt diese Geste eine Art von Welthaltigkeit, mit der in der Welt des Films sonst kaum gerechnet werden kann. Und wenn diese Frau sonst im Kino nichts gemacht hätte, dann hätte sie mit diesem Satz schon auf immer einen Platz in unserem Herzen. »Nicht. Ich habe einen schlechten Geschmack im Mund.« Ist es nicht das, was all unsere Träume antworten, wenn wir versuchen, uns ihnen zu nähern?

Bücher in der Badewanne

Hin und wieder kann es nicht schaden, die eigenen Schwärmereien ein wenig auf ihren Realitätsgehalt abzuklopfen, indem man sich in die entsprechenden Situationen hineinversetzt. So gab es bei Godard immer zwei Szenen, die mir besonders gefallen haben, weil in ihnen zwei Leidenschaften zur Deckung kommen. In der einen sitzt Brigitte Bardot mit hochgesteckten Haaren in der Badewanne und liest ein Buch über Fritz Lang, während sich Michel Piccoli anzieht; in der anderen sitzt Jean-Paul Belmondo ebenfalls in der Wanne und liest seiner Tochter aus einem Buch von Elie Faure eine Stelle über den Maler Velazquez vor, in dem die wunderbaren Sätze fallen, Velazquez habe nie die Dinge selbst, sondern die Luft um die Dinge herum gemalt. Die kleine Tochter bringt diesen Erkenntnissen kein allzu großes Interesse entgegen, was Belmondo aber nicht daran hindert, die Passage mit großem Ernst vorzulesen. Die Frage, die sich uns stellt, ist aber ohnehin: Warum sitzt bei uns nie Brigitte Bardot mit einem Buch über Fritz Lang in der Badewanne?

Warum wohl? Weil wir natürlich nie zulassen würden, dass sie das Buch mit in die Badewanne nimmt. Wir würden vorgeben, wir wollten einen Blick reinwerfen, würden versuchen, sie abzulenken, und es ihr sanft entwenden, ehe sie in die Wanne steigt. Wir würden uns ein bisschen schämen und dann das Buch zurück ins Regal stellen, in die bunte Reihe mit den anderen kleinen quadratischen Bänden aus der Edition Seghers. Und während Brigitte in der Wanne planscht und ruft, ob wir ihr den Rücken schrubben, würden wir noch mal schnell kontrollieren, ob die Bücher auch Kante an Kante stehen, ehe wir ins Badezimmer gehen, in die leere Wanne blicken und uns fragen, wie es wohl wäre, wenn dort Brigitte Bardot sitzen und ein Buch über Fritz Lang lesen würde.

Wenn wir Belmondo wären, dann würden wir natürlich auch mit einem Buch von Elie Faure in der Badewanne sitzen und unserer Tochter vorlesen, wie Velazquez die Dinge gemalt hat. Wir würden nicht darauf achten, ob wir feuchte Finger haben, und uns keine Gedanken darüber machen, ob sich hinterher die Seiten wellen, und vermutlich würden wir es sogar auf den Wannenrand legen, wenn wir uns abtrocknen, wo wir es dann vergessen, bis die Tochter selbst gebadet wird und es in ihre nassen Hände nimmt und sich wundert, warum ihr Vater nie in der Wanne sitzt und ihr etwas vorliest.

Von Büchern reden ist, wie von schlechten Angewohnheiten reden. Man geniert sich ein wenig und kommt sich klein und mies vor. Warum können wir nicht sehen, wie Brigitte Bardot oder Belmondo mit Büchern in der Wanne sitzen, ohne an Wasserflecken zu denken? Warum wohl. Weil wir etwas zwanghaft sind. Manchmal sind wir das sogar gerne.

Wenn man Bücher sammelt, lässt es sich nicht vermeiden, dass man sich selbst von Zeit zu Zeit grenzwertig findet. Das ganze zwanghafte Getue. Der Eselsohrenterror. Die schlechte Laune, die eingerissene Schutzumschläge verursachen. Der Verdruss, den angestoßene Kanten bereiten. Nicht zu reden von Fettflecken. Diese ganze Briefmarkensammlermentalität. Man muss sich nur mal auf Sammlerbörsen umsehen. Da stehen sie dann alle hinter ihren Kisten, diese Lemuren ihrer Leidenschaft, diese Verlorenen, die ihre Kennermiene aufsetzen wie Straßenbahnschaffner ihre Mütze. Da will man doch nicht dazugehören – tut man aber doch. Oder wie soll man das nennen, wenn man sich freut, dass Bücher in Reihe stehen wie Soldaten im Glied. Wenn man jammert, dass irgendeines beschädigt ist. Wenn man so hilflos davor steht wie ein Kunde in der Peepshow. Wenn man erkannt werden möchte in seiner Sammlung. Wenn man nichts liest, aber kauft und kauft und kauft.

Wenn von Büchern die Rede ist, dann ist davon nie die Rede. Immer wird so getan, als bestünde der Genuss eines Buches in der Lektüre. Als sei nur ein gelesenes Buch ein richtiges Buch. Als fände der ganze Wahnsinn, der sich vor den Regalen beim Kauf und zu Hause abspielt, gar nicht statt. Besprechungen lesen sich dann immer so, als würde jemand fein säuberlich einen Fisch entgräten. Überall der gleiche mit gespitzten Lippen vorgetragene Unsinn. Dieses Gejammer über das Fernsehen und das Verschwinden der Schrift. Dieses Büchergildengehabe. Diese Gutenberghysterie.

Bücher sind doch nicht nur dazu da, gelesen zu werden. Sie sind dazu da, da zu sein. Gekauft, begehrt, geklaut, ins Regal gestellt, in die Hand genommen, aufgeschlagen, durchgeblättert, wieder zurückgestellt – und nur vielleicht auch, um gelesen zu werden. Natürlich träumen wir davon, nur Bücher zu besitzen, die wir auch gelesen haben. Und manchmal davon, gar keine Bücher zu besitzen, frei zu sein. Alle bei einem Brand zu verlieren. Würden wir dann wieder von vorne anfangen? Kaufen, kaufen, kaufen? Haben, haben, haben? Oder wären wir dann endlich geheilt? Das wäre schön. Dann könnten wir endlich zur Bardot in die Wanne steigen und gemeinsam das Fritz-Lang-Buch ersäufen.

Aber natürlich ist das erst der Anfang des Sammelwahns. Seit es Video gibt, kann man nicht nur Filmbücher sammeln, sondern die Filme selbst. Aber wer hätte gedacht, dass einem so was Tolles so schnell auf den Wecker geht. Soweit ich mich erinnern kann, war Video immer Terror: Preisvergleichsterror, Überschneidungsterror, Versäumterror, Programmierungsterror, Urlaubsterror, VPSterror, Bandsalatterror, Lagerungsterror, Beschriftungsterror, Suchterror, Spulterror, Terrorterror. Irgendwann kam der Moment, wo es egal war. Wo der Terror den Spaß in einem Maße überschattete, dass man auch selbst glaubte, was andere schon länger behauptet hatten: dass man spinnt. Es war wie ein Bandriss.

Seither geht es wieder besser. Seit Reisen nicht mehr zu panischem Programmwälzen und Kassettensuchen in letzter Minute führen, verreist es sich besser. Seit nicht mehr jeder Tag mit dem Blick ins Programm beginnt und leichten Herzens die besten Filme der Welt übersehen werden können, lebt es sich besser. Nur manchmal, wenn man feststellt, dass man einen bestimmten Film verpasst hat, ärgert man sich doch noch ein bisschen.

Im Grunde war der Premiere-Decoder der Anfang vom Ende. Als klar war, dass selbst die sechsmalige Ausstrahlung eines Films nicht garantiert, dass man ihn nicht verpasst, wurde der Masochismus der Sammelei zu offensichtlich, um ihm noch länger frönen zu können. Im Grunde war es schon vorher deutlich: Wie oft hat man im Programm geblättert, um festzustellen, dass der Film in einer halben Stunde losgeht, und ihn dann doch noch nicht zu programmieren. Und wenn man dann das nächste Mal auf die Uhr geschaut hat, war eine Dreiviertelstunde vorbei. Es ist nie zu klären gewesen, was einen davon abgehalten hat, rechtzeitig zu programmieren. Die kleinkarierte Vorstellung, man könne von Hand starten, um Band zu sparen? Wofür? Auf eine 240er-Kassette passen ohnehin nur zwei Filme. Es gab keinen Grund. Es war die reinste Selbstquälerei.

Trotzdem hat man bald eine ziemlich solide Sammlung und

wird beim Blick ins Programm immer öfter feststellen, dass man das meiste schon besitzt. Doch davon hat man das meiste nicht gesehen. Dabei sind Schätze dabei, die man immer schon mal sehen wollte. Filme, für die man jederzeit ins Kino gegangen wäre. Aber für die man nicht die Zeit findet, sich vor den Fernseher zu setzen. Man hat sie ja. Das ist vermutlich das Schlimmste daran. Seit man Filme besitzen kann, hat man weniger von ihnen als je zuvor.

Ich vermute mal, dass der Gedanke an die Verfügbarkeit von Filmen uns konditioniert hat: Wir merken uns weniger. Video hat unser Gedächtnis verdorben. Seit wir wissen, dass die meisten Filme auf Video existieren, vergessen wir auch solche Filme, die so schnell nicht auf Video zu haben sein werden. Und wenn wir sie dann auf Video haben, sehen wir sie uns nicht an. Im Grunde taugt Video bestenfalls als Gedächtnisstütze, als Ersatzgedächtnis, wo wir ein fernes Echo der ursprünglichen Empfindungen speichern.

Videorecorder haben also nicht, wie allgemein befürchtet, dazu geführt, dass wir mehr fernsehen. Wir sehen weniger fern. Der Videorecorder erledigt das für uns. Das nennt man Arbeitsteilung. Das Absurdeste an dieser Situation ist, dass man sich jetzt immer noch abhetzt und für irgendwelche Filme vor den Fernseher eilt, obwohl man dieselben Filme längst auf Video hat. Vielleicht ist es einfach so, dass wir mit Freiheit ganz allgemein schlecht umgehen können und Zwänge brauchen. Darum haben wir am Videorecorder weniger die Freiheit empfunden als das Zwanghafte daran gesucht.

Dazu gehört das Beschriften und Katalogisieren, auch das natürlich der reinste Terror. Ich kenne Leute, die haben kapituliert. Nehmen nur noch auf und werfen die Kassetten unbeschriftet auf den Stapel. Was für ein Gedanke. Hunderte und Tausende von anonymen Filmen, die dem Kreislauf entzogen sind: Sondermüll. Ein Grab der Erinnerungen – und im Grunde ein echter Akt des Widerstands.

Seit neuestem gibt es DVD – das macht die Sache nicht einfacher. Es ist wie der Umstieg von Schallplatte auf CD. Erst schwört man, dass man den Konsumterror nicht mitmachen wird, dass man sich nicht dem Willen der Unterhaltungsindustrie beugen wird. Dann kauft man kleinlaut doch so ein Gerät und schwört, dass man sich nur auf seine Lieblingsfilme konzentrieren wird. Und ehe man es sich versieht, wälzt man wieder Listen, vergleicht Preise, kontrolliert Versionen und stellt sich ins Regal, was man nie wieder ansehen wird. Aber natürlich muss man sagen, dass DVD dem alten Traum jedes Filmfans, sich des flüchtigen Filmerlebnisses zu bemächtigen, näher kommt, als das bei VHS je möglich war. Man kann sich nun Werkausgaben von Regisseuren ins Regal stellen, wie man das sonst nur von Büchern kennt. Natürlich gab es den gesammelten Truffaut auch auf Kassetten, aber dabei war stets klar, dass es sich nur um fade Kopien handelte. Die Qualität von DVD hingegen ist so viel besser, dass man fast befürchten muss, die technische Reproduzierbarkeit beraube das Kino auf Dauer seiner einmaligen Aura – zumindest theoretisch.

Praktisch ist es dann doch eher so, dass die Perfektion (wie im Kino auch) zwar das Ziel ist, aber der Weg dorthin voller Enttäuschungen steckt. Das perfekt scharf konturierte Bild ist ja ohnehin eine Illusion, die es im Kino so überhaupt nicht gibt. Denn gerade die mehr oder minder starke Körnigkeit der Filmemulsionen verleiht dem Kinobild jene fast pulsierende Lebendigkeit, die das elektronische Flimmern des Fernsehbildes nie simulieren kann. Wenn wir aber trotzdem davon ausgehen, dass perfekt scharfe Bilder erstrebenswert seien, scheitert das Vorhaben zum einen an den meisten Fernsehgeräten, zum anderen an der Herstellungsweise der DVD selbst. Und plötzlich schlägt der Perfektionsanspruch der DVD ins Gegenteil um. Statt sich am deutlich verbesserten Bild zu erfreuen, lauert man geradezu auf Unschärfen und ärgert sich über jeden noch so kleinen Mangel. Für diese Art von Fehlern, wenn die Umrisse ein Eigenleben entwickeln und sich wie ein vollgesogener Schwamm aufführen, hat man den schönen Ausdruck Artefakte gefunden – als bringe die neue Technik ihr eigenes Kunsthandwerk hervor. Tatsächlich bringt der Markt eine neue Art von Spezialistentum hervor, das in Fachzeitschriften und im Internet die Vorzüge und Mängel der jeweiligen DVD-Editionen diskutiert. Immerhin führen diese Haarspaltereien dazu, dass manche DVDs nach einiger Zeit in neuen, verbesserten Ausgaben erscheinen, die sich dann »Special«, »Golden« oder »Platinum Edition« nennen. So macht sich der Markt wiederum die Fetischisierung der Makellosigkeit zunutze.

Je nachdem, wie viel Geld in die DVD-Edition investiert wird, kann der Regisseur da auf eine Weise in seinen Film eingreifen, dass es nicht übertrieben ist, wenn man behauptet, die definitive Form des Films, sozusagen die Fassung letzter Hand, sei erst auf DVD zu sehen. Die immer populäreren »Director's Cuts« sind irgendwann nicht mehr Sache des Kinos, weil dort unter editorischen Gesichtspunkten nur noch ein Zwischenstand präsentiert wird, ein vorläufiges Resultat, dessen endgültiger Ausgang sozusagen erst in der Nachspielzeit festgelegt wird. Wo also die DVD einerseits zur definitiven, letztgültigen Version strebt, da zerlegt sie die Filme andererseits in eine Vielzahl von Möglichkeiten und Alternativen, die das Filmerlebnis auf eine Weise auffächern und zersplittern, dass von der Sicherheit, die das Kino einst bot, bald nichts mehr übrig ist.

Aber es ist schon ein großes Glück, wenn man APOCALYPSE NOW REDUX sieht, in den Coppola gut 20 Jahre nach dem Kinostart Sequenzen eingefügt hat, in denen man einem Film, den man zu kennen glaubte, auf einmal in sein Wurzelwerk blicken kann, wo ungeahnte Triebe schlummerten. Da macht Martin Sheen dann plötzlich an einer französischen Plantage Halt, die einst dem Schnitt zum Opfer gefallen war, und lernt die bezaubernde Aurore Clement kennen, mit der er eine Nacht verbringt und die eine ganz andere Note in den Film bringt. Ohne dass man bei der Urfassung von APOCALYPSE NOW je einen Mangel verspürt hätte, wirkt es jetzt fast so, als habe der Film ein Eigenleben entwickelt, als sei in 20 Jahren die Geschichte einfach weitergewuchert und habe aus sich selbst neue Figuren geschaffen. Und es läuft ein kalter Schauder den Rücken hinunter, wenn die nackte Aurore Clement ihren Körper zeigt, weil man auf einmal einen so ungeheuer lebendigen Geist zu Gesicht bekommt, der nach so vielen Jahren aus dem Grab gestiegen ist. Und man kann nicht umhin, an jene unglaubliche Armee im Schatten zu denken, an all jene Figuren, die im Laufe der Filmgeschichte dem Schnitt zum Opfer gefallen sind und womöglich irgendwann doch noch das Licht der Welt erblicken. Als seien sie den Filmbildern unsichtbar eingeschrieben und würden nur darauf warten, sich endlich wieder materialisieren zu dürfen.

Man kann davon ausgehen, dass mittlerweile all die Optionen, die DVD bietet, bei der Produktion von Filmen schon mitgedacht werden und all die alternativen Szenen und Enden irgendwann in jene Utopie des interaktiven Films münden, bei dem der Zuschauer den Verlauf selbst in der Hand hat. Was einst der rote Faden des Plots war, wird dann in einen Irrgarten führen, der ans Kino, wie wir es kennen, nur noch von ferne erinnert. Und fast hat man den Eindruck, das Kino sei eine dieser kunstvollen japanischen Papierfaltfiguren, die von DVD nun fein säuberlich wieder auseinander gefaltet werden – und am Ende hat man dann ein weißes Blatt

Papier, auf dem die Faltspuren wie ein Schnittmuster sichtbar sind. So bietet DVD am Ende Filme zum Selberbasteln. Aber dann brauchen wir wahrscheinlich schon längst keine Erinnerung mehr, weil wir dann die Filme selbst in unser Hirn herunterladen können und Wirklichkeit wird, wovon wir immer geträumt haben: dass wir im Kino unser wahres Leben finden.

Frühstück im Bett

Eigentlich hatte alles ganz vielversprechend begonnen. Eine Freundin besaß plötzlich einen Videorecorder, einen Koloss von einem Gerät, dessen Kassetten eine Vorder- und Rückseite hatten und mit einem System namens Video 2000 aufnahmen, das bald von VHS verdrängt wurde. Das war zu Beginn der Achtziger, und obwohl auch amerikanische Filme zur Auswahl standen, schauten wir wieder und wieder dieselbe Szene aus Rudolf Thomes BERLIN CHAMISSOPLATZ an, manchmal auch längere Passagen, aber im Grunde ging es nur um diese eine Szene, in der sich Hanns Zischler an den Flügel setzt und dazu singt und die Kamera Sabine Bach zeigt, die im blauweiß gestreiften Bademantel mit nassen Haaren auf dem Sofa sitzt, während ihr Gesicht erst etwas ganz Mädchenhaftes bekommt und dann geradezu überzugehen scheint vor Zuneigung und unverhofftem Glück. Er ist Architekt, sie ist Hausbesetzerin, und natürlich macht das ganze Alters- und Sozialgefälle auch den Reiz des Films aus. Die beiden haben sich nicht wirklich viel zu sagen, aber sie verstehen sich. Da stehen sie also in der Küche, nachdem er die Nacht im Auto vor ihrem Haus verbracht hat, und sie fragt, ob er in der Küche oder im Bett frühstücken wolle. Er beugt sich vor, küsst sie leicht und sagt: »In der Küche.« Sie geht aber lieber ins Bett und sagt vorher noch, wo er die Zahnbürste findet. Woraufhin ihm bewusst wird, dass er das auch dringend nötig hat. Und dann liegt sie schon im Bett, während er sich erst ausziehen muss, und als er sie wieder zu küssen versucht, ist erst einmal das Frühstückstablett im Weg. Und zum Zauber dieser Szenen, zu ihrer Wahrhaftigkeit trägt eben auch ganz enorm bei, dass sie nichts von der Beklommenheit der Situation überspielen, dass sie nicht unterschlagen, wie ungelenk diese Momente der Annäherung zwischen gerade noch Fremden sein können, wie atemberaubend diese Kluft zwischen der beschlossenen Intimität und der Orientierungslosigkeit ist, die man in einer fremden Wohnung, einem fremden Leben empfindet. Und dass der Mann als Architekt noch so erfolgreich und selbstsicher sein kann, aber vor der Entschlossenheit der jungen Frau doch wie ein Junge wirkt.

Nach der Abblende konnte man diese Szenen am Wannsee, am Flughafen Tegel, im Café mit der Mutter und vor der Nationalgalerie überspulen, um den Faden wieder aufzunehmen, wenn sie sich im Bad die nassen Haare kämmt und ihn dann Klavier spielen hört. Erst klingen Zischlers übrigens selbst komponierte Songs wie Cat Stevens, dann wie Bob Dylan, und die Kamera fährt ganz langsam zurück, bis man ihn am Klavier und sie am Fenster sieht, ein Moment so reinen Glücks, dass man gar nicht glauben konnte, dass er im deutschen Kino des Jahres 1980 überhaupt möglich war. Hans-Christoph Blumenberg schrieb damals: »Ich wage einen radikalen Satz: ›Berlin Chamissoplatz‹ ist das erste Meisterwerk des deutschen Kinos der Achtzigerjahre. Bei den Hofer Filmtagen wurde Berlin Chamissoplatz ausgebuht. Die Kritiken waren garstig bis lauwarm. Einer schrieb von Thomes ›möglicherweise schmalem Talent‹. Sind denn die Leute blind?« In gewisser Weise waren sie genauso blind wie das deutsche Kino, das solche Momente, in denen man sich jenseits aller sonstigen Anliegen wiederfinden konnte, einfach nicht sehen wollte.

Es ist also keineswegs so, dass wir fürs deutsche Kino nicht empfänglich gewesen wären. Wir mussten nicht zwangsläufig den Franzosen in die Hände fallen, uns den Italienern öffnen oder den Amerikanern in die Falle gehen. Aber es gab in jener Zeit einfach keine Identifikationsangebote, nichts, womit man sich gemein machen wollte. Und so interessant Fassbinders späte Filme auch sein mögen, damals boten sie uns gewiss keine Heimat. Maria Braun, Veronika Voss, Lili Marleen, das waren ältliche Frauen in muffigen Zeiten, und uns war wirklich völlig egal, welche offenen Rechnungen da beglichen wurden. Das war nicht unsere Generation und nicht unser Problem und schon gar nicht ein irgendwie tauglicher Entwurf für eine Zukunft. Damit kein Missverständnis aufkommt: Diese Filme berechtigten, was Fassbinders Karriere anging, zu den kühnsten Hoffnungen, und es waren ganz sicher nicht die falschen Filme zur falschen Zeit – es war nur so, dass wir das falsche Publikum waren. Blind für das, was wir später als notwendig erkannten. Und das war immerhin Fassbinder – der Rest war noch trübsinniger. Wir fielen in ein Loch, in dem einerseits der deutsche Film seine letzten Erfolge feierte und andererseits sein zukünftiges Publikum verlor. Egal, was da sonst noch erzählt wurde – so wollten wir auf keinen Fall sein.

Es kam MÄNNER, ein Fernsehfilm, der sich so entschlossen den üblichen Bedenken verweigerte, dass Millionen dankbar ins Kino liefen. Heiner Lauterbach und Uwe Ochsenknecht waren aber auch keine Männer, mit denen wir hätten tauschen wollen. Aber immerhin erkannten wir sie als Zeitgenossen. Dann tauchte Götz George auf – Westernhagen hatten wir irgendwie verpasst – und wollte uns weismachen, er sei einer von uns. Das glaubten auch viele, aber dem Vergleich mit den Typen, die amerikanische Filme bevölkerten, hielt er nicht stand. Es musste erst Dominik Graf mit DIE KATZE kommen, um den Mann ins rechte Licht zu rücken. Das war wie ABWÄRTS eine Übung in ganz normalem Kinovergnügen, wie wir sie im deutschen Kino seit den Karl-May-Verfilmungen nicht mehr erlebt hatten. Spannend und intelligent gemacht, und wenn der Held nicht George, sondern ein Typ wie Bruce Willis gewesen wäre, dann wäre vielleicht manches anders verlaufen. Es war einfach nicht möglich, irgendwelche Stars aufzubauen. Heiner Lauterbach hat nicht einen einzigen brauchbaren Kinofilm gedreht, Uwe Ochsenknecht ist in SCHTONK! wenigstens über sich hinausgewachsen, ansonsten aber auch eher gescheitert. Und Götz George hat wenigstens in DER TOTMACHER überzeugt, aber ansonsten eine solche Spur der Verwüstung hinterlassen, dass man mit ihm ganz gewiss nicht sympathisieren wollte. Man kann vielleicht sagen, dass die ersten Stars, die in irgendeiner Weise Anknüpfungspunkte boten, Til Schweiger und Franka Potente waren. Das bedeutet aber wiederum 15 bis 20 Jahre Identifikationswüste, in denen man sich notgedrungen an Leute wie Loriot oder Gerhard Polt halten musste oder wenigstens an Fernsehserien wie MONACO FRANZE oder KIR ROYAL. Wenn man sich ansieht, welche Schauspieler darin versammelt waren, dann könnte man heulen über all die Chancen, die sich das deutsche Kino hat entgehen lassen. Nicht auszudenken, was anderen Ländern zu Typen wie Walter Sedlmayr, Gustl Bayrhammer und Karl Obermayr eingefallen wäre. Das deutsche Kino schrie nach Normalität, und es bekam, was es verdiente, die Neue Deutsche Beziehungskomödie. Und schon sehnte man sich nach dem tiefen Ernst der Filme von Fassbinder…

Man könnte sagen, dass man es uns nie recht machen kann, dass wir jenen deutschen Touristen gleichen, die im Ausland immer eine Art Selbsthass entwickeln und am liebsten ihre Herkunft verleugnen würden, aber das stimmt nicht wirklich. Man stürzt sich geradezu begierig auf alles, was einen Funken Hoffnung in sich birgt, zugegebenermaßen auch eine etwas ungesunde Haltung, aber es gibt eben auch nichts Langweiligeres, als dauernd mit dem deutschen Film zu hadern. Es gibt aber über diese Aufgeregtheit im kritischen Umgang hinaus auch ein echtes Bedürfnis, im deutschen Film eine Heimat – oder noch besser: die eigene Heimat im deutschen Film – zu finden. Es ist dann eben doch etwas anderes, das eigene Land verwandelt zu sehen, als immer nur in Sehnsuchtslandschaften zu schweifen. Natürlich hat Wim Wenders mit seinem an Edward Hopper und amerikanischen Songs geschulten Blick in den USA Bilder gefunden, von denen wir hierzulande nur träumen können. Und auch die Toskana in Tom Tykwers HEAVEN sieht sicher besser aus als seine Alpenphantasie WINTERSCHLÄFER, aber sie ist so fern wie der Mond und rührt an jene Gefühle, in denen unser Fernweh aufgehoben ist. Was wir aber im deutschen Film suchen, ist eben das Heimweh nach einem Land, das so vielleicht nicht existiert, aber eben doch das unsere ist. Und wieder war es Wenders, der es schaffte, wie aus einer Sehnsuchtsferne aufs eigene Land zu blicken, es auf jene Weise in eine Erinnerungslandschaft zu verwandeln, wie ihm das auch mit Amerika gelungen ist. Und genau das ist der Punkt, wo er sich mit dem sonst so entgegengesetzten Fassbinder trifft. So wie dieser in LIEBE IST KÄLTER ALS DER TOD einfach mit dem Auto die Landsberger Straße abfilmte, so hielt Wenders in seinem frühen Kurzfilm SILVER CITY einfach die Kamera aus dem Fenster seiner Wohnung und sah den Ampeln dabei zu, wie sie von Rot auf Grün und wieder auf Rot schalten. Man mag das für langweilig halten, aber beide haben in ihren späteren Filmen gehalten, was ihre Kurzfilme als Versprechen formuliert hatten: dass das Kino auch in Deutschland eine Heimat finden kann, wenn es sich nur traut, genau genug hinzusehen. Und auch wenn Wenders' Gestus mittlerweile vielen auf die Nerven geht, hat er jene Bilder von diesem Land gemacht, für die alle anderen blind waren. In Falsche Bewegung hat er es einmal von Nord nach Süd, von Kiel bis auf die Alpengipfel durchmessen, in Im Lauf der Zeit hat er das Grenzland zur DDR erkundet und den Rhein abgefahren, in Alice in den Städten hat er das Ruhrgebiet erforscht, in Der amerikanische Freund Hamburg ins Bild gesetzt, und Der Himmel über Berlin war nicht nur den Engeln eine Heimat. Es gab durchaus andere, die mit offenen Augen durchs Land gingen – wie zum Beispiel Herbert Achternbusch in jedem seiner Filme oder Helmut Dietl und Edgar Reitz, die im Fernsehen eine Heimat beschworen, aber diesen speziellen topographischen Blick besaß nur Wenders: Sein Deutschland ist definitiv eine Reise wert.

Und wenn man jenen Film benennen müsste, der das alles vereint, der von der Wirklichkeit erzählt und gleichzeitig von ihr zu träumen scheint, also sozusagen den besten deutschen Film, dann wäre das womöglich Helmut Käutners Unter den Brücken, der 1945 vor den letzten Kriegswirren aufs Wasser geflüchtet ist. Carl Raddatz und Gustav Knuth fahren da auf ihrem Schleppkahn unter den Berliner Brücken dahin, auf denen die Mädchen stehen und von der Ferne träumen, und von Zeit zu Zeit haben sie das Glück, dass sich eine zu ihnen gesellt, um die sie dann auf ihre ungelenke jungenhafte Art streiten. Der Schrecken des Krieges vermittelt sich quasi hinterrücks, weil die Sehnsucht nach Freiheit und Glück darin so groß wie nie sonst zu sein scheint. Und dann kommt die wunderbare Hannelore Schroth auf den Kahn, die eine unglückliche Liebe hinter sich hat, und die beiden Schiffer kriegen sich nach und nach in die Haare. Auf einmal steht alles auf dem Spiel, die Freundschaft und die Zukunft des Kahns. Es gibt in Unter den Brücken mehr wunderbare

Szenen, als man aufschreiben kann, aber die schönste ist jene, wo sich Raddatz und Schroth gegenübersitzen und er ihr mehrmals hintereinander ins Gesicht pustet, weil ihr immer wieder eine Locke in die Stirn fällt. Weil sie davon aber nichts ahnt, sagt sie empört: »Sie können mich doch nicht einfach anpusten!« Ein Satz, der in der Filmgeschichte seinesgleichen sucht, eine Szene ohne Beispiel, die so komisch und zärtlich zugleich ist, dass man sich fragt, was eigentlich passiert ist, dass dem deutschen Kino diese Fähigkeiten abhanden gekommen sind.

Auf Anhieb fällt mir nur eine andere Szene ein, die auf ähnlich kuriose Weise zwei Menschen zusammenbringt. Sie stammt aus Dominik Grafs Fernsehfilm MORLOCK und verdankt dem Drehbuchautor Rolf Basedow sicher so viel wie dem Regisseur. Da kommt ein junger Wessi (Stefan Reck) in die Wohnung einer ehemaligen Ost-Sekretärin (Petra Kleinert), von der er sich Informationen in einem Korruptionsfall erhofft. Sie setzt sich aufs Sofa, er fragt nach Kaffee, er könne ihn auch selbst machen. Sie bleibt sitzen und beobachtet ihn in der Küche. Er sagt Filterpapier, sie sagt, wo er es findet. Er sagt Kaffee, sie sagt, vor ihm im Schrank. Er sagt Zucker, sie sagt, wo. So weist sie ihm nach und nach den Weg durch ihre Küche, und eigentümlicherweise liegt darin eine erotische Spannung, die immer greifbarer wird. Löffel? Oberste Schublade. Tischdecke? In der Wäsche. Kerzen? Im Schrank. Feuer? In der Tasche. Ihre Schuhe? Sie zieht sie aus. Ihr Kleid. Ihr Oberteil. Ihre Strumpfhose. Dann legt sie sich hin. Eine der tollsten Verführungsszenen überhaupt, und wahrscheinlich die einzige, bei der das Kaffeekochen als Vorspiel funktioniert. MORLOCK ist im engeren Sinn kein Kinofilm, sondern ein Fernsehfilm, aber bei Dominik Graf spielte das nie eine Rolle, weil er dort zwischen seinen Kinoarbeiten mehr als nur ein Exil gefunden hat.

1990 traf ich Dominik Graf in einem Biergarten, um darüber zu reden, warum Städte in allen deutschen Filmen eigentlich immer gleich aussähen. Daraus entstand, was zwischen Kritiker und Regisseur nie passieren sollte, eine Freundschaft – und zehn Jahre später ein Film über München, davor aber ein anderer Film mit einer kuriosen Entstehungsgeschichte. Für eine Fernsehreihe mit dem Titel DENK ICH AN DEUTSCHLAND sollte er einen Beitrag drehen, und weil er noch ein anderes Projekt in Arbeit hatte, fragte er mich, ob ich Lust hätte, daran mitzuarbeiten. Er erzählte von einer Idee, die ich nicht ganz begriff, aber weil ich von dieser unvorhergesehenen Möglichkeit, einen Blick hinter den Spiegel zu tun, fasziniert war, sagte ich zu. Zu dem Projekt, wie er es schilderte, hatte ich nicht wirklich eine Idee, und so wagte ich beim nächsten Treffen zu fragen, ob er nicht lieber einen Film über seinen Vater, den Schauspieler Robert Graf, machen wolle. Der war eines der interessantesten Gesichter der Fünfzigerjahre, ist in den Sechzigern viel zu jung verstorben und dann irgendwie vergessen worden. Ich hatte aber Bilder von ihm im Kopf und fand es interessant, wenn der Sohn einen Blick auf jenes Deutschland werfen würde, von dem die Filme seines Vaters erzählten, wenn anhand des Gesichtes seines Vaters die Geschichte einer Generation erzählt würde. Seiner Figur sozusagen nachträglich jene Gerechtigkeit widerfahren zu lassen, die ihm der Neue Deutsche Film verweigert hatte.

Dominik wehrte erst mal ab, überlegte aber und meinte nach einer Weile: Wann, wenn nicht jetzt? Merkwürdig und auch bezeichnend war, dass sich das Projekt nicht so realisieren ließ, wie es gedacht war. Die Filme, in denen Robert Graf mitgespielt hatte, erzählten bei erneutem Betrachten nichts über das Land, in dem er gelebt hatte, und noch weniger über die Person, die er gewesen war. Das deutsche Kino jener Jahre versteckte sich hinter Parabeln und Kunstanstrengungen und verlor sich in Geschichten, die nichts mit der Wirklichkeit zu tun zu haben schienen. Man konnte sich anhand der Bilder einfach nicht vorstellen, welches Leben diese Generation geführt, wonach sie sich gesehnt und was sie empfunden haben mag. So wurde es eben ein Film, der genau davon handelte, von einer Kriegsgeneration, die ihre Erlebnisse für sich behalten hat, die von den Schrecken so wenig zu erzählen vermochte wie von den Sehnsüchten. Und es schien so, als habe dieses Land schon immer Schwierigkeiten gehabt, sich selbst im Spiegel zu betrachten.

Wir interviewten also Ruth Leuwerik, August Everding und andere Weggefährten, besuchten den Friedhof in Bogenhausen, auf dem auch Fassbinder liegt, durchforsteten Archive und sichteten die Filme – und als es an den Schnitt ging, saß ich auf einmal alleine da, weil Dominik mit seinem anderen Projekt beschäftigt war. Eine Woche hatte ich Zeit, mir meinen eigenen Reim auf das Material zu machen, und ich versuchte eben, die Geschichte eines Sohnes und seines Vaters zu erzählen. Aber dann kam der Moment, als Dominik die erste Viertelstunde ansehen kam. Da saß er also vor dem Schneidetisch, das Band startete, und ich saß ganz hinten im Raum auf einem Sofa, vergleichsweise arglos und ungerührt. Doch als der Film startete, befiel mich plötzlich Panik. Nicht so sehr, weil das Ergebnis seinen professionellen Ansprüchen nicht genügen könnte, sondern weil mir die Ungeheuerlichkeit des Unternehmens bewusst wurde, ganz unbefangen mit jener Geschichte gespielt zu haben, die einen Sohn mit seinem früh verstorbenen Vater verband, als Material behandelt zu haben, was Leben war. Der Schweiß brach mir aus, und ich hätte gerne alles rückgängig gemacht. Das Ganze war eine einzige Anmaßung, denn das waren nicht nur fremde Bilder, sondern persönliche Erinnerungen, die auf eine Weise ausgebreitet wurden, die mir nicht zustand. Ich sah also Dominik vor diesen Bildern, in die ich mich eingemischt hatte, und glaubte buchstäblich zu fühlen, wie er in sich zusammensank.

Seither habe ich einen Heidenrespekt vor der Macht der Bilder und vor den Leuten, die mit ihnen umgehen. Es sind eben nie einfach nur Bilder, sondern es ist immer auch ein Eingriff ins Leben, und auch wenn dieses Gefühl bei einem sehr persönlichen Dokumentarfilm natürlich stärker ist, gilt es auch für Spielfilme: Man gibt immer etwas preis. Man präsentiert eine Lesart der Dinge, die von einer Menge Leuten persönlich genommen werden. Man fügt zwei Bilder zusammen – und daraus entstehen Geschichten, die ernster sind, als man ahnt. Man möchte niemandem zu nahe treten und kommt aber gar nicht darum herum. Die Bilder bleiben nie unschuldig, denn eins plus eins ist im Kino eben immer mehr als zwei.

Dominik hatte gegen diese Version wundersamerweise keine größeren Einwände, aber ich war doch froh, dass wir den Rest gemeinsam geschnitten haben. Seither weiß ich, dass es verdammt einsam sein kann auf der anderen Seite des Spiegels.

Die Poesie
des Fleisches

Wenn es in der Hölle zu eng wird, hieß es auf dem Plakat zu ZOMBIE, dann kehren die Toten auf die Erde zurück. In München gibt es ein Kino in einem Keller in einem Hinterhof der Fraunhoferstraße, wo diese Toten eine Heimat fanden und all unsere Albträume wahr wurden. Dorthin zogen wir, um das Fürchten zu lernen. Dort lief alles, was anderswo nicht gezeigt wurde, was aus den Kinos verschwunden, im Fernsehen nie aufgetaucht und selbst fürs Filmmuseum zu billig war: Horrorfilme, Polizeifilme, Kriegsfilme, Nazifilme, Experimentalfilme, Vampirfilme, Katastrophenfilme, Rockerfilme, Schwulenfilme, Sexfilme, Schundfilme. All die billigen Sensationen, mit denen uns das Kino auf dumme Gedanken bringen will. Und dort habe ich Filme gesehen, die ich kein zweites Mal durchstehen würde, weil alles noch viel schlimmer ist, wenn man weiß, was kommt. Den Film KATZI, in dem der Wiener Aktionist Otmar Bauer ein Tier bei lebendigem Leib zerlegt; den Film LE POÈME, in dem zu einem Gedicht von Arthur Rimbaud eine Obduktion gezeigt wird; oder den Porno BODIL: A SUMMER DAY, in dem es eine junge Frau mit allen Tieren eines Bauernhofs treibt – die Hauptdarstellerin Bodil Joensen hat bald darauf Selbstmord begangen.

Es konnte einem dabei buchstäblich Hören und Sehen vergehen, aber wir hielten die Augen tapfer offen. Wollten an die Schmerzgrenze und hart bleiben. So ist es mit der Schaulust.

Sie will immer alles. Aber die schlimmsten Bilder begegnen einem ohnehin nicht im Kino, sondern in der Wirklichkeit: Einmal im Vorbeifahren auf einer der breiten, schnurgeraden Straßen in Palm Springs leuchtete am Straßenrand das Blaulicht einer Ambulanz, und in einem kurzen Moment des Hinblickens sah ich, wie das Leichentuch über einen kleinen Kinderkörper gezogen wurde, der vor einer Kühlerhaube lag. Die Sonne ging unter, der Himmel war strahlend, die Wüstenluft mild und die Straße völlig leer. Ein Ort, an dem Unfälle gar nicht stattfinden können – und doch war hier etwas passiert, was nicht wieder gutzumachen war und in so beißendem Kontrast zu diesem unwirklichen Paradies stand, dass es mich bis heute verfolgt.

Das zweite Bild war ein Fahndungsplakat, das am Bahnhof von Juan-les-Pins am Fahrkartenschalter hing und um Mithilfe bei der Suche nach vermissten Kindern bat. Da war ein Dutzend Kinderfotos zu sehen und daneben jeweils ein Phantombild, in dem der Computer das vermutliche heutige Aussehen dieser Kinder simuliert hat, weil seit dem Verschwinden natürlich einige Zeit vergangen war und Kindergesichter sich so schnell verändern. Da starrten einen diese ausdruckslosen Gesichter an, aus denen alles Leben gewichen schien, eine Galerie der toten Augen, die von Geschichten künden, die schrecklicher sind als alles, was wir im Kino gesehen haben. Weil sie wirklich sind. Und weil im Kino eben alles nur Bilder sind. Schreckliche Bilder auch, aber eben nur Bilder.

Wir haben also dort unten im schwarzen Kinokeller die Augen weit aufgerissen und versucht, nicht wegzusehen. Wir haben erlebt, wie Köpfe explodieren, Gedärme aus dem Körper quellen und Messer in Augen dringen. Und es ist verdammt leicht zu sagen, dies sei Schund, der auf der Leinwand nichts verloren habe, weil er Gewalt verherrlicht und die

Leute auf dumme Gedanken bringt. Vielleicht gehen wir ja ins Kino, um auf dumme Gedanken zu kommen, weil wir sonst allzeit so vernünftig sein müssen. Vielleicht ist es ja gerade diese Gewalt, die wir sehen wollen, weil sie in unserem Leben nicht stattfindet. Vielleicht suchen wir den Schmerz, den wir sonst nicht empfinden können. Vielleicht wollen wir dem Tod ins Auge sehen, um uns einen Reim darauf machen zu können. All diese Filme wüteten so gnadenlos gegen den menschlichen Körper und das Fleisch, als ahnten sie, dass wir in eine Zukunft steuern, der nach und nach alle Körperlichkeit ausgetrieben wird. Wir leben zwischen Fernbedienungen und Airbags, Mikrowellen und Handys und all den anderen Annehmlichkeiten, die dafür sorgen, dass unseren Körpern allmählich die Erfahrung abhanden kommt. Und in dieses Leben aus Watte schneiden diese Filme hinein. So bösartig können diese Filme gar nicht sein, dass sie uns damit nicht auch einen Gefallen täten. Und gerade die Besseren unter ihnen haben ein Gespür für die Hierarchie der Schmerzen, das uns geradezu sensibilisiert für den Schrecken. In NEW YORK RIPPER von Lucio Fulci werden hauptsächlich Frauen aufgeschlitzt, aber viel schlimmer ist die Szene, in der eines der Opfer im Dunkeln in die Scherben einer Glühbirne tritt. In TEXAS CHAINSAW MASSACRE von Tobe Hooper werden die Opfer mit der Kettensäge zerteilt, aber am schmerzhaftesten ist eine Szene, in der jemand ein Messer abzuwehren versucht und sich dabei einen Schnitt in der Hand einhandelt. In ZOMBIE von George A. Romero werden die Untoten mit Kopfschüssen erledigt, aber wirklich weh tut vor allem jene Szene, in der einer mit festem Griff an ein ohnehin schon entzündetes und verbundenes Bein greift. Diese Schmerzen können wir empfinden, weil sie nachvollziehbar sind – der Rest ist so genannte graphische Gewalt, fast abstrakte Bewegungen, die ihre Spuren auf den Bildern, aber bei uns kaum einen tieferen Eindruck hinterlassen. Und manche betreiben dabei den Mord als schöne Kunst.

Der wahre Poet des Fleisches war allerdings David Cronenberg, und es gibt gar keinen Zweifel, dass zukünftige Generationen diesen Mann als Propheten erkennen werden, der konsequent wie kein anderer die Grenzen des Menschseins ausgelotet hat, den Körper auf die härtesten Zerreißproben gestellt hat. Seine fleischigen Phantasien standen immer in aufregendem Kontrast zur nüchternen Oberfläche unserer Gegenwart, zu all dem Stein, Glas und Metall, in dem wir uns eingerichtet haben und von Erlösung träumen. Sex ist bei ihm immer eine Art Seuche, die wie ein Virus dem Menschen ihren eigenen Willen aufzwingen will. Das hat aber nichts mit der amerikanischen Prüderie zu tun, die dem Horrorfilm stets ihr Gesetz aufzwingt, wonach jeder Form von außerehelichem Geschlechtsverkehr die gerechte Strafe auf dem Fuß folgt. All die Armeen von Jugendlichen, deren unbeschwerte Vergnügungen von einem Schlächter geahndet werden, dem der Zutritt zu diesem Paradies verwehrt bleibt, sind nicht Cronenbergs Thema – der ist schließlich auch Kanadier.

Bei ihm geht es stets ans Eingemachte. In PARASITEN-MÖRDER kommen aus dem Badewannenabfluss Würmer, die einen Hochhauskomplex in Montreal verseuchen. In RABID – DER BRÜLLENDE TOD wächst einer Frau in der Achselhöhle ein Stachel, der beim Geschlechtsakt den Partner infiziert. In CRASH entsteht eine Erotik der Verkehrsunfälle, deren Opfer in Prothesen ihre Erfüllung finden. In DIE UNZERTRENNLICHEN leben die Zwillinge in dem Wahn, zur äußeren Schönheit müsse sich eine innere gesellen. MADAME BUTTERFLY erzählt von der Erfüllung eines Mannes in einem Frauenkörper. Und in DIE FLIEGE träumt ein Wissenschaftler davon, den Körper in seine Bestandteile zerlegen und an anderer Stelle wieder zusammensetzen zu können – leider kommt ihm dabei buchstäblich eine Fliege dazwischen. Aber bei allem Schrecken erlebt er die langsame Mutation zur Fliege doch auch als genetische Verbesserung. Und in einer Szene, die wir in tausend Jahren noch als Keimzelle unserer Utopien begreifen werden, versucht Jeff Goldblum ein Steak zu reproduzieren. Seine Test-Esserin Geena Davis befindet nach der Teleportation jedoch, das reproduzierte Steak schmecke irgendwie seltsam. Und da kommt Goldblum auf die Idee, der Computer liefere nur seine Interpretation des Fleisches – und er müsse ihm die Poesie des Fleisches beibringen. All diese Zahlenkolonnen sind eben nichts wert, wenn sie nicht erfassen, was den Menschen im Inneren zusammenhält. DIE FLIEGE ist in gewisser Weise nur ein x-beliebiger Horrorfilm, aber er fängt auf ganz simple Weise doch all die Spekulationen auf, die uns beschäftigen. So gesehen, darf man ruhig sagen, dass er spekulativ ist.

So billig kann etwas gar nicht sein, dass es nicht irgendeinen Moment birgt, der uns das Gefühl vermittelt, so etwas noch nie oder etwas so noch nie gesehen zu haben. Einen Augenblick, da sich das Bild und das, was es zeigt, den Absichten oder Umständen des Films entwinden und wie eine Luftblase an die Oberfläche treiben. Faulkner hat mal gesagt, er habe durch Schmutz und Unrat waten müssen, um diese Schönheit zu finden. Und tatsächlich war das Werkstattkino voll davon, eine Reise durch jene Dörfer, die auf dem Grund von Stauseen liegen. Es waren vielleicht Filme, deren Existenz die Filmgeschichte lieber leugnen möchte – aber es waren die aufregendsten Filme der Welt dabei.

Tatsächlich ist diese Art Filme nach und nach aus dem Kino verschwunden, und zwar in den Videomarkt einerseits und in den Mainstream andererseits. Seit DER WEISSE HAI vorgeführt hat, dass die abgegriffenen Muster des Monsterkinos nie dagewesene Erfolge versprechen, ist kein Effekt zu billig, um ihn nicht noch mal teuer verkaufen zu können. Man nimmt eine alte Karosserie und möbelt sie so lange auf, bis sie wie neu funkelt – aber der Motor ist immer noch der Alte. BATMAN und SPIDERMAN waren ausrangierter Müll, bis sich Hollywood ihrer noch mal annahm und sie runderneuerte. Das heißt nicht, dass dabei schlechte Filme herauskämen, sondern zeigt nur, warum es kaum noch billige Filme gibt. Filme machen ist heute eben so teuer, dass jeder Film von Anfang an enormes Aufhebens von sich machen muss, wenn er wahrgenommen werden will. So ist das billige Vergnügen auf einmal wieder hoffähig geworden, weil sich dem Mainstream keiner entziehen kann. Wo früher jeder, der etwas auf sich hielt, den neuen Bertolucci oder Godard gesehen haben musste, da hat man heute eher ein schlechtes Gewissen, wenn man bei der neuesten Episode von STAR WARS nicht mitreden kann. (Die letzten Filme von Bertolucci und Godard kamen in Deutschland dann übrigens auch gar nicht mehr ins Kino.) Wenn man diese Filme sieht, dann kommen sie einem mitunter vor wie Nutten, die reich geheiratet haben und nun die feine Dame spielen – wogegen auch gar nichts zu sagen ist, weil das schließlich oft die interessantesten Figuren sind.

Und natürlich gilt nach wie vor, dass intelligente Regisseure mit jedem Stoff Wunder bewirken können. Und manchmal ist sogar der Stoff so gut, dass er sich gegen jeden Regisseur durchsetzt – das beste Beispiel dafür ist die Alien-Saga, in der der Schlaf der Vernunft stets neue Ungeheuer gebiert und es jedes Mal ein noch böseres Erwachen gibt. Die vier Filme unterscheiden sich schon deswegen von anderen Serien, weil sie als einzige eine Frau zur Heldin haben, Sigourney Weaver als Lt. Ripley. Die Gewalt bekam dadurch nicht unbedingt ein anderes Gesicht, aber kreiste doch um andere Fragen. Das Zentrum verlagerte sich immer mehr, und der Umgang mit den außerirdischen Eindringlingen wurde zunehmend eine Sache der richtigen Empfängnisverhütung. Wahrscheinlich ging die Action in dieser Reihe schon deshalb mehr unter die Haut.

Es war aber kein Geschlechterkampf, der da im All tobte, sondern eher ein Kampf um geschlechtliche Identität. Die Frau, die im ersten Teil vor allem ihren Mann stehen wollte, musste im zweiten Teil auf einmal in die Mutterrolle schlüpfen. Nur so konnte sie sich mit einem Gegner messen, der sich als eierlegende Königin entpuppte. Im dritten Teil war sie dann tatsächlich schwanger, weil sie im Schlaf vom Alien vergewaltigt worden war. Das gipfelte in der Szene, in der sich das Alien schon bedrohlich Ripley nähert, um dann von ihr abzulassen, weil es sie als eine der seinen erkennt. Trotzdem entschied sie sich für einen Schwangerschaftsabbruch – indem sie selbst ins Feuer ging.

Diese Geschichten bedienten im gleichen Maße weibliche wie männliche Ängste, zehrten von den Schrecken der Schwangerschaft und Geburt wie vom Horror alles verschlingender Gebärmütter. So verbanden sich die maskulinen Phantasien der Drehbuchautoren mit der femininen Perspektive des Stars Sigourney Weaver zu einer Art pränataler Paranoia.

Bei einer so lange währenden Serie kann es nicht ausbleiben, dass sich auch die wechselnden gesellschaftlichen Zustände widerspiegeln. ALIEN (Ridley Scott, 1979) war noch ganz im Geiste der paranoiden Siebziger entstanden: Der Feind ist unter uns. ALIENS – DIE RÜCKKEHR (James Cameron, 1986) war dann schon eher ein Kriegsfilm im Geiste Reagans: Der Feind kommt von außen und will nur eins – sich in unserer Mitte vermehren. In ALIEN 3 (David Fincher, 1992) bildete sich in der infizierten Ripley die Angst vor Aids ab, und die asketische Sträflingskolonie war dann schon die düstere Utopie einer neuen Enthaltsamkeit.

Neben den Auseinandersetzungen mit geschlechtlicher Identität und gesellschaftlicher Paranoia gibt es noch eine dritte Bewegungslinie, der die Saga folgt: die filmischen Gesetze des seriellen Erzählens. Wie in allen Filmen, die ihre *sequels* nach sich ziehen, folgt auf die Konstituierung im ersten Teil die Eskalation im zweiten – statt eines Aliens eine ganze Brut. Nach dieser rein physischen Inflation kommt dann im dritten Teil die Metaphysik – die Serie wird esoterisch, ein Spaß für Eingeweihte. Das kann nur mit dem Tod enden. Der vierte Teil ALIEN – DIE WIEDERGEBURT (Jean-Pierre Jeunet, 1997) ist nach dem Gesetz der Serie der reinste Luxus und behandelt – passend zum Thema der Wiederauferstehung – das Recycling. Es geht um Genmanipulation; die geklonte Ripley ist eine Art Zwitterwesen und muss erst einmal ihre Identität finden. Es geht nicht darum, wo der Feind steht, sondern um die uralte Frage: Wer bin ich? Ripley ist sich selbst entfremdet – in einer Serie namens ALIEN eine ziemlich logische Konsequenz.

Es gibt eine Szene in ALIEN – DIE WIEDERGEBURT, in der die atemlose Action innehält und zu einem Moment findet, der einem den Atem stocken lässt. Wenn Ripley von den Toten auferstanden ist, findet sie auf ihrem Arm eine eintätowierte 8. Auf ihrem Weg durch das Raumschiff kommt sie an einer Tür mit der Aufschrift 1–7 vorbei, zu der ihr der Zutritt streng verwehrt ist. Als sie sich doch Einlass verschafft hat, erkennt sie den Grund: In großen Reagenzgläsern finden sich die ersten sieben Klone jener Reihe, deren achter Versuch sie selbst ist.

Eigenartig bewegt und entsetzt wandert sie durch dieses Schreckenskabinett von Missgeburten, die im Grunde ihre Geschwister, wenn nicht gar ihre Doppelgänger sind. Das siebte Experiment, das ihr schon ziemlich ähnelt, muss sie sogar noch eigenhändig aus seiner Qual befreien. Dieses Museum einer grauenvollen künstlichen Evolution, dieses Spiegelkabinett ihrer zerstörten Identität nahm dann schon vorweg, was uns in Zukunft als Gen-Debatte beschäftigen wird. Und in irgendeinem Keller lagern vermutlich all die Fehlversuche, die dem Klonschaf Dolly vorausgingen. Womöglich werden wir das Kino gar nicht mehr brauchen, um jene Ungeheuer zu gebären, die uns in den Schlaf verfolgen.

Hummer in Weißwein

Im April 1980 kam eine Frau zu uns herabgestiegen, die auf einer Skala von eins bis zehn als perfekte Zehn verkauft wurde. Der Film stammte von Blake Edwards, und die TRAUMFRAU hieß Bo Derek. Eigentlich hieß sie Mary Cathleen Collins, war aber im Alter von 16 Jahren von dem alternden Beau John Derek aufgegabelt, in einem Softporno besetzt und kurz darauf geheiratet worden – wobei sie eine verblüffende Ähnlichkeit mit Johns beiden Exfrauen Ursula Andress und Linda Evans besaß. Es spielt keine Rolle, ob sie wirklich unseren Schönheitsidealen entsprach, denn einen Film lang hielten wir es durchaus für möglich, dass es sich bei ihr um eine perfekte Zehn handelt. Mit ihren stahlblauen Augen, ihrer kerzengeraden Nase und ihrem scharf geschnittenen Mund, ihrem sportlichen Körper und vor allem den zu kleinen Zöpfen geflochtenen Haaren verkörperte sie eine fast schon androide Schönheit, die vielleicht ein bisschen doof wirkte, aber doch irgendwie gut gerüstet fürs kommende Jahrzehnt, in dem die Körperpflege gerne etwas übertrieben wurde. Alle Leute in diesem Film, die jung sind, waren natürlich auch schön und mit nichts anderem beschäftigt, als in knapp sitzender Sportkleidung und ohne eine Miene zu verziehen durch die Gegend zu joggen, am Strand in der Sonne zu liegen oder sich auf Gruppensex-Partys zu vergnügen – willkommen in Kalifornien.

Was ihren Anblick erträglich machte, war allein die Tatsache, dass wir auf sie gewissermaßen durch die getönte Brille eines Mannes sehen, der gerade 42 geworden und darüber alles andere als glücklich ist. Während dieser Mann, der von Dudley Moore gespielt wird, in seinem offenen beigen Rolls-Royce durch Beverly Hills fährt, wird er an der Ampel neben sich dieser Erscheinung namens Bo Derek gewahr und ist fortan nicht mehr sicher, ob sein Leben nicht womöglich in die falsche Richtung läuft. Und als ihn seine Lebensgefährtin Julie Andrews fragt, ob er nun mit ihr streiten oder mit ihr schlafen möchte, will er lieber streiten – weil er eigentlich mit Bo Derek schlafen möchte. Man muss sich nicht mit den Details der ziemlich lustigen Verwicklungen aufhalten, die dazu führen, dass Moore, vom Zahnarzt kommend, trotz mehrerer Betäubungsspritzen im Restaurant versucht, einer Blondine am Nebentisch zuzulächeln, während er seine Tasse zum Mund führt und sich dabei den ganzen Kaffee übers Hemd schüttet – als es mit Bo Derek endlich so weit ist und sie Ravels *Bolero* auflegt, um in Stimmung zu kommen, da stellt Moore fest, dass manchmal nichts so langweilig ist, als wenn Träume tatsächlich wahr werden – gerade wenn man 42 ist.

Aber was jenseits der Midlife-Comedy von diesem Film hängen blieb, ist das traumhafte Leben, das die Leute darin führen, das aus nichts anderem zu bestehen scheint, als in einem ewigen Sommer mit dem Cabrio durch die Gegend zu fahren, am Piano oscarreife Kompositionen zu ersinnen, am Strand seine Krisen auszusitzen und bei Bedarf nach Mexiko zu reisen, um sich dort einem Barkeeper anzuvertrauen, der nicht nur mehr weiß als man selbst, sondern auch noch von Brian Dennehy gespielt wird. Natürlich wird genau dieses Wohlleben von Blake Edwards genüsslich zerlegt, aber es ist genau diese Grundierung, die diese Filme aus Hollywood oft so anziehend macht. Egal, wie übel den Helden in ihnen mitgespielt wird – man möchte jederzeit mit ihnen tauschen. Selbst heute noch würde ich jederzeit in diesem Film leben wollen, auch wenn ich dafür ein Zwerg wie Dudley Moore mit lachhaft breiten Hemdkrägen unter braunem Pullover sein müsste. Ich würde auch ganz sicher nicht mit Julie Andrews streiten.

Man begegnet so einem Film wie 10 – DIE TRAUMFRAU in einem bestimmten Alter ganz arglos, als harmlose Vergnügung, deren Ambiente unterschwellig an einem nagt, aber irgendwann stellt man fest, dass es schon einen Grund hat, warum einen so ein Film nicht loslässt und er mit jedem Sehen noch besser wird – und der Grund heißt Blake Edwards.

Im ORF lief später ein Film, dessen Anfang ich verpasst hatte. Dafür muss man das Fernsehen ja auch lieben, dass man manchmal einschaltet und in etwas hineingerät, wo man plötzlich seinen Augen kaum zu trauen glaubt. An irgendeinem beliebigen Nachmittag, da man nichts anderes zu tun hat, möchte man die Welt zusammentrommeln, um ihr zu sagen: Ich sehe was, was du nicht siehst! Bitte auch einschalten! Da war also Peter Sellers, der als Inder verkleidet ist und auf die Party eines Hollywood-Produzenten gerät, zu der er offensichtlich nicht eingeladen ist. Der ganze Film spielt auf dieser Party, die nach und nach völlig aus dem Ruder läuft, woran der ungebetene Gast nicht ganz unschuldig ist. Nun halten sich einige Regisseure etwas darauf zugute, einen Film auf kleinstem Raum inszenieren zu können – Hitchcock wollte sogar einen ganzen Film in einer Telefonzelle spielen lassen und hat in COCKTAIL FÜR EINE LEICHE einen Krimi mit nur einem einzigen Schnitt in einer Wohnung erzählt –, aber hier war etwas von so sagenhafter Eleganz, dass man darüber manchmal sogar zu lachen vergaß. Das ändert aber nichts daran, dass DER PARTYSCHRECK der lustigste Film aller Zeiten ist – er wurde zwei Tage später noch mal wiederholt, und seither habe ich ihn zweimal auf Englisch in einem Kino am Pariser Place Denfert-Rochereau gesehen und zweimal auf Deutsch im Münchner Theatiner und Dutzende Male auf Video und DVD. Er stammt aus dem Jahr 1967, und das letzte Viertel ist eine etwas kindische Hommage an die Blumenkinder, aber bis dahin ist man vor Gelächter ohnehin so erschöpft, dass auch schon alles egal ist.

Peter Sellers ist also ein indischer Kleindarsteller, der aus Versehen auf die Gästeliste der Party geraten ist und mit gnadenloser Ungerührtheit und Freundlichkeit versucht, eine gute Figur zu machen. Was erheblich erschwert wird, weil er gleich zu Beginn seinen Schuh verliert – einen weißen Slipper, den er zu orangenen Socken trägt –, seine Krawatte nass macht, aus Versehen in den Kaviar langt, eine bitterernste Geschichte für einen Witz hält, dringend pinkeln muss, während alle einem Chanson lauschen, aus Versehen einen Chagall in der Toilette versenkt und beim Versuch, ihn mit Klopapier abzuwischen, nicht nur die Farben verschmiert, sondern auch noch das Bad überschwemmt – am Ende geht alles in einem Chaos aus Schaum unter, während der Hausdiener, der sich den Abend lang von den Alkoholresten der Gäste ernährt hat, eine unbekannte Schöne vernascht. Wer sich je auf einer Party unwohl gefühlt hat, wird hier mit allem gründlich versöhnt. Das Fabelhafte ist aber, dass dieser ganze Irrsinn sich in einer Villa abspielt, die wie eine ganze Landschaft im unvergleichlich lässigen Stil der Sechziger wirkt: Kanäle und Teiche, verschiebbare Böden, Terrassen, Treppen, Tische. Am Ende ist alles in Bewegung: Das Wasser hört nicht zu spülen auf, die Klorolle wickelt sich endlos ab, die Gäste verlieren die Böden unter den Füßen. Alles löst sich in Choreographie auf – Happy End inbegriffen.

Und es hat schon seinen Grund, warum die Partyszene in FRÜHSTÜCK BEI TIFFANY das Einzige ist, was sich nicht

Truman Capotes Vorlage verdankt. Inmitten von Konventionen, Wohlverhalten, Ignoranz und Unflexibilität fühlt sich Edwards erst so richtig wohl, weil ein Nichts genügt, um den Rahmen zu sprengen – eine Zigarettenspitze etwa, mit der versehentlich eine Hutkreation in Brand gesteckt wird. Die Dinge sind stets so sehr von Auflösung bedroht, dass man sagen kann, Blake Edwards dreht flüssige Filme: Den Alkoholikern in DIE TAGE DES WEINES UND DER ROSEN zerfließt die Ehe, ihre private und berufliche Zukunft, zu nichts. Und Claudia Cardinales jungfräuliche Widerstände lösen sich in DER ROSAROTE PANTHER nach ein paar Gläsern Champagner ohnehin auf. Eine endlose Wellenbewegung, sanft wogend, fast schwebend, sind manche Momente in seinen Filmen.

Und dann gibt es den Film, der ein ganzes Leben auf den Punkt brachte, mit lauter Freunden und Verwandten gedreht und einem Titel versehen, der alles sagt: THAT'S LIFE! Jack Lemmon sitzt darin mit Julie Andrews, die Edwards' Ehefrau im wirklichen Leben ist, im Restaurant, beklagt seine Wehwehchen und ahnt nicht, dass seine Frau ganz andere Sorgen hat, weil sie übers Wochenende auf die Ergebnisse einer Biopsie warten muss, die womöglich ergibt, dass sie Kehlkopfkrebs hat. Lemmon lässt den Geschäftsführer kommen, weil er seit zehn Minuten auf einem Stück zähem Hummerfleisch herumgekaut hat. Wie der Hummer hier denn zubereitet werde, will er wissen. Er werde ins kochende Wasser geworfen, heißt es, wie überall. Lemmon ist fassungslos. Es sei ja wohl kein Wunder, wenn der Hummer dabei vor Schreck zäh werde. Man müsse ihn in warmen Weißwein legen. Denn wenn man dann den Wein langsam erhitzt, sei der Hummer schon vor dem Siedepunkt so betrunken, dass er nichts mehr merkt und einen glücklichen Tod sterben könne.

Ein Leben in Weißwein – das wäre es natürlich. Aber Edwards weiß nur zu gut, dass es ein paar Dinge gibt, die sich auf diese Weise nicht lösen lassen.

Als ich ihn in Paris mal interviewt habe, wollte ich alle diese Dinge sagen. Aber dann stellte ich die erste Frage nach seinem alten Freund Richard Quine, mit dem er in den Fünfzigern einige Filme zusammen gemacht hatte. Und es kam keine Antwort. Zehn Sekunden, zwanzig, nichts. Vielleicht hat er die Frage nicht verstanden? War Quine etwa kein Freund? Dann kam die Antwort: »Doch. Er hat sich gestern erschossen...«

Es gibt Antworten, von denen sich ein Gespräch nicht mehr erholt. Das war so eine. Aber im Grunde passte es, weil in den Filmen von Blake Edwards das Lustige und das Traurige nie voneinander zu trennen sind. Der amerikanische Filmkritiker Andrew Sarris hat mal geschrieben: Manche seiner Scherze seien noch für Horrorfilme zu grausam.

Könige im Schnee

Auch Erinnerungen haben ihre Zeit. Sie müssen in ihrem Fass eine Zeit lang reifen, ehe man sie wirklich genießen kann. Wenn man das Fass zu früh öffnet, riskiert man, dass sie noch sauer sind. Unter Umständen sind die Achtzigerjahre eine Zeit, die man noch ein bisschen lagern muss, ehe man sich an sie guten Gewissens heranwagen kann. Wenn man momentan versucht, sich dieser speziellen Form von Vergangenheit zu versichern, dann riskiert man, dass man sich selbst nicht wieder erkennt. Die Frisuren, die Kleidung, das Ambiente – eine einzige Horror Picture Show. Man muss sich nur mal die Serie MIAMI VICE ansehen mit all ihren hochgekrempelten Jackettärmeln und pastellfarbenen Wohnungseinrichtungen, um zu verstehen, was ich meine. Aber wenn wir noch zehn Jahre warten, dann sind wir vielleicht wieder versöhnt mit diesem Jahrzehnt und können den Blick in diesen eigenartigen Spiegel ertragen.

Zeitgenossenschaft ist ja im Kino wirklich nicht alles, oft findet man Zuflucht gerade in der Unerreichbarkeit einer bestimmten Vergangenheit, wie ja die Sehnsucht überhaupt eine ideale Heimat ist. Dann wünscht man sich zurück in die Welt von Piratenfilmen, erträumt sich Mantel und Degen, taucht ein in die Schatten eines Film Noir, verliert sich in den Weiten des Wilden Westens oder schwebt zu den Takten eines Musicals davon. Aber es gibt auch jene Momente, wo man erfasst wird von einem Gefühl der Gegenwärtigkeit, wo sich in einem Film verdichtet, was man immer schon gespürt hat, aber nicht hätte benennen können – wo das Kino also mehr weiß als man selbst. Und das sind womöglich gar keine tiefen Wahrheiten, sondern nur ein bestimmter Blick auf Äußerlichkeiten, eine Konstellation von Einflüssen, die zu dem gerinnen, was wir Gegenwart nennen würden, wenn wir müssten. Jene Augenblicke, wenn man aus dem Kino kommt und brennt vor Verlangen, das Leben möge es dem Film gleichtun. Und zwar sofort!

DIVA war so ein Film, und die Tatsache, dass es schwierig ist, sich die Gründe dafür zu vergegenwärtigen, zeugt vielleicht schon davon, dass manche Filme einfach zur rechten Zeit am rechten Ort sind – und damit ihre Mission auch schon erfüllt haben. Der Held war zwar nur Postbote, aber lebte in einer aufgelassenen Garage zwischen alten Autos und brachte seine Zeit damit zu, Opern zu hören und großflächige Wandgemälde zu produzieren. Richard Bohringer wiederum lebte natürlich auch in einem Loft und war augenscheinlich mit nichts anderem beschäftigt, als sein Leben in eine Zen-Übung zu verwandeln. Er brütete endlos über einem endlos großen Puzzle, lag ewig in einer frei stehenden Badewanne und entsagte dem Sex mit seiner kleinen vietnamesischen Freundin. Auch wenn diese Anordnung alle Vorzüge großzügigen großstädtischen Wohnens in sich vereinte, muss es noch etwas anderes gegeben haben, was uns so entflammt hat. Vielleicht beschreibt es am besten jemand, der den Film gehasst hat, wie der Kritiker Harun Farocki, der damals schrieb: »Diese präzisen Kranfahrten, nur um den Blick zu führen. So muss es zugehen, wenn der Hofbegatter und seine vier Eunuchen den Schwanz des Königs in die Königin führen, um den Erbprinzen zu zeugen.« Wahrscheinlich war es das, was uns so fasziniert hat, wie der Film jede Geste zelebriert hat, wie er das Leben zersplittert hat in eine Reihe von Detailaufnahmen, die aus dem Gewöhnlichen etwas Besonderes machen, die den Alltag in eine Art Fetisch verwandeln. Denn das waren die Achtziger – eine obskure Begierde nach Objekten, ein Sieg des Designs über das Sein. Das schien uns damals völlig in Ordnung – und wahrscheinlich war es das ja auch.

Wahrscheinlich ging das alles los mit einer Kinowerbung der Zigarettenmarke Roth-Händle, die es in verschiedenen Variationen gab. Einmal spielte jemand Gitarre, das andere Mal Billard – und die Kamera konzentrierte sich vollständig auf die mikroskopischen Details, wie die Gitarre gestimmt wird, wie das Queue mit Kreide eingerieben wird, alles knisternde Vorfreude und Spannung, die sich im Anzünden des Streichholzes und dem knisternden Glimmen des Tabaks entlud. Wahrscheinlich gab es so eine Feier mikroskopischer Wahrnehmungen schon vorher, aber dort habe ich dieses Ritual zum ersten Mal wahrgenommen, diese erotische Aufladung von Objekten, diese Ritualisierung des süßen Nichts.

Seither ist das jedem Werbefilmer in Fleisch und Blut übergegangen, tagelang wird geprobt, bis das Bier richtig zischt und die Haare entsprechend glänzen, und Musikvideos bauen ohnehin von jeher auf diese Zerstückelung der Attraktionen, aber damals war das neu – und das Kino musste diese Sichtweise erst noch entdecken. Dass das Kino auf einmal Werbung für sich selbst zu machen schien, davon kann man halten, was man will, aber damals fand man das toll, wenn Filme so aussahen wie Hochglanzmagazine, wenn sie der Welt jenen Glanz verliehen, der der Wirklichkeit so völlig abzugehen schien. Wim Wenders hat mal gesagt, die Filme von Minnelli sähen aus wie das Innere einer Jukebox – das gilt durchaus auch für die Achtziger. Alles war buntes Neon, kühle Farben, düsterer Glanz. Die ganze Welt schien von jenem eisblauen

Licht beschienen, das in AMERICAN GIGOLO durch Jalousien fällt. Die Wirklichkeit war ein Schemen, der in einem Nebel aus Gegenlicht aufschien, die Körper stilisiert, die Objekte zelebriert, das Leben ritualisiert. Und es wird schon seinen Grund haben, warum man aus diesen Jahren Filme wie DIVA, FLASHDANCE und 9½ WOCHEN vor Augen hat, weil sie diese Mentalität auf die Spitze trieben. Dass die Heldin in FLASHDANCE Stahlarbeiterin in Pittsburgh war, hinderte den Regisseur Adrian Lyne nicht daran, ihrem Leben etwas Glanz zu verleihen. Auch dass sie von einer Karriere als Balletttänzerin träumte, aber in einem Strip-Schuppen auftreten musste, schien geradezu glamourös. Jennifer Beals schien überall zu glänzen: auf ihrem Rennrad, im Arbeiter-Overall, im abgeschnittenen Sweatshirt, auf der Bühne – what a feeling! Wahrscheinlich hat nie wieder jemand die Wirklichkeit so schamlos überzuckert wie Lyne in diesem Film, aber wahrscheinlich haben wir uns auch nie wieder so hemmungslos an dieser Schamlosigkeit ergötzt wie hier. Es gab weiß Gott noch andere Filme in diesem Jahrzehnt, aber dieser stand wie kein anderer für den speziellen Look jener Jahre, bei dem der Körper zelebriert wurde, indem man ihn mit Musik und Zeitlupe liebkoste. Es hätte einem allerdings schon spanisch vorkommen müssen, dass diese Art des Tanzens verdächtig nach Arbeit aussah, eine Mischung aus Aerobic, Fitnessstudio und Peepshow, die wahrscheinlich nur deswegen nicht in unkontrollierten Sex mündete, weil man hinterher dazu viel zu erschöpft war. So trugen alle Frauen eine Art abgeschnittener Wollsocken als Gelenkschoner oder Schweißband und turnten zur Musik in Aerobicstudios herum, während Männer von Leuten wie Sylvester Stallone und Arnold Schwarzenegger vorgeführt bekamen, dass sie für ihren Körper durchaus auch noch etwas tun könnten. Rückblickend kann man sagen, dass die Körper auf eine Art expandierten, die man nur ungesund nennen kann. Die Muskelumfänge nahmen zu, die Brüste schwollen an, bis der ganze narzisstische Traum irgendwann zerplatzte. Dann musste sich Arnold einer Herzoperation unterziehen, Stallone wurde von Brigitte Nielsen verlassen, und Demi Moore hat mit den zehn Millionen, die sie für STRIPTEASE bekam, praktisch ihre Karriere beendet.

Der ganze Körperertüchtigungsfimmel darf aber nicht darüber hinwegtäuschen, dass man im Kino gleichzeitig den Eindruck gewinnen konnte, dass alle geschlechtsreifen Amerikaner, die etwas auf sich halten, ihre Zeit überwiegend auf den Toiletten von Bars oder Diskotheken verbringen, wo sie es entweder in einer der Kabinen im Stehen treiben oder mit 100-Dollar-Scheinen Koks von Schminkspiegeln ziehen oder vor dem Spiegel feststellen, dass sie Nasenbluten haben, weil das Zeug ihre Nasenscheidewand zerfressen hat. Ein Wunder, dass sich überhaupt noch Leute fanden, die die Tanzflächen bevölkerten. Junge Menschen kamen in die Großstadt, wurden sehr schnell sehr reich, langweilten sich bald beim Geldausgeben und fingen an, Drogen zu nehmen, damit das Herumfahren in offenen Sportwägen und Herummachen mit ständig wechselnden Bettpartnern nicht mehr so langweilig ist. Das ging natürlich selten gut aus, aber man saß im Kino und fragte sich, warum man nicht auch mal so ein langweiliges Leben führen kann.

Wenn sich die Kamera zu Beginn eines Films den Großstädten näherte, dann sah es immer so aus, als habe man Türme funkelnder Goldmünzen auf einen Spieltisch geschoben. Faites vos jeux! Das war die Parole für das Kino der Achtzigerjahre. Und natürlich war New York seine Hauptstadt, bright lights, big city. Es gibt geradezu eine Liturgie der Annäherung an Manhattan. Mit leicht gesenktem Blick nähert sich die Kamera im Flug der fernen Silhouette, taucht dann ein in den Glanz und lässt sich vom geschäftigen Treiben gefangen nehmen, um sich schließlich auf ein Gesicht in der Menge zu stürzen. So geht das immer wieder los, ob in WALL STREET oder DIE WAFFEN DER FRAUEN. Wie ein Gang zum Altar, wie ein Sprung in den Vulkan. Das eindrucksvollste Bild stammt dabei aus BLUE STEEL, wo der sonst tadellos gekleidete Geschäftsmann Ron Silver nach einem seiner Morde blutverschmiert und nackt auf dem Dach vor der nächtlichen Silhouette steht, wie ein gefräßiges Tier, das gerade im Dschungel seine Beute gerissen hat. Das war der ultimative Kommentar zu den gierigen Achtzigern, in denen das ewige Gesetz des Großstadtdschungels wieder zu seinem Recht kam: fressen und gefressen werden.

Jeder Schritt konnte der falsche sein: Harrison Ford ging IN SACHEN HENRY Zigaretten kaufen und wurde in den Kopf geschossen; Robin Williams ging in KÖNIG DER FISCHER in ein Restaurant und lief Amok; Bridget Fonda wollte in WEIBLICH, LEDIG, JUNG SUCHT nur eine Mitbewohnerin und hatte auf einmal eine Psychopathin in der Wohnung; Al Pacino lernte in SEA OF LOVE Ellen Barkin kennen und war nicht sicher, ob sie nicht vielleicht die gesuchte Mörderin ist; Diane Keaton wollte in AUF DER SUCHE NACH MR. GOODBAR nur einen One-Night-Stand und wurde von Richard Gere ermordet; Michael Douglas wollte in EINE VERHÄNGNISVOLLE AFFÄRE nur eine Affäre, aber Glenn Close hatte offenbar irgendwas missverstanden; und Angie Dickinson besuchte in DRESSED TO KILL das Museum of Modern Art, verlor sich vor einem Bild von Alex Katz, ließ einen Handschuh liegen, folgte dem Finder in ein Taxi und stellte nach einem leidenschaftlichen Nachmittag beim Gehen fest, dass ihr Partner vom Gesundheitsamt aufgefordert wurde, sich wegen einer Geschlechtskrankheit behandeln zu lassen. Und als wäre das nicht schon schlimm genug, wurde sie im Fahrstuhl mit einem Messer abgeschlachtet – wie sich herausstellen sollte, von ihrem eigenen Analytiker. Man konnte wirklich vor niemandem mehr sicher sein. Und Aids bewies, dass das keine Einbildung, nicht nur eine Kinophantasie war.

Vielleicht hat sich das Kino deshalb in den Achtzigern so hingebungsvoll mit Zeitreisen beschäftigt, weil es gefühlt hat, dass mit der Gegenwart irgendetwas nicht stimmt. Immer wieder machten sich seine Helden auf in Richtung Vergangenheit, um von dort aus in den Lauf der Zeit einzugreifen und an der Gegenwart herumzuschrauben, der Terminator, Peggy Sue und Michael J. Fox in Zurück in die Zukunft. Ein beliebtes Ziel waren die Fünfzigerjahre, und das hatte womöglich damit zu tun, dass unter Reagan deren Wiederkehr auch politisch betrieben wurde: Die Wirtschaft boomte und die Paranoia auch. Und Oliver Stone war ihr Prophet. Egal, wohin er blickte, überall waren Verschwörer am Werk. Amerika hatte seine Unschuld verloren, und immer waren die anderen schuld: in Vietnam die Generäle, in Natural Born Killers die Medien, bei Kennedy die Kubaner. Stone war ein Kind der Sechziger, das in den Achtzigern bestens aufgehoben war.

So wurde sein Held Gordon Gecko mit seiner Losung »Gier ist gut!« zum Sprachrohr des Jahrzehnts, und Michael Douglas bekam dafür in Wall Street genauso einen Oscar wie Cuba Gooding Jr. später für seinen Schlachtruf »Show me the money!« aus Jerry Maguire – Hollywood liebt solche Bekenntnisse, die ihm aus dem Herzen sprechen. Über all dem thronte zweifellos Al Pacino in Scarface, einem Remake, das es mit dem Original locker aufnehmen kann. Er spielte einen kubanischen Einwanderer, der den amerikanischen Traum beim Wort nimmt und am Ende mit blutunterlaufenen Augen und einer Knarre auf einem Haufen Koks sitzt, mit dem man den Bedarf des gesamten Achtzigerjahre-Kinos bequem hätte decken können. Er war der definitive Schneekönig, ein Prophet, dessen Botschaft nur allzu gut verstanden wurde. Und man darf nicht vergessen, dass aus den Filmen öfter der Machtinstinkt von Produzenten spricht als der Ausdruckswille von Regisseuren. Keiner hat das besser verstanden als Don Simpson – und keinem ist der Erfolg so gründlich zu Kopf gestiegen. Und das will in Hollywood schon etwas heißen.

Wenn man in dem Örtchen Anchorage in Alaska groß wird und an der High School zu wenig Hoffnungen Anlass gibt, dann landet man entweder beim Fischfang oder im Alkoholismus – oder man kommt groß heraus. Don Simpson wurde einer der erfolgreichsten Produzenten in Hollywood und hatte Anchorage weit hinter sich gelassen, aber er ließ es sich nicht nehmen, mit seiner Vergangenheit abzurechnen und es allen zu zeigen. Zum 20-jährigen Klassentreffen landete er mit dem Hubschrauber mitten auf dem Football-Feld der West Anchorage High School, mischte sich mit zwei Penthouse-Pets unter die Menge, um sicherzugehen, dass wirklich jeder seine kalifornische Sonnenbräune zur Kenntnis genommen hatte, und entschwebte dann wieder so schnell, wie er gekommen war.

Das war 1981, und Simpson war gerade zum Produktionschef von Paramount ernannt worden. Von den neun Filmen, die gerade in Produktion gingen, konnte man acht vergessen, aber einer der Filme besaß das, was ihn für Simpson interessant machte. EIN OFFIZIER UND GENTLEMAN war die Sorte Film, die er sehen wollte: Ein Held mit strahlender Uniform und dunkler Vergangenheit, Motorrad und Mädchen, Krise, Triumph und Erlösung. Simpson terrorisierte den Regisseur Taylor Hackford, bis er bekam, was er wollte: einen Hit.

Aber selbst für Hollywoods Verhältnisse verbrauchte Simpson zu viel Kokain, um seinen Motor in Schwung zu halten. Deshalb entschied Michael Eisner, den Wonder Boy zu feuern, setzte ihn aber noch auf ein Projekt an, von dem sich keiner viel versprach: FLASHDANCE. Simpson schmollte, tat sich mit seinem alten Freund Jerry Bruckheimer zusammen, nahm noch mehr Drogen und verwandelte das lahme Tanzmärchen in einen riesigen Erfolg: volle Bässe, schnelle Schnitte, griffiges Konzept. Das waren die Achtziger.

Simpsons Biograph Charles Fleming schrieb über das Jahrzehnt der Maßlosigkeit: »Wenn es in den Achtzigern etwas gab, was man dafür verantwortlich machen kann, dass alle noch mehr durchdrehten als in dieser Stadt ohnehin üblich, dann war das die schnelle Anhäufung von Geld. Das Filmgeschäft warf so viele Gewinne ab, dass alle auf einmal mehr verdienten, als sie ausgeben konnten. Das gab jedem die Gelegenheit, dem eigenen Geschmack über die Grenzen jedes Anstands hinaus zu frönen und böse Geister aller Art in sich zu entfesseln.« Bei Simpson hieß das, dass er seine Levi's stets nur einmal trug, grundsätzlich nur mit Nutten (er nannte sie MAW: »Model, Actress, Whatever«) verkehrte, »aus Angst vor Zurückweisung«, zwei Porsches zu Schrott fuhr und am Ende 60 000 Dollar allein für legale Drogen ausgab.

Simpsons Image als böser Junge war kein Geheimnis, aber solange er Erfolg hatte, fand sich keiner, der ihn in die Schranken wies. Seine sadomasochistischen Spielchen, schrieb 1995 Faye Resnick in einem Buch, hätten ihn »ins Gefängnis bringen müssen«. Es wurde nur noch schlimmer: Tagelang verließ Simpson nicht mehr sein Haus in den Hollywood Hills, überzeugt, die Mafia habe auf seinen Kopf eine Prämie ausgesetzt. An Wochenenden nahm der Waffennarr an Kriegsspielen teil, tauchte aufgerüstet wie General Patton auf und war immer der Erste, den es erwischte.

Das Schlimmste war jedoch die Erkenntnis, dass er sich mit all dem Geld nicht die Art von Anerkennung kaufen konnte, die den Stars seiner Filme zuteil wurde. Also setzte er sich in den Kopf, Schauspieler zu werden. Er ließ sich die Backen,

Lippen, das Kinn (und natürlich auch den Penis) aufspritzen, die Stirn und den Hintern liften und das Fett am Bauch absaugen. In Tage des Donners spielte er Tom Cruises Rivalen, aber das Material erwies sich als unbrauchbar – er konnte einfach nicht schauspielern.

In den Neunzigern ging es weiter bergab: Sogar sein unendlich geduldiger Partner Bruckheimer trennte sich von ihm, sein persönlicher Arzt erlag in seinem Badehaus einer Überdosis Morphium, und auch die teuersten Entziehungskuren zeigten keine Wirkung mehr.

Am 19. Januar 1996 wurde Don Simpson auf dem Boden seines Badezimmers gefunden, auf der Toilette einem Herzinfarkt erlegen, während er in einer Oliver-Stone-Biographie las. Er war der schärfsten Droge von allen erlegen: dem Erfolg.

Aber sein Erfolgsrezept wird bleiben. Don Simpson und Jerry Bruckheimer sind nicht die Einzigen, die das, was man *high concept movies* nennt, betrieben haben, aber sie haben das Konzept perfektioniert. Egal, ob Top Gun oder The Rock, immer ging es um Männer, die bummbumm machen, Frauen, die viel tammtamm machen, und Maschinen, die noch mehr brummbrumm machen. Und kurz vor Drehbeginn musste dann immer noch mal ein sauteurer Drehbuchautor drüber, der rettet, was zu retten ist. Schöne Körper, gute Sprüche, tiefe Bässe – der Rest folgt dem ewigen Motto Hollywoods, wonach ein Film mit einer Explosion beginnen und sich dann langsam steigern müsse.

Es geht nicht mehr darum, was man erzählen will, sondern nur noch darum, wie man es verpacken muss, um die Ware an den Mann zu bringen. Und zwar so schnell wie möglich.

Was sich am leichtesten verkaufen lässt, sind a) Stars, b) Aufgüsse von Sachen, die die Leute schon kennen, und c) Katastrophen. In allen drei Fällen genügt zur Vermittlung ein Wort, ein Titel, ein Satz – und sofort weiß jeder, worum es geht. Also: ein Film mit Tom Cruise oder Julia Roberts, Bruce Willis oder Jodie Foster, Michael Douglas oder Sharon Stone. Alles klar. Oder: SUPERMAN, BATMAN, SPIDERMAN. MISSION IMPOSSIBLE, DREI ENGEL FÜR CHARLIE, AUF DER FLUCHT. Oder: LETHAL WEAPON 2, 3, 4. STAR WARS EPISODE I, II, III. INDIANA JONES 1, 2, 3, 4. Oder: Ein Meteor stürzt auf die Erde, ein Vulkan bricht aus, Außerirdische greifen an, ein Schiff sinkt. Keines dieser Konzepte erfordert viele Worte, worin der Reiz des Films liegen könnte. Ideal wäre also, wenn Spielberg MISSION IMPOSSIBLE 3: RAISING THE TITANIC mit Tom Cruise und Julia Roberts in den Hauptrollen inszenieren würde. Da wäre alles drin, wovon Hollywood träumt: Aufguss, Fortsetzung, Katastrophe, Stars – und Spielberg, der auch schon wieder eine Kategorie für sich ist. So gesehen, muss man sich wundern, dass überhaupt noch andere Filme gemacht werden. Dass ein Film wie MATRIX entstehen und Erfolg haben kann, indem er einen neuen Look verspricht und eine Geschichte erzählt, deren komplexe Verstrickungen darauf hinauslaufen, dass ein Erlöser die Menschheit aus ihrem Schlaf erweckt. Natürlich sind Teil zwei und drei längst in Arbeit.

Makin' Whoopee!

Natürlich war Pacino in SCARFACE die reinste Schau, aber das wahre Ereignis war in diesem Film etwas anderes. Wer Augen im Kopf hatte, konnte es eigentlich nicht verpassen.

Pacino sitzt bei seinem ersten Boss, einem selbstgefälligen alternden Ganoven, der sein Hemd bis zum Bauchnabel offen trägt und so viel Geld hat, dass er in seiner Prachtvilla keine Treppe, sondern einen gläsernen Fahrstuhl hat. In dem kommt seine junge Geliebte herabgeschwebt, von der man erst mal nichts sieht als einen Helm von platinblondem Haar über einem sehr freien Rücken. Schon in der Erwartung scheint Pacino der Atem zu stocken vor lauter Seide und blondem Glück. Und dann kommt sie die letzten Schritte auf die Runde zu, in einem dieser Seidenkleider, von denen man sich vorstellen kann, wie sie beim Gehen über die feinen Härchen am Körper streicheln, selbst wenn man noch nie eines in der Hand hatte. So stieg Michelle Pfeiffer in unsere Phantasie hinab, und sie war sehr blond und aus Kristall und hatte mit den ganzen Erwägungen, die ihren Landeanflug begleiteten, nichts zu tun. Sie wusste ohnehin schon alles. Sie wurde also vom Boss den Besuchern vorgeführt, aber ihr schien das völlig egal, weil von den Typen eh nichts zu erwarten war. Sie war sich zu gut für all das und ignorierte dabei geflissentlich die Fragen der Zuschauer, was ein hübsches Mädchen wie sie an einem Ort wie diesem verloren hatte. Der Typ hätte mindestens ihr Vater sein können, und sie behandelte ihn wie ihren vertrottelten Großvater. Wenn sie nur eine Spur weniger beeindruckend gewesen wäre, hätte sie das wahrscheinlich den Kopf gekostet. Aber sie leistete sich das, weil das Leben offenbar sonst nicht mehr viel für sie bereithielt. Das will was heißen, wenn man erst Anfang 20 ist. Sie ließ jedenfalls den Proleten Pacino schnell wissen, dass sie ihn für Dreck hält – aber auch, dass Dreck immer noch besser ist als alles, was sie jetzt hat. Wahrscheinlich hat noch selten eine Frau mit einer so kleinen Rolle so viel Eindruck gemacht. Und wenn man sich Michelle Pfeiffers Karriere vor Augen hält, sollte man immer daran denken, dass die Rolle des Gangsterliebchens kaum je Glück gebracht hat. Es kann schon sein, dass solche Mädchen in Kalifornien auf Orangenbäumen wachsen, aber nur eine schaffte es, in einem großen Hollywood-Film in Seidenkleidern vorgeführt zu werden und trotzdem ihre Haut zu retten.

Tatsächlich erfüllte sich Film für Film das Versprechen, das dieser eisblonde Auftritt formuliert hatte. In KOPFÜBER IN DIE NACHT trug sie eine grässliche rote Lederjacke und ließ sich ausgerechnet mit Jeff Goldblum ein, aber das konnte man ihr verzeihen. Und wo sie in SCARFACE vor allem blond war, da hatte man nun Zeit, ihr Gesicht genauer zu studieren. Da ist vor allem ihr Mund, der zum Ausruhen einlädt und ihrer scharf konturierten Schönheit so etwas überraschend Weiches verleiht. Ihre Lippen sind geradezu die Wunde, durch die unsere Träume in ihren Körper eintreten, der Ort, an dem gegen den Hochmut ihres Körpers eine Trauer sitzt, welche die Hoffnung nährt, ein Kuss könne womöglich alles retten.

Es kam DER TAG DES FALKEN, in dem sie so schön war, dass nur noch ein Märchen als Erklärung taugte, warum so jemand beim Gehen noch den Boden mit Füßen berührt. Sie war so ätherisch, dass sie sich nahezu in Luft aufzulösen schien, aber mit den ganzen märchenhaften Phantasien, die hier auf ihr lasteten, wurde ihre Erscheinung locker fertig. An ihrer Seite stand Rutger Hauer, der selbst vom gleichen Kaliber war. Zwei wesensverwandte Gestalten, wenig Anziehungskräfte. Zwei, die man auf der Straße neidlos für ein Traumpaar halten würde – aber nicht im Kino.

Als Nächstes folgte die farbige Extravaganz DIE MAFIOSI-BRAUT, ein Film, in dem man schließlich rücklings über das Geländer der eigenen Zurückhaltungen kippt und sinnlos lächelnd aus dem Kino tappt. Man nimmt mit: ein paar Farben, die einen über den Winter bringen und die Gedanken erwärmen können, und das Vergnügen an der Erinnerung, dass alles möglich ist, selbst, dass man im Fahrstuhl einer brünetten Blonden mit großen Augen und weichen Lippen begegnet, die auf nichts anderes zu warten scheint, als sich mit einem zu verabreden. Und dann sitzt man inmitten von roten Gladiolen und gelben Kürbissen und hat im Idealfall das Glück, zu spüren, dass die flüchtige Mafia-Prinzessin nur darauf wartet, dass alles so ist, wie es sein muss, wenn sich zwei ineinander verliebt haben. Was genau passiert, ist nie so wichtig wie die großen Augen von Michelle, die sich von Zeit zu Zeit mit Tränen füllen und damit den ohnehin knallvollen Film zum Überlaufen bringen. Sie trägt so getigerte Hemden und lässt sich alle naslang einen neuen Haarschnitt verpassen, und jedes Mal scheint sie hinterher vom Friseur zu kommen und uns um unsere Meinung zu fragen. Dafür könnte man sie küssen.

In TEQUILA SUNRISE spielt sie eine Restaurantbesitzerin und bedient sich einer sanften Stimme, von der man nie glauben möchte, dass sie nur geschäftsmäßig sein soll. Man hört sie, bevor man Michelle Pfeiffer überhaupt wahrnimmt. So wird ihre Erscheinung abgefedert durch diesen Tonfall, mit dem in Amerika das Business dem Einzelnen schmackhaft gemacht werden soll, durch den jeder glauben soll, dass nur er allein so viel Freundlichkeit wert ist. Das Bezaubernde an diesem Film ist, dass sich alles nur darum dreht, wie Mel Gibson Michelle Pfeiffer aus der Ferne anhimmelt. Er liebt sie, aber sie nimmt ihn kaum wahr – eine wunderliche Konstellation für zwei Stars, die aber das helle, weiße Licht Kaliforniens zum Fließen bringt. Als er ihr endlich seine Liebe gesteht, weil sie wissen will, warum er ihr dauernd folgt, fährt die Kamera ganz langsam auf Michelle Pfeiffer zu. Man spürt ihre Verblüffung, dann ihre Erschütterung, man ahnt, wie sie versucht, den Gedanken innerlich abzuschütteln, und sieht, wie ihre Augen anfangen, verräterisch zu glänzen. Man sieht eine Frau, die erkennt, dass sie geliebt wird. Alles, was der Film ausspricht, was er andeutet und im Unklaren lässt, all das zielt nur auf diesen einen Moment hin, auf diese schmerzhafte Schönheit des Neigens von Herzen zu Herzen. Die Szene endet in nervöser, viel zu hastiger Flucht, aber vorher passiert noch, was die großartige amerikanische Filmkritikerin Pauline Kael schöner als sonst wer auf den Punkt gebracht hat: »Michelle Pfeiffer sagt Mel Gibson, wie Leid es ihr täte, seine Gefühle verletzt zu haben. Und er antwortet: ›Ach was, so weh hat es auch wieder nicht getan,‹ und nach einer kurzen Pause fügt er hinzu: ›Dich anzusehen, schmerzt mehr.‹ Sollte ein Kinogeher noch nicht gemerkt haben, dass TEQUILA SUNRISE das Werk eines großen Romantikers ist, wird er es nach Mel Gibsons Satz begreifen. Dies ist die Art von feierlichem Bekenntnis, die einem Film wie HABEN ODER NICHT HABEN seinen Platz im Herzen der Zuschauer sicherte. Was den Satz so wirkungsvoll macht, ist die Tatsache, dass Mel Gibsons blaue Augen vor Sehnsucht überlaufen, als er ihn sagt, und Michelle Pfeiffer von so kristallener Schönheit ist, dass er tatsächlich die Wahrheit zu sprechen scheint. (Wenn sie nicht tatsächlich eine Erscheinung wäre, würde der Film in sich zusammenfallen.) Es ist ein Satz, den Gary Cooper in MOROCCO zu Marlene Dietrich gesagt haben könnte: Er erfordert Jugend und Unschuld beim Mann und blumige Perfektion bei der Frau.« Genau so ist es.

Warum der Film durchfiel und die beiden Stars sich in Interviews wenn überhaupt, dann nur abfällig darüber äußern, gehört zu jenen Mysterien, die wir nie durchdringen werden. Wenn sie sich nicht leiden konnten, dann haben sie es jedenfalls geschickt überspielt. Genauso rätselhaft ist es allerdings, warum es in Schauspielerkarrieren immer wieder Phasen gibt, wo sie nichts falsch machen zu können scheinen, wo sie in einem Film nach dem anderen immer noch aufregender wirken. Es folgte nämlich GEFÄHRLICHE LIEBSCHAFTEN, in dem sie zwar eine Hauptrolle spielte, aber so sehr Opfer, ganz Leidende ist, dass sie fast wie eine Nebenfigur wirkt. John Malkovich hat mit Glenn Close gewettet, dass es ihm gelänge, die tugendhafte Pfeiffer zu verführen – und weil wir uns im 18. Jahrhundert befinden, ist das auch ein gutes Stück Arbeit. Natürlich liegt der ganze Reiz im feinen Intrigenspiel, aber es ist schon ergreifend zuzusehen, wie Michelle am Ende ganz langsam verglimmt, als sie der Verrat ins Herz trifft. Unter ihren geraubten Gefühlen leidet sie wie an Schwindsucht, und da ist es kein Wunder, dass auch Malkovich an seinem bösen Spiel schließlich zugrunde geht.

Wer aber gedacht hat, nun sei eine Steigerung nicht mehr möglich, sah Michelle Pfeiffer nun kaugummikauend, fluchend und hoffnungslos zu spät in ein Vorsingen stolpern, bei dem ein mäßig erfolgreiches Pianisten-Brüderpaar bereits 37 völlig indiskutable Sängerinnen getestet hatte. Eigentlich haben die beiden keine Lust mehr, aber dann macht Michelle Pfeiffer einen solchen Aufstand, dass sie ihr doch noch eine Chance geben. Und sie singt, nachdem sie den Kaugummi herausgenommen hat, »More Than You Know« – und natürlich ist klar, dass sie die Richtige ist. DIE FABELHAFTEN BAKER BOYS ist ein Film, wie er eigentlich gar nicht mehr gemacht wird, weil man auch in Hollywood weitgehend verlernt hat, wie man Dialoge schreibt, die zwischen Mann und Frau die Funken stieben lassen. Vielleicht kann man das nur, wenn man wie Steve Kloves erst 30 Jahre alt ist und alle Sehnsucht nach einer bestimmten Art von Filmen in sein Debüt steckt – und wenn man dazu Schauspieler wie Michelle Pfeiffer und Jeff Bridges hat, die so cool sind, dass es fast schon wehtut.

Natürlich geht es darum, wie die beiden ihre Gefühle füreinander verstecken, wie sie sich hartnäckig gegen etwas wehren, was doch jeder sehen kann. Aber wenn es dann so weit ist, hat der Kameramann Michael Ballhaus das richtige Mittel, um uns die Augen übergehen zu lassen. Er kreist und kreist und kreist um Michelle Pfeiffer, die sich in einem roten Kleid auf Jeff Bridges' glänzendem Piano räkelt und »Makin' Whoopee« singt. Und wenn der Auftritt vorüber ist und die Gäste der Silvesterparty gegangen sind, lässt sie sich von ihm den Rücken massieren, und man kann dabei buchstäblich der Verwandlung einer lichtgeborenen Vision in eine Frau aus Fleisch und Blut zusehen.

Und weil man so eine Erfahrung auch selbst gerne mal machen und Michelle Pfeiffer leibhaftig erleben möchte, fliegt man zu einem Interview nach Paris, wo man im Flughafenhotel mit 30 anderen Journalisten drei Stunden darauf wartet, eine Viertelstunde mit ihr sprechen zu dürfen. Natürlich hat man »Makin' Whoopee« und all das im Kopf, und dann fällt einem keine blödere Frage ein als: Wie fühlt man sich, Gegenstand so vieler Träume zu sein? Und sie sieht einen mit jenem Blick aus SCARFACE an, der alle Männer in Trottel verwandelt, und sagt nach einer sehr langen Pause: »Was soll ich sagen? Ich nehme an, das ist ein Kompliment.«

Und dabei geht jenes eisige Lächeln über ihr Gesicht, das fast schon ein Bedauern ist. »Und von wem haben Sie so geträumt?« – »Ich hatte ein Poster von Elvis Presley an der Wand, aber der hat mich immer angestarrt, da habe ich es wieder abgehängt.« Und dabei zieht sie die Augenbrauen hoch, als wolle sie fragen, ob auch noch irgendwann mal intelligente Fragen kommen. Auf einmal wird es in dem Hotelzimmer sehr heiß, und man ist geradezu erleichtert, dass in dem Moment die Assistentin hereinkommt und sagt, da sei ein Anruf für sie. Sie entschuldigt sich für einen Moment, zehn Minuten vergehen, lähmendes Warten, krampfhafte Suche nach etwas intelligenteren Fragen, dann kommt wieder die Assistentin und sagt, das Telefonat dauere etwas länger und meine Zeit sei jetzt ohnehin um. Ich war der Frau geradezu dankbar und flog wieder heim. Nicht als glücklicherer Mensch.

Manchmal ist es vielleicht gar keine so gute Idee, seinen Träumen zu nahe zu kommen.

Der Rand der Kaffeetasse

Die Liebe ist mehr als nur ein Wort bei den Franzosen. Aus irgendeinem Grund hat dieses Volk eine andere Beziehung zu solch abstrakten Begriffen, und nirgends wird das so gut sichtbar wie im Kino. Da ist es dann, als sei die Liebe ein Ding, das man mit Händen greifen, betasten und befühlen kann; als sei sie mehr als nur ein Gefühl, das nur sichtbar wird in Küssen und Umarmungen. Die Liebe ist in Frankreich, wenn man dem Kino glauben darf, ein Handwerk, das dort alle von Kindesbeinen an beherrschen. Schon die Jungen reden darüber mit einem Ernst, der ihre Jugend Lügen straft. Was die Liebe angeht, sind die Franzosen irgendwie alle alte Seelen. Die Leidenschaften von Generationen scheinen aus ihnen zu sprechen, wenn die jungen Mädchen den Mund aufmachen.

Das schaffen die Franzosen ja immer spielend: das Grundsätzliche ganz nebenbei zu erzählen, das Wesentliche ins Beiläufige zu verpacken. Und wenn man überlegen müsste, woraus sich das speist, dann wäre es dies: Selbstvertrauen. In Hollywood hieße das: Was wir erzählen, interessiert die ganze Welt. In Frankreich bedeutet das hingegen: Was wir erzählen, ist Welt genug. Dahinter steht ein unbändiges Vertrauen in das wirkliche Leben in all seinen Erscheinungsformen und die Überzeugung, dass das, was sich in einem Gesicht oder zwischen zwei Menschen abspielt, eine Welt für sich ist. Diesen Planeten will das französische Kino erkunden, der Rest ist ohnehin von Hollywood kolonialisiert. Salopp formuliert: Hollywood will die Welt erobern, Frankreich die Herzen.

Und das französische Kino ist deshalb für Kinogeher eine Art Erziehungsanstalt des Herzens, in der die meisten Cineasten ihre Lehrjahre des Gefühls zubringen. In Hollywood macht man in der Regel Urlaub vom Ich, bei den Franzosen findet man zu sich.

Wenn es aber etwas gibt, was das amerikanische Kino auszeichnet, dann ist es jene Fähigkeit, die kompliziertesten Sachverhalte so einfach wie möglich darzustellen. Autismus, Quantenphysik, Holocaust. Freud, Einstein, Marx. Oder Fragen wie: Ist außerirdische Intelligenz möglich? Existiert Gott? Gibt es ein Leben nach dem Tod? All diese Dinge behandelt das amerikanische Kino mit einer Geschwindigkeit von mindestens 180 Sachen. Dieser Hang zur Vereinfachung ist seine unvergleichliche Stärke – und natürlich auch seine größte Schwäche. Aber davon wollen wir natürlich nichts wissen, solange uns im Dunkeln die Augen übergehen. Wir genießen es lieber, Experten für eine Nacht zu sein: polizeiliche Vernehmungstaktiken, geheimdienstliche Abhörpraktiken, astrophysische Raketenmechanik, medizinische Obduktionstechnik, erotische Verführungsstrategien. Man kann uns nichts vormachen, wir wissen einfach alles. Für ein paar Stunden haben wir Ahnung von Dingen, von denen wir uns nichts träumen ließen. Baseballregeln, Pferdepflege, Hahnenkämpfe, Spurenlesen. Wir befinden uns in einem Zustand der Gnade, in dem uns alles zufliegt. Man könnte uns einen Schraubenzieher in die Hand drücken, und wir würden ein in der Wüste liegen gebliebenes Flugzeug wieder flott kriegen, oder ein Skalpell, und wir würden einen Gehirntumor im Handumdrehen entfernen, oder einen

Steuerknüppel, und wir würden jeden Jumbo landen können. Wir können auf einmal Wellenreiten, Lokomotiven führen und mit einem Gewehr über jede Distanz treffen. Der Zauber ist vielleicht bald verflogen, aber einen Film lang sind wir zur richtigen Zeit am richtigen Ort. Das ist doch schon was.

Hollywood hat mehr Geld, um seine Träume zu verwirklichen. Und tatsächlich stockt uns der Atem, wenn wir in Jurassic Park zum ersten Mal Herden von Dinosauriern ihre Köpfe erheben sehen oder wenn in The Matrix ein Hubschrauber in die Glasfassade eines Hochhauses kracht, die erst mal Wellen wirft, ehe sie kollabiert. Großartig, wenn in Die Mumie sich ein Schurke in einen Haufen Käfer auflöst oder in Panic Room die Kamera durch ein Schlüsselloch schlüpft. Aber ganz gleich wie special die effects sind, ihre Wirkung auf den Zuschauer bleibt dieselbe wie einst, als all das quasi noch von Hand bewerkstelligt wurde. Was der Puppenspieler Ray Harryhausen in den Fünfzigern mit Stopptricks anstellte, haben wir mittlerweile längst durchschaut, aber inzwischen trägt die Unbeholfenheit der Aufnahmen geradezu zu ihrer Poesie bei. Wenn Herakles gegen die siebenköpfige Hydra kämpft oder Jason gegen die aus ihren Gräbern auferstehenden Skelette, dann scheint das manchmal eine geradezu andere Körperlichkeit zu besitzen als die mit Supercomputern hochgerechneten Digitaleffekte, die vielleicht realistischer aussehen, aber doch nur selten auch wirklich eindrucksvoller. Es gehören schon Poeten dazu, um die Kabel der Schwerkraft wirklich zu kappen und unserer Phantasie Flügel zu verleihen, so wie die Gebrüder Wachowski, die in Matrix Keanu Reeves unter Kugeln wegtauchen lassen, die tatsächlich Löcher in unser Zeitempfinden schlagen, wie Ang Lee, der in Tiger & Dragon beim Kampf in den Wipfeln eines Bambuswaldes alle Bodenhaftung zu verlieren scheint, oder wie Tim Burton und David Cronenberg, die aus jedem Effekt ein Gedicht von Baudelaire machen.

Wahrscheinlich ist es ja auch eine Frage, mit welchen Filmen man aufgewachsen ist. Natürlich haben sich die Filmbilder unserer Kindheit auf andere Weise ins Gedächtnis gebrannt und unsere Phantasie vergiftet, als das spätere Bilder vermochten. So jagt mir der schwarze Spinnenschatten von TARANTULA immer noch mehr Schrecken ein als heutige Spinnenfilme, und auch die Riesen-Hornissen und der große Vogel aus DIE GEHEIMNISVOLLE INSEL gruseln mich mehr als der Tyrannosaurus Rex aus JURASSIC PARK. Und entsprechend hat auch Jack Arnolds DIE UNGLAUBLICHE GESCHICHTE DES MISTER C. bis heute nichts von ihrer Faszination verloren, obwohl sie aus dem Jahr 1957 stammt. Ein Wissenschaftler hat darin ein Serum erfunden, durch das er immer kleiner wird. Erst muss er sich der eigenen Katze erwehren, dann mit einer Nähnadel gegen eine Spinne kämpfen, und am Ende verabschiedet er sich in die Weiten der unendlichen atomaren Verkleinerung. Mit einfachsten Mitteln werden da Fragen gestellt, die nicht nur kleine Jungs beschäftigen, sondern auch Erwachsene noch umtreiben. Ist unser Universum vielleicht nur ein Staubkorn einer Welt, die der unseren bis aufs Haar gleicht? Und was ist überhaupt der Mensch?

Ähnlichen Fragen geht auch Richard Fleischers DIE PHANTASTISCHE REISE nach, in dem ein tschechischer Wissenschaftler einen Unfall hat und der einzige Weg, das Blutgerinnsel in seinem Gehirn zu beseitigen, darin besteht, ein Ärzteteam samt U-Boot auf Mikrobengröße zu verkleinern und durch die Blutbahn zum Hirn zu schicken, um den Blutpfropf mit einer Laserkanone zu zerstören. Dafür haben sie aber nur eine Stunde Zeit, weil dann die Verkleinerung wieder nachlässt. Geniale Idee, grandiose Umsetzung.

Kaum ein Film verändert unsere Perspektive auf die Welt so nachhaltig wie dieser. Und zwar nicht, weil ein U-Boot in Mikrobengröße durch die Blutbahn geschickt wird, sondern weil Fleischer klug genug war, das Phantastische mit dem Banalen zu kontern. Im Kontrollraum über dem OP kommt die Wirklichkeit noch zu ihrem Recht und rückt die Proportionen zurecht, indem unser Blick dafür geschärft wird: Eine Kaffeetasse hinterlässt einen Rand, eine herabfallende Schere verursacht Lärm, und eine Fliege treibt ihr Unwesen. Wenn Godard das Kunststück vollbracht hat, das Weltall in einer Kaffeetasse einzufangen, so hat Fleischer dafür sogar der Rand genügt, den eine Kaffeetasse hinterlässt. Er hat es geschafft, unsere Aufmerksamkeit auf die geringsten Dinge zu lenken und uns Demut vor jeder Kleinigkeit einzuflößen. Alles in ihm ist Topographie, Geometrie, Biologie.

Natürlich ist diese Reise wie alles andere im amerikanischen Kino auch der Mode unterworfen. Das heißt, dass die 1966 getätigte Reise durchs Körperinnere vor allen Dingen ein Trip ist. Die Farben und Formen weisen geradezu psychedelische Qualitäten auf. Wenn das Wissenschaftlerteam samt Raquel Welch in der Lunge ankommt, finden sie schwarze Felsbrocken. Erklärung: Der Mann ist Raucher. Wenn sie am Gehirn vorbeikommen, sehen sie die Gedanken als Irrlichter vorbeiblitzen. Die Antikörper sind schnell verkrustendes Material, das sich wie ein Panzer um die Körper legt. Und am Ende werden die Überlebenden aus Stromschnellen gerettet, indem sie in einer Träne aus den Augen fliehen. Und währenddessen sieht man immer wieder den kahl geschorenen Kopf mit aufgemalten Planquadraten und die kleinen Radarschirmchen, die um ihn herum wackeln, um Kontakt mit dem U-Boot zu halten, dessen Position wiederum im Kontrollraum auf einer Karte des menschlichen Körpers aufblinkt. Jules Verne hätte seine Freude an diesem Film gehabt, der unseren Körper zur fernsten aller Welten macht. Das fiktive Datum dieser Reise ist übrigens 1995. Aber wie auf so vieles, was uns das Kino für die Zukunft versprochen hat, warten wir auch darauf noch vergeblich. Und was war eigentlich mit dem Beamen?

Die Frage lautet also, warum man es sich schwer machen sollte, wenn es auch einfach geht. Die großen amerikanischen Kulturleistungen des letzten Jahrhunderts waren neben McDonald's der Jazz und der Western – aber von Malerei, Theater und Oper haben sie nun wirklich nicht halb so viel Ahnung wie wir Europäer. Mag schon sein. Tatsache ist aber, dass sie Kraft und Macht dieser klassischen Künste am schönsten beschworen haben. Mag schon sein, dass die Amerikaner nie Filme wie Maurice Pialats VAN GOGH oder Jacques Rivettes DIE SCHÖNE QUERULANTIN zustande bringen, aber dafür gibt es PLEASANTVILLE, in dem eine Kleinstadt so lange im Schwarzweiß einer Fernsehserie gefangen ist, bis jemand eine Mappe mit farbigen Reproduktionen impressionistischer Meisterwerke öffnet und dabei der Film tatsächlich von Schwarzweiß zu Farbe wechselt und die Sonne aufgeht. Plötzlich scheinen die Farben geradezu auf der Leinwand zu explodieren. Ein schlichter Trick, aber ganz schön überwältigend. Selbstverständlich gelingt den Amerikanern nie ein Theaterfilm wie Jean Renoirs DIE GOLDENE KAROSSE oder François Truffauts DIE LETZTE METRO, aber dafür inszenieren sie SHAKESPEARE IN LOVE, der sich auf den Barden seinen ganz einfachen Reim macht und die Worte mit einer Musik unterlegt, die das Herz überfließen lässt. Und auch Opernfilme wie DON GIOVANNI oder LA TRAVIATA wird Hollywood nie hinkriegen, dafür haben sie PRETTY WOMAN, wo die heilige Nutte Julia Roberts von ihrem Märchenprinzen Richard Gere in die Oper ausgeführt wird. Und da sitzt sie dann in ihrer Loge im atemberaubend roten Abendkleid, und wir erleben, wie sich angesichts des Bühnengeschehens ihre

Augen mit Tränen füllen. Einfach so. Danach möchte man selbst jeden Abend in die Oper gehen, um errettet zu werden. Am besten mit Julia Roberts. So einfach ist das und so schön. Aber nur in Hollywood.

Die unerträgliche Leichtigkeit des Seins

In dem Film SO WIE WIR WAREN musste Robert Redford einen Aufsatz schreiben. Es ist eigentlich völlig klar, dass er nicht der Typ ist, der an Aufsätze allzu viele Gedanken verschwendet, weil seine Aufmerksamkeit zu beansprucht ist von den Mädchenherzen, die ihm zufliegen. Darum ist seine politisch aktive Kommilitonin Barbra Streisand, die für Typen wie ihn vorsorglich nur Verachtung übrig hat, umso überraschter, dass nicht ihr Aufsatz, sondern seiner vor der Klasse verlesen wird. »Er war«, hieß es da, »wie das Land, in dem er lebte. Alles fiel ihm zu leicht, alles flog ihm zu.«

Schöner hat es niemand auf den Punkt gebracht, was die Anziehungskraft einer bestimmten Art von Schauspielern ausmacht. Sie besitzen jene unerträgliche Leichtigkeit des Seins, auf die wir im selben Maß mit Bewunderung wie Neid reagieren. Dabei wissen sie wie Redford selbst am besten, dass ihr Mangel an Schwerkraft nicht nur Vorteile mit sich bringt. Richard Gere ist auch so einer, der sich fast zu gut fühlt in seiner Haut. Er besitzt diesen leicht unsteten Blick eines Mannes, der sich schnell mit sich selbst langweilt und öfter leer wirkt, als ihm recht sein mag. In Rollen, die nicht punktgenau mit dieser Ausstrahlung ihr Spiel treiben, wirkt er leicht überfordert. Dann versucht er, mit mahlendem Kiefer eine innere Unruhe zu simulieren, die ihn in Wahrheit nicht umtreibt. Da heißt es dann gerne, er sei ein schlechter

Schauspieler – dabei ist er nur falsch besetzt. Gerade in jenen Filmen, in denen er mit seiner Ausstrahlung allein nichts ausrichten kann, liegt immer auch eine Spannung in seiner Unsicherheit. Er erotisiert seine Umgebung, ob er will oder nicht, ob es passt oder nicht. Er bleibt immer der American Gigolo, Offizier und Gentleman.

Kevin Costner geht es ähnlich, obwohl er aus anderem Holz geschnitzt ist. Auch er wirkt mit seinen beschränkten Ausdrucksmöglichkeiten leicht deplatziert, wenn eine Rolle mehr von ihm verlangt als die guten alten amerikanischen Tugenden, wonach man nie vergessen darf, woher man stammt und wovon man als Junge geträumt hat. Wenn er eine weiße Uniform tragen oder Baseball spielen oder mit den Wölfen tanzen darf, dann ist er perfekt. Und das reicht fürs Kino auch völlig. Das ist eben der Reiz der flüchtigen Rede des Kinos, dass man nicht zu jenen Schauspielern gehören muss, die auch ein Telefonbuch spannend vortragen könnten, um einen Eindruck zu hinterlassen. Von den meisten meiner Lieblingsschauspieler möchte ich um nichts in der Welt ein Gedicht vorgelesen bekommen (obwohl Robert Mitchum als Calypso-Sänger erstaunliche Fähigkeiten an den Tag gelegt hat und Jeff Bridges auch ganz manierliche Musik machen soll).

Es gibt allerdings einen Typen, dem definitiv auch alles viel zu leicht fällt und der es trotzdem geschafft hat, bei nahezu jedem interessanteren Hollywood-Regisseur unserer Zeit gespielt zu haben: Francis Coppola, Ridley und Tony Scott, Martin Scorsese, Roger Donaldson, Barry Levinson, Oliver Stone, Sydney Pollack, Neil Jordan, Brian De Palma, Cameron Crowe, Paul Thomas Anderson, Curtis Hanson, Ron Howard, Rob Reiner, John Woo, Steven Spielberg – und Stanley Kubrick. Die Rede ist von Tom Cruise, dessen Ehrgeiz sein Talent bei weitem übersteigt, der aber mit einer solchen Hingabe an sich arbeitet, dass man nicht anders kann, als ihn zu bewundern. Ein Jahr seines Lebens – und seiner Einnahmen – hat er geopfert, um in Eyes Wide Shut spielen zu können – und keiner hat es ihm gedankt. Aber wir lieben ihn dafür.

Am Anfang war er nur ein weiteres gut aussehendes Watschengesicht aus Hollywood, dem alles zu leicht fiel. Er steuerte Kampfflugzeuge und schnelle Autos und wartete im Übrigen darauf, dass ihm die Herzen zu Füßen lagen. Und es brauchte schon einen Regisseur wie Martin Scorsese, der aus genau diesem Talent etwas zu machen verstand, indem er Cruise als frühreifen Billard-Crack in Die Farbe des Geldes besetzte. Da steht er dann mit seinem Siegergrinsen am Tisch, wirbelt das Queue mit einer so unverschämten Behändigkeit, dass selbst Paul Newman der Atem stockt, und glaubt, dass dieser Wirbel genügt, um damit durchs Leben zu kommen. Und wie man weiß, tut es das ja auch.

Alles eine Frage der Körperbeherrschung. Und ob man mag, was er macht, oder nicht, muss man doch zugeben, dass er in dem, was er tut, wirklich gut ist. In Cocktail jongliert er hinter dem Tresen mit dem Shaker, in M:I 2 turnt er als Freeclimber über dem Abgrund – und stets hat man den Eindruck, dass Cruise für das Schweinegeld, das er kassiert, auch tatsächlich hart arbeitet und sich nicht nur auf jene Tugenden verlässt, die ihm in die Wiege gelegt wurden. Darüber hinaus ist er smart genug, seine gewinnende Art in seinen Rollen immer wieder zu thematisieren. Zuletzt hat er in Magnolia den manischen Hyper-Macho gegeben und dafür einen Golden Globe gewonnen, aber auch schon als hyperaktiver Agent Jerry Maguire vermittelte er jene Ahnung, dass hinter der Fassade nur Herzenskälte und Leere herrschen könnten. Und in Rain Man spielte er den jungen Schnösel mit einer Hingabe und Überzeugungskraft, dass Drehbuchautor William Goldman völlig zu Recht anmerkte, nicht Dustin

Hoffman, sondern Cruise habe dafür den Oscar verdient gehabt: Als Autist könne jeder brillieren, die wahre Herausforderung sei jedoch Cruises Rolle gewesen. Deshalb gehen auch alle Vorwürfe, Cruise sei in Kubricks Eyes Wide Shut zu ausdruckslos, völlig am Ziel vorbei – schließlich geht es um einen Mann, der seinen eigenen Einbildungen erliegt. Er ist weiß Gott nicht unser Lieblingsschauspieler, aber man hat mit ihm doch ein paar verdammt gute Stunden im Kino verbracht. So etwas schweißt zusammen. Und nicht jeder schafft es, aus einer hübschen Fresse so viel zu machen – da muss man sich nur mal die Karriere von Matt Dillon ansehen, der noch viel besser ausgesehen hat, als sie gemeinsam in Die Outsider vor der Kamera standen.

Aus seiner Generation hätte es ihm vielleicht River Phoenix gleichtun können, aber der ist an einem Abend im Viper Room auf tragische Weise den Anforderungen des Ruhms erlegen; Keanu Reeves bringt ähnliche Anlagen mit, aber der besitzt nicht genügend Ehrgeiz; Russell Crowe, Johnny Depp und Sean Penn sind Konkurrenten, aber die haben deutlich mehr Talent und spielen, so gesehen, in einer anderen Liga; Nicolas Cage, Bruce Willis und Mel Gibson könnten mit ihrer Starpower mithalten, aber drehen zu oft mit uninteressanten Regisseuren, um ihm den Rang streitig machen zu können. So bleibt, wenn wir in den Spiegel unserer Jahre im Kino blicken, nur das Gesicht von Tom Cruise, der glaubt, um Emotionen darzustellen, reiche es, die Stirn- und Wangenmuskulatur besonders anzuspannen. So hat jede Generation den Gesichtsausdruck, den sie verdient. Aber wenn das reicht, um Penelope Cruz herumzukriegen, dann müssen wir ja vielleicht nicht traurig sein.

Cruise, Gere und Costner sind natürlich Stars, die um jeden Preis ihr Gesicht wahren, die gar nicht anders können, als in jeder Lebenslage zu glänzen. Natürlich versuchen sie von Zeit zu Zeit, gegen ihr Image anzuspielen, es sich mutwillig schwer zu machen, aber letztlich können sie nicht aus ihrer Haut. Sie haben eben das gewisse Etwas, um das sie von ihren Kollegen womöglich beneidet werden, was sie selbst aber manchmal eher als Bürde empfinden. Und wenn sich Cruise ein geschlagenes Jahr in die Hände von Kubrick begibt, ihm quasi seine Karriere ausliefert, dann allein in der Hoffnung auf Verwandlung und in der vergeblichen Sehnsucht, dem Meister möge gelingen, ihn endlich hinter einer Rolle verschwinden zu lassen. Als ließe sich dieses unwillkürliche Leuchten ausschalten. Wenn Mickey Rourke am Ende von IM JAHR DES DRACHEN ein wenig selbstgefällig stöhnt: »Warum kann ich nicht einfach ein netter Kerl sein?«, dann gibt das in der Umkehrung die Gemütslage der Stars wieder, die einfach nicht nicht nett sein können. Natürlich spielen sie keineswegs immer nette Rollen, aber die Abgründe, in die uns andere Schauspieler blicken lassen, lassen sie nicht mal ahnen. Denn wenn Christopher Walken uns mit seinen seltsam toten Augen anstarrt, wenn James Woods sein schiefes Grinsen zeigt oder wenn Harvey Keitel richtig Ernst macht, dann wissen wir, dass mit diesen Typen nicht zu spaßen ist. Egal, wen wir in all diesen Jahren beneidet und vielleicht sogar bewundert haben, wirklich Respekt hatten wir nur vor diesen dreien, die sich und uns nicht geschont haben. Sie waren die Türsteher unserer Albträume, Führer durch ein Reich, in das wir uns alleine nie trauen würden, sie haben uns das Fürchten auf eine Weise gelehrt, dass uns vor uns selbst unheimlich wurde. Sie haben den Abzug gedrückt, wenn wir feige waren, haben sich gehen lassen, bis wir vor Scham erröteten, und Lebensformen verkörpert, die wir wirklich nicht kennen lernen wollten. Sie sind vorangegangen, als wir nicht mehr folgen wollten – und wir haben sie dafür geliebt. Auch Robert De Niro und Al Pacino waren in diesem Gelände unterwegs, aber schon an der Tatsache, dass beide Oscar-Material sind, sieht man, dass sie aus anderem Holz geschnitzt sind. Die beiden sind Stars, und ihr Wahnsinn hat in gewisser Weise immer Methode. Aber Walken, Woods und Keitel sind so weit jenseits solcher Erwägungen, dass wir alles ganz persönlich nehmen.

Die Träume des Kartographen

Über Abwesende, heißt es, lässt sich leichter reden. Und vielleicht gilt das ja auch fürs Kino. Womöglich kommt man der Wahrheit näher, wenn den Bildern alles, was an Erzählung erinnert, ausgetrieben ist, wenn alle Figuren ausgelöscht sind und jede Bewegung zum Stillstand gekommen ist. Aber was dabei vor allem zutage tritt, ist die Erkenntnis, wie resistent die Bilder gegen diese Art von Exorzismus sind. Das ist eben das Wunder des Kinos: Selbst dort, wo alles Leben verschwunden ist, macht es seine Rede hörbar. Selbst dort, wo die Kamera ins Nichts blickt, schwingt es sich zu einer Erzählung auf. Oder wie Antonioni dem Maler Mark Rothko schrieb: »Ihre Gemälde sind wie meine Filme. Sie handeln von nichts, aber darin besitzen sie Genauigkeit.«

Es gibt eine Fotoserie der Künstlerin Cindy Bernard, die in *Ask the Dust* Schauplätze prominenter amerikanischer Filme fotografiert hat, durch die nun unsichtbar die Helden von einst spuken. Es ist ein Geisterreich, durch das man sich da bewegt. Überall meint man, das Echo der Filme zu hören, und auf allen Bildern scheint es einen blinden Fleck zu geben, der ausspart, was die Einbildungskraft gleich hinzufügen möchte.

Man blickt von unten auf die Golden Gate Bridge und erwartet, dass im nächsten Moment Kim Novak auftaucht und sich wie in VERTIGO ins Wasser stürzt, um von James Stewart gerettet zu werden. Man sieht den Pool auf dem Hochhausdach und vermisst das Fadenkreuz, mit dem der Scharfschütze in DIRTY HARRY das Bikini-Mädchen ins Visier nimmt. So wird Amerika zum Niemandsland, das nur darauf wartet, dass die (Film-)Geschichte sich seinen Landschaften einschreibt, und man fragt sich, ob dies nicht auch die Landschaften unserer Seele sind, auf die wir da blicken. Das Gut Tara aus VOM WINDE VERWEHT und Rick's Café Americain aus CASABLANCA sind natürlich solche Orte, wo die Sehnsüchte ganzer Generationen einander auf die Füße steigen. Im Tourismus der Träume müsste man dort imaginäre Museen einrichten, um die Schaulustigen durch ihre Erinnerungen zu führen: Hier ist die große Treppe, auf der Vivien Leigh zusammenbrach, nachdem Clark Gable ihr gesagt hat, sie sei ihm egal. Dort steht das Klavier, an dem Sam saß und »As Time Goes By« spielte… Diese Orte müssen gar nicht real existieren, es genügt völlig, wenn es nur Kulissen im Land unserer Vorstellung sind. Man möchte das Projekt gleich ergänzen um einige der Traumszenerien, die wir im Kino durchstreift haben, Orte, die sich uns eingeprägt haben und auch dann noch lebendig sind, wenn die Kinofiguren längst daraus entschwunden sind.

Die wolkenverhangene Bodega Bay aus Hitchcocks VÖGEL bleibt uns etwa auch dann noch im Gedächtnis, wenn Tippi Hedren sie mit ihrem kleinen Boot längst durchquert hat. So wie der Hinterhof, auf den James Stewart in FENSTER ZUM HOF aus seinem Rollstuhl blickt. Oder wie das Motel, in dem Anthony Perkins Gäste beim Duschen beobachtet, und das Mutterhaus, dessen Silhouette sich düster gegen den unheilschwangeren Himmel abhebt. Hitchcock konnte das immer am besten, Orte mit einem Geheimnis aufzuladen, ihnen seine Geschichten geradezu aufzudrängen, sei es der Mount Rushmore, an dem Eve Marie Saint in DER UNSICHTbare Dritte hängt, oder das UN-Gebäude im selben Film, die Kuppel der British Library in Erpressung oder die Freiheitsstatue, an deren Fackel der Bösewicht in Der Mann, der zuviel wusste herumturnt.

An all diese Orte erinnern wir uns, als seien wir selbst dort gewesen, und am eindringlichsten vielleicht an den Maryon Park im Londoner Stadtteil Woolwich, wo David Hemmings in Blow-up mit seinem Fotoapparat spazieren geht und aus der Entfernung ein Liebespaar aufnimmt, was die Frau, als sie es bemerkt, ziemlich zu verstören scheint. Und als deshalb der Fotograf seine Aufnahmen ganz besonders genau studiert, glaubt er, einem Mord auf die Spur gekommen zu sein. Er vergrößert die Fotos von der Wiese immer weiter, bis sie ganz grobkörnig werden und tatsächlich etwas zu zeigen scheinen, was wie eine Pistole aussieht. Und im Grunde geht es uns im Kino genauso. Je näher wir diesen Orten zu kommen versuchen, desto mehr verflüchtigt sich das, was ihren Reiz auszumachen schien. Es sind eben durch und durch künstliche Paradiese, in denen wir da eine Heimat finden.

Niemand hat das schöner beschrieben als der Regisseur John Cassavetes, der sagte: »Es war nicht Amerika, an das wir in all den Jahren geglaubt haben, sondern es war Frank Capra.« Und tatsächlich sieht alle Welt jedes Jahr an Weihnachten Capras Ist das Leben nicht schön?, in dem ein Engel namens Clarence James Stewart vor einer Verzweiflungstat bewahrt und dessen Heimatort vor einem düsteren Schicksal. Der Name des Ortes ist Bedford Falls, und er ist so etwas wie die heimliche Hauptstadt von diesem Amerika, an das die Menschen nicht nur im Kino glauben, ein Knotenpunkt unserer Sehnsüchte, die natürlich immer davon handeln, dass alles gut wird.

Die wahren Hauptstädte des amerikanischen Kinos sind natürlich andere: Los Angeles mit seinem Regierungsdistrikt

Hollywood, New York als Gegenentwurf – und Las Vegas, das quasi beides in sich vereint: den vertikalen Wahnsinn und die horizontale Macht, den schnellen Fluss des Geldes, die schamlose Gier nach Unterhaltung und das Versprechen vom Glück.

Als der holländische Regisseur Paul Verhoeven gefragt wurde, warum er die Geschichte von SHOWGIRLS nicht im Crazy Horse in Paris angesiedelt hat, sagte er: »Weil das Crazy Horse in Paris nur einer von vielen Aspekten dieser Stadt ist. Während es in Las Vegas nichts anderes gibt, nur Sex, Geld und Macht.«

Sex, Geld und Macht: Davon erzählen, wenn auch nicht unbedingt in dieser Reihenfolge, all die Filme, die in Las Vegas spielen. Seine Magie ist nichts Neues, aber seine unveränderte Anziehungskraft hat schon auch etwas mit unserer Zeit zu tun. In den Siebzigern war es zu gefährlich, in den Achtzigern zu billig, jetzt ist es aus eben diesen Gründen genau richtig. Es bietet klare Alternativen in einer zunehmend unübersichtlichen Zeit: Rot oder Schwarz, Gewinn oder Verlust, Leben oder Tod. Und sei es nur, um vor diesem Hintergrund zu zeigen, dass es so einfach nicht ist. Las Vegas war immer der Ort, wo Filme, wenn alle anderen Optionen erschöpft waren, den Deus ex Machina auftauchen lassen konnten, der dann die Glücksspielautomaten zum Klingeln brachte und alles zum Guten wendete.

Mit Glück hat das alles indes nichts zu tun, denn das Motto war von jeher: Die Bank gewinnt immer. Und so ist es nur konsequent, wenn sich Martin Scorsese in CASINO weniger für die Spieler, die gewinnen, interessiert, als für das Geld, das sie verlieren. Er zeigt nicht, wie Karten aufgedeckt oder Einsätze gemacht werden, sondern wie Münzen sortiert und Scheine gebündelt werden. Und wie dann die Mafia ihren Anteil in einem Koffer abholen lässt. Der Film erzählt von

Männern, die nichts dem Zufall überlassen und am Ende genau darüber stolpern, über ihre Gier, ihre Arroganz, ihren Wahn. CASINO ist ein einziger Höllensturz, bei dem die Kamera durch den Film flitzt wie eine Roulettekugel über den Drehteller, die Welt ein Nichts aus bunten Lichtern und grellen Fratzen, gierigen Händen und leeren Augen. Zeit spielt hier keine Rolle; Tage, Wochen, Monate verschwinden in einer Sanduhr ohne Boden. Es gibt kein Verharren oder Festhalten, nur den steten Fluss des Geldes, der ständig am Laufen gehalten werden muss. Die Kinohelden werden hier von einem Licht bestrahlt, das so kalt wie Schnee auf sie fällt. Sie leben unter einem eisigen Mond, der jene im Rampenlicht in flüssiges Edelmetall zu verwandeln scheint. Manchmal strahlt ihr Fleisch im kalten Licht so weiß, dass sie wie Phantome aus Neonlicht wirken, die alles berühren, aber nichts fassen können.

Und neben dem Glitter und Flitter des Neon Strips gibt es das unbarmherzig grelle Sonnenlicht über der Wüste, die diesen Film genauso wie die Stadt selbst stets vom Rande her bedroht. Sie ist der einzige Schrecken, den diese ruhelosen Typen zu kennen scheinen, das große, gleißende Nichts, wo sich nichts bewegt und nichts bewegen lässt. Die Wüste ist auch der Keller, in dem Vegas seine Leichen verstaut. Es heißt, wer klug ist, müsse schon vorher die Gruben ausheben, in die er später die Leichen seiner Feinde werfen will – das spare eine gute halbe Stunde, die man unter Umständen später dringend nötig hat. Und Robert De Niro, der so unbesiegbar scheint als Herrscher über das Glück, dass er sich ausgerechnet ins Verderben verliebt, scheint nur eine Furcht zu kennen: den Gedanken an all diese Löcher in der Wüste. Als er einmal selbst dort steht, wagt er kaum einen Schritt zu tun, aus Angst, in eine der Gruben zu treten. So ähnlich fühlt man sich, wenn man aus dem Kino kommt. Jeder Schritt könnte bedeuten, dass man durch ein Loch aus der Illusion herausfällt und sich in der Wirklichkeit wiederfindet.

Die Geistesverwandtschaft zwischen Hollywood und Vegas beschrieb der Schriftsteller Michael Herr so: »Wahrscheinlich ist kein anderer Ort in der Geschichte des modernen Städtebaus so sehr auf einer einzigen Idee begründet wie Las Vegas. Am nächsten kommt ihm Hollywood, das groß wurde, indem es seine Idee exportierte, aber die Idee von Vegas kann die Stadtgrenzen nicht verlassen. Es hat nichts zu exportieren außer sein ewiges Versprechen, dass man mit dem Greyhound ankommt und mit einem Ferrari wegfährt.«

Das konnte so aussehen: Ein Schönling und ein Sonderling, die sich nicht leiden können, durchqueren das Land von Osten nach Westen, machen in Las Vegas Halt, wo sie mit dem Tick des Sonderlings ein Vermögen machen, und werden die besten Freunde. Richtig, das ist die Geschichte von RAIN MAN. Aber es ist auch die Geschichte von ALLES UM ANITA, der gute 30 Jahre früher entstanden und – so schwört Regisseur Barry Levinson – unwissentlich kopiert worden ist. Die Rollen von Tom Cruise und Dustin Hoffman haben damals Dean Martin und Jerry Lewis besetzt.

Levinson war es auch, der in BUGSY von der Geburt dieser Phantasie namens Vegas erzählt hat. Der Gangster Bugsy Siegel sagt da: »Wovon träumen die Leute? Sex, Geld und Abenteuer. Ich werde diesen Dingen ein Denkmal errichten.« Und sein Gegenüber fragt zurück: »Reden wir von einem Puff?« – »Nein, ich rede von Las Vegas, Nevada, von einem Ort, wo alles erlaubt ist.« So errichtete jener Gangster Bugsy Siegel 1948 das Flamingo und übernahm sich damit. Der Mob, der ihm das Geld geliehen hatte, nahm ihm das Leben. Aber sein Traum lebte weiter.

In den Fünfzigern gehörte die Stadt praktisch dem exzentrischen Milliardär Howard Hughes, der später in Jonathan

Demmes Film MELVIN UND HOWARD noch kurz vor seinem Tod mit dem Motorrad durch die Wüste braust. Hughes selbst produzierte den Film DIE SPIELHÖLLE VON LAS VEGAS, dem ironischerweise vorgeworfen wurde, er sei nicht sonderlich realistisch.

In den Sechzigern herrschten dort – wie es der gleichnamige Film nennt – FRANKIE UND SEINE SPIESSGESELLEN, also Sinatra, Dean Martin, Sammy Davis jr., Peter Lawford, Joey Bishop und Konsorten. Sie machten Vegas zu dem, was es ist – oder war: ein Ort für Spieler, Trinker und andere Romantiker. Alles strahlte in ihrem Glanz, und jeder, der dabei war, hoffte, etwas davon werde auf ihn abfärben. Wenn man die Augen schließt und die Aufnahmen hört, kann man es sich vorstellen: »Direkt von der Bar...«, hieß es stets in der Begrüßung, dann kam Dean Martin auf die Bühne, Zigarette im Mund, Drink in der Hand, und wenn der Applaus verebbt war, drehte er sich zum Orchester um und fragte: »Seit wann bin ich dran?« Dann kam ein Song oder zwei, manchmal auch nur ein halber und die Bemerkung: »Wenn Sie den Song hören wollen, kaufen Sie sich die Platte!«

Dann holte Dean die anderen Jungs auf die Bühne, Sinatra oder Sammy Davis jr., die in der Regel auch zu Ende sangen, was sie begonnen hatten, weil sie die Sache generell ernster nahmen als ihr Kumpel und weil ihnen das Improvisieren nicht so leicht fiel. Wenn Dean seine Songs abbrach, lachten die Leute – wenn die anderen das versuchten, gab es nur eine Pause.

Schließlich baten sie noch Joey Bishop hinzu, einen Komiker, von dem keiner mehr genau wusste, warum er überhaupt dabei war, und Peter Lawford, der nicht besonders singen konnte, aber gut aussah und mit Kennedys Schwester Pat verheiratet war. Die beiden brachten einen Bar-Wagen mit auf die Bühne, und von da an spielten sie nur noch für sich selbst, und das Publikum durfte zusehen, wie sie Spaß hatten. Es war, als wäre man auf einer Party eingeladen, bei der keiner mit einem redet, aber das Glück darin liegt, überhaupt eingeladen zu sein.

Ihre Show war die reinste Dekonstruktion. Sie standen im Licht, stimmten gelegentlich einen Song an, der von den anderen dann genüsslich zerpflückt wurde. Die meisten Witze bauten darauf auf, dass sie die Texte beim Wort nahmen. Einer machte eine Bemerkung, die anderen fielen ein, bis das Orchester schließlich aufgab. Das bevorzugte Opfer der Scherze war Sammy, der als Schwarzer, Jude und Einäugiger eine Menge einstecken musste. Frank und Dean machten ihn gerne nach, zogen ihn auf – und Sammy lachte am lautesten darüber. Ein Spiel, nur ein Spiel, klar. Das war der Preis, den Sammy dafür zahlen musste, dass er dabei sein durfte. Anfangs konnte er noch froh sein, wenn er abseits der Bühne überhaupt einen Drink bekam. Aber das ist eine andere Geschichte.

Rat Pack nannten sie sich, das hatten sie von Bogart, und als der 1957 starb, übernahm Sinatra nicht nur die Witwe, sondern auch den Titel. Suchte sich seine eigenen Jungs und zog, was als Kneipenscherz begonnen hatte, zum Markenzeichen auf. Rat Pack, das war natürlich ein Männer-Ding, und die Tatsache, dass Shirley MacLaine in der Runde geduldet wurde, unterstrich das lediglich. Rat Pack, das hieß Rauchen, Trinken, Frauen vernaschen, Geld ausgeben. Las Vegas, Miami, Palm Springs. Bars, Casinos, Hotels. Rat Pack, das hieß: leben, wovon alle anderen nur träumen, und glauben, dass das für ein ganzes Leben reicht. Kein Wunder, dass so etwas heutzutage, wo Fun nur noch in einem Atemzug mit Fitness genannt werden kann und der Rest von der political correctness geregelt wird, seine eigene Faszination ausstrahlt.

Sie waren also nicht nur Könige für eine Nacht, sondern

herrschten über eine ganze Ära, die späten Fünfziger- und frühen Sechzigerjahre. Sie hatten den Midas-Touch: Was sie anfassten, wurde zu Gold. Sie besaßen Anteile an den Casinos, in denen sie auftraten, machten erfolgreiche Platten, verdienten beim Fernsehen ein Heidengeld und drehten Filme, die Kasse machten, obwohl keiner der Beteiligten bereit war, vor fünf Uhr nachmittags vor die Kamera zu treten. Einer der Filme hieß OCEAN'S ELEVEN, zu Deutsch FRANKIE UND SEINE SPIESSGESELLEN. Der Film spielte praktischerweise in Las Vegas und handelte von einem Raubüberfall auf die dortigen Casinos. Man drehte im Sands, ging dann auf die Bühne und verbrachte den Rest der Nacht an den Spieltischen – alles unter einem Dach. Man hatte Spaß und bekam auch noch Geld dafür, viel Geld. So cool waren die Jungs, dass auch das Remake mit George Clooney und Brad Pitt noch davon zehren konnte.

Natürlich waren sie schon damals Dinosaurier, die Letzten ihrer Art, und was sie da veranstalteten, war ein Tanz auf dem Vulkan. Aber 1960 sah es so aus, als gehörte ihnen die Welt, und als werde sie sich auf ewig mit 33 ⅓ Umdrehungen in der Minute um sie drehen. Diese Jungs haben sich Bugsy Siegels Traum erfüllt – und natürlich wird es nie wieder so sein, wie es damals war. Das Kino hat sich darauf seinen Reim gemacht. In DIAMANTENFIEBER residierte James Bonds Gegenspieler in Vegas; in DER ELEKTRISCHE REITER entführt Robert Redford sein Pferd, das wie er selbst dort zur billigen Attraktion verkommen war. Und in SPIELER OHNE SKRUPEL geht die Kamera vor James Caan, als er beim Blackjack gewinnt, auf die Knie und krönt ihn mit einem Strahlenkranz aus Licht, den die Neonröhren an der Decke über ihm bilden. Da steht er, im Zustand der Gnade, und nur ein Narr würde dieses Schicksal Zufall nennen.

Francis Ford Coppola wird sich dasselbe gedacht haben,

als er Einer mit Herz dort ansiedelte. Aber in seinem Wahn ließ er den ganzen Strip von Vegas in seinem eigenen Studio für sechs Millionen Dollar – was 1981 sehr viel Geld war – nachbauen. Der Film wurde ein totaler Flop und begrub den Kinofürsten für Jahre unter einem Berg von Schulden. Halbe Sachen kennt diese Stadt nicht – nicht einmal, wenn man sich ihrem Bann zu entziehen versucht.

Heute ist Vegas keine Sache für harte Kerle und leichte Mädchen mehr, sondern eine Unternehmung für die ganze Familie. Die ganze Stadt ist ein Themenpark, dessen Thema nicht etwa Venedig oder das alte Ägypten ist, sondern in Wirklichkeit nur die Stadt selbst.

Das heißt aber nicht, dass die Kulissenstadt nicht immer noch als Schauplatz taugen würde für Geschichten, die Erlösung verheißen und uns weismachen, dass man als Trinker und Nutte dort das glücklichste Paar der Welt sein kann – wie Nicolas Cage und Elizabeth Shue in Leaving Las Vegas von Mike Figgis. Schon wenn der Vorspann über der Stadt zu funkeln beginnt wie die falschen Verheißungen der Leuchtreklamen, weiß man bereits alles, was man wissen muss über den Alkohol und die Opfer, die er fordert. Man hat gesehen, wie ein Mann seine Freunde, seinen Job und den letzten Rest Würde verliert, und man weiß, wie es ist, wenn einer von allen guten Geistern verlassen ist – und nur noch die schlechten als Freunde hat.

In einer Strip-Bar trinkt er sich auf einen Zug besinnungslos, und während der Ton aussetzt und ihn im eisigen Schweigen des Deliriums zurücklässt, sieht man eine atemberaubend blonde Stripperin, die wie ein eiskalter Engel seinen Höllensturz zu begleiten scheint. Vorher hat der Mann von seinem erbärmlich barmherzigen Chef einen Abfindungsscheck bekommen, den er in der Bank allerdings erst einlösen kann, nachdem er das Zittern seiner Hände betäubt hat – und mit diesem Geld fährt er nach Las Vegas, mit nur einem einzigen Ziel: sich zu Tode zu trinken. In dieser Stadt, wo jeder ein Verlierer ist, weil die Bank immer gewinnt, fällt er nicht auf. Er ist nur einer von vielen, für die Vegas das Sprungbrett ins Nichts ist. Was ihn jedoch von allen anderen Fallsüchtigen unterscheidet: Er hat nichts mehr zu verlieren. Inmitten des funkelnden Treibens wirkt der Trinker wie ein Außerirdischer, ein Heiliger, ein Narr. Dass ihn nichts mehr etwas angeht, bedeutet auch, dass er sich von nichts mehr blenden lässt. In der Nutte sieht er deshalb nicht das verlockende Angebot, sondern nur ein Mädchen, das ihm noch etwas Gesellschaft leisten könnte auf seinem Weg nach unten.

Die beiden laufen sich einmal, zweimal, dreimal über den Weg, und was beim ersten Mal noch Zufall war, ist dann auf einmal die große Liebe, in der zwei verwandte Seelen einander erkennen. Sie kommen überein, dass sie einander nicht zu bekehren versuchen. Sie verdient weiter ihr Geld auf dem Strich; er vertut weiter sein Leben im Suff. Plötzlich hat man wie nirgends sonst den Eindruck, hier die Liebe in ihrer reinsten Form bewundern zu können, als Destillat aus Alkohol und Verzweiflung.

So wie andererseits das Trinken und die Prostitution Beschäftigungen sind, in denen sich unsere Konsumgesellschaft in ihrer ungeschminkten Art widerspiegelt. Man muss nur mal zusehen, wie Nicolas Cage in einem allerletzten Konsumrausch mit dem Einkaufswagen an den vollen Spirituosenregalen vorbeischwebt, die mit ihren Produkten prahlen wie Las Vegas mit seinen Attraktionen, wie er geradezu euphorisch den sterbenden Schwan gibt und leichtfüßig mit den Flaschen ein Ballett aufführt. Sein Delirium ist im Grunde nicht so sehr verschieden von dem Tanz, der in Supermärkten tagtäglich aufgeführt wird. Es ist derselbe Totentanz, nur in Zeitlupe.

In ihrer Welt, in der nichts umsonst ist, der Tod nicht und die Liebe nicht, nehmen sich die Liebenden beides, ohne dafür zu zahlen. Auch wenn sich am Ende herausstellen sollte, dass alles doch nur auf Kredit war. Das Glück ist so nahe, und nur Narren würden nicht danach greifen und versuchen, es auch festzuhalten. Und so wie sie sich vorher aneinander geklammert haben, so klammern sie sich jetzt ans Glück. Das ist ihr Verderben. Aber das ist es auch, was aus diesen Märchengestalten Menschen macht. Was es mit diesem Märchen auf sich hat, versteht man besser, wenn man weiß, dass es der Autor der ebenso ergreifenden Romanvorlage, John O'Brien, seinem Helden gleichgetan hat und sich mit 34 Jahren zu Tode gesoffen hat. Ein weiterer Narr, der geglaubt hat, in den Alkohol könne man sich fallen lassen wie in einen Swimmingpool, dessen Grund so blau ist wie der Himmel selbst.

Das Geheimnis der weißen Elefanten

Wenn man sich Los Angeles aus der Luft nähert, dann ist das Erste, was ins Auge sticht, die Vielzahl von Pools in allen möglichen Formen, die wie türkisfarbene Klunker in dieser endlosen Stadtlandschaft leuchten, als hätte man die Beute eines Juwelenraubs auf einem Tischtuch ausgebreitet. In einem dieser Pools muss es gewesen sein, wo William Holden mit dem Gesicht nach unten an der Oberfläche schwamm, eine Leiche im Anzug, die ihre traurige Geschichte erzählt. Und sie handelt von einem Geisterreich am Boulevard der Dämmerung, in dem gealterte Diven auf ihren letzten Auftritt warten und bis dahin ihre Gesichter, die sich einst den Millionen im Dunkel zum Kuss dargeboten haben, mit allen Mitteln zu bewahren versuchen, bis sie nur noch eine Maske einstiger Leidenschaften sind. Sie leben in den Spukschlössern unserer Phantasien, wie in einer Geisterbahn der Filmgeschichte auf einem Rummelplatz, dessen Pforten längst geschlossen sind. Und irgendwie hat man den Eindruck, dass sich über diese Stadt, die vom Vergessen lebt, weil sie nur den Erfolg liebt, bei ungünstiger Witterungslage ein Modergeruch aus begrabenen Träumen und vertanen Chancen wie schweres Parfüm legt. Und wenn man lange genug auf die spiegelnden Oberflächen der teuren Autos, schicken Boutiquen und sonnenöligen Körper blickt, glaubt man die Fratzen des Verfalls sehen zu können, der früher oder später all diesen Glanz heimsuchen wird. Plötzlich tauchen die Bilder auf von den acht riesigen weißen Elefanten aus Gips, die David Wark Griffith 1915 für den babylonischen Palast in seinem Monumentalfilm INTOLERANCE errichten ließ und die noch jahrelang vor sich hingammelten, bis sie irgendwann wegen Feuergefahr entfernt werden mussten, ein bizarres Mahnmal für alle hochfliegenden Träume in der Filmstadt.

Deshalb ist es so interessant, wenn Filme die Nahtstellen zwischen Illusion und wirklicher Geographie abfahren, wenn sie wie Billy Wilder in BOULEVARD DER DÄMMERUNG die Toten zum Sprechen bringen, oder wie David Lynch in MULHOLLAND DRIVE im Vergessen ihre dunklen Geheimnisse finden. Wenn Steve Martin in L.A. STORY auf den Freeways von den Anzeigetafeln seltsame Botschaften erhält oder Michael Douglas in FALLING DOWN im Stau alle Sicherungen durchbrennen. Wenn sie wie Robert Altman in SHORT CUTS oder Paul Thomas Anderson in MAGNOLIA im Straßennetz dieses Stadtstaates ihre Dramaturgie finden und zu einer Art Verhängnis, einem traumatischen Beziehungsgeflecht verknüpfen. Wenn Julianne Moore in Ersterem ihr rotes Schamhaar zeigt und in Letzterem von einem Nervenzusammenbruch zum nächsten eilt und schließlich in dem Film SAFE von Todd Haynes in ihrer sommersprossigen Dünnhäutigkeit vollends im Wahn endet. Und Aimee Mann singt dazu: »Save me from the ranks of the freaks who suspect they could never love anyone...«

Eine Wüstenrose hat der Schriftsteller John Fante diese Stadt einst zärtlich genannt. Aber seither hat sich das kalifornische Idyll in etwas verwandelt, was nur noch die Idee einer Stadt ist, ein Internet verschiedenster Landstriche und Völkerschaften, ein Häusermeer, das von einem Tal ins nächste schwappt, eine Phantasmagorie gieriger Grundstücksmakler und Bodenspekulanten.

Tatsächlich erzählt selbst der weltberühmte Schriftzug in den Hügeln über Hollywood dieselbe Geschichte. Denn die weißen Lettern waren keineswegs von Anfang an eine selbstbewusste Werbung für die Traumfabrik, sondern bargen erst mal nur die Reklame einer Immobilienfirma, die Pleite gegangen ist. Der Schriftzug an den Hängen des Mount Lee über der Stadt ist im Grunde nur eine Abkürzung, denn ursprünglich warben die Lettern mit dem Zusatz LAND für diese Immobilienfirma, die auf die Zukunft Hollywoods setzte. 20 000 Dollar haben 1923 der Slapstick-Tycoon Mack Sennett, Harry Chandler von der *L. A. Times* und andere Investoren zusammengelegt, um für ihre zwei Quadratkilometer Land östlich des Cahuenga-Passes zu werben. Die Buchstaben waren 50 Fuß hoch und 30 Fuß breit und von Glühbirnen eingesäumt, die den Schriftzug auch nachts sichtbar machten. Mack Sennett kaufte das Gelände der angrenzenden Bergspitze des Mt. Lee, um dort für zwei Millionen die tollste Villa der Welt mit 50 Zimmern, hängenden Gärten und Wasserfällen zu errichten. Sennett verlor jedoch am Schwarzen Freitag 1929 Millionen an der Börse, und sein Gipfel fiel dem Bankrott seiner Keystone Studios zum Opfer. Die Straße, die er für 75 000 Dollar bereits hatte konstruieren lassen, führte fortan ins Nichts. Nach dem Krieg ließ das Hollywood Chamber of Commerce das LAND von HOLLYWOOD entfernen, 1978 wurden die restlichen Lettern renoviert und künden seither wie eine gigantische Grabinschrift vom Ruhm vergangener Zeiten. So wurde das Zeichen des Bankrotts zum Signet des Erfolgs. Es spricht für die Fähigkeit dieses Ortes zwischen Traum und Wirklichkeit, dass man dort schon früh ahnte, dass die ganze Welt irgendwann ein Reich der eingetragenen Warenzeichen werden würde. Die Reduktion aufs Wesentliche ist das Programm der Globalisierung, wo man nicht viele Worte macht, sondern auf

Zeichen setzt. So wurde der Stadtteil Hollywood zum Synonym für jenen Ort, wo die Träume zu Hause sind. Und immer wieder steht einer mit seinen Hoffnungen in den Hügeln und blickt aufs nächtliche Lichternetz, das wie ein Diamantencollier auf schwarzem Samt glitzert, und glaubt, er könne der Stadt seinen Stempel aufdrücken, könne dem Schicksal entgehen, das L. A. für die meisten bereithält: Anonymität und Vergessen.

Aber auch die Albträume haben hier ihre Heimat. Keiner hat das nachhaltiger beschrieben als der Schriftsteller James Ellroy, und es ist fast so, als würden sich seine düsteren Visionen über alle Bilder der Stadt legen, nicht nur über die der Verfilmungen seiner Romane, sondern auch über die Wirklichkeit. Wer durchs städtische Ödland fährt, an den Kilometern von Flachbauten vorbei, die sich unter dem Gebrüll von Reklametafeln wegzuducken scheinen, der wird nach ausgiebiger Ellroy-Lektüre unwillkürlich heimgesucht von Bildern, in denen Fliegen das getrocknete Blut umschwärmen, das über Bettlaken und Wände gespritzt ist. Da wird Los Angeles plötzlich zu einer roten Wüste unter einem Blutmond, zu einer Landschaft des Elends, in der überall Serienkiller unterwegs sind, um sich ihr einzuschreiben.

Es gibt ein Foto, das so etwas wie die Blaupause all dieser Albträume ist, und schon die Tatsache, dass man einen Moment lang braucht, um sich im Bild zurechtzufinden, öffnet dem Grauen alle Schleusen. Wenn das Auge sich im schwarzweißen Chaos orientiert und alle Formen zugeordnet hat, erkennt man den Oberkörper einer Frau im Gestrüpp. Das am Reißverschluss aufgerissene Kleid gibt den Blick auf den vom Blitzlicht unbarmherzig ausgeleuchteten Rücken frei, der mit größeren und kleineren Flecken übersät ist. Ein Träger ist über die Schulter gerutscht auf den Arm, der abgewinkelt ist. Vom Kopf sind nur die dunklen Haare zu sehen, und knapp darunter ragen mehrere Schlaufen hervor, die am Hals verknotet zu sein scheinen. Keine Wunden, kein Blut. Das Opfer hat die Haltung einer Schlafenden – aber die Ausstrahlung einer Toten. Der Schrecken verbirgt sich nicht in irgendwelchen Entstellungen, sondern in der Beiläufigkeit der Anordnung, in der Belanglosigkeit der Details, also im Grunde in der gnadenlosen Banalität des Bildes. Der Mord ist hier keine schöne Kunst, sondern trauriger Alltag.

Die Tote hieß Geneva Hilliker Ellroy und wurde am Sonntag, den 22. Juni 1958, kurz nach zehn neben dem Sportplatz einer High School im kalifornischen El Monte von spielenden Kindern im Efeugestrüpp gefunden. Sie wäre eines von zahllosen Mordopfern geblieben, wenn es ihr damals neunjähriger Sohn nicht zu einigem Ruhm als Schriftsteller gebracht hätte.

Ellroy hat – da macht er gar keinen Hehl daraus – in seiner Karriere aus dem Tod seiner Mutter durchaus Kapital geschlagen. Von Anfang an wussten die Leser seiner Kriminalromane vom gewaltsamen Ursprung seiner Albträume, und die Art und Weise, wie Ellroy in die Abgründe der menschlichen Seele eintauchte, ließ keinen Zweifel, dass es sich dabei um reinen Exorzismus handelte. Sein Roman *Heimlich* erzählte die Geschichte der Frau, die Samstagnacht das Vergnügen suchte und den Tod fand, in kaum verschlüsselter Form. Und sein Buch *Die schwarze Dahlie* verwob das mütterliche Schicksal mit dem berühmten Mordfall einer anderen Schönen, die auf noch viel schrecklichere Weise Opfer ihrer Sehnsüchte wurde. Es war, als risse Ellroy mit jedem Roman die alte Wunde neu auf, um den Schmerz nie verkrusten zu lassen.

Man kann sich vorstellen, was es für den Elfjährigen bedeutete, in einem Buch auf den Mordfall Elizabeth Short, die von der Presse wegen ihrer Frisur Schwarze Dahlie genannt wurde, zu stoßen. Ihr Mörder, schrieb Ellroy, »begriff das Verstümmeln als Sprache«. Im Grunde hat Ellroy es ihm gleichgetan und in den blutigen Details seiner Fälle eine Sprache für etwas gefunden, was er anders nicht ausdrücken konnte.

Ellroy hat versucht, den Mordfall seiner Mutter aufzurollen, aber alle Spuren und Aussagen führten in ein schwarzes Loch. Unterlagen waren vernichtet worden, Zeugen gestorben oder senil geworden, und die Aussichten auf eine Lösung reichlich trübe. Vielleicht war der Mörder längst tot? Vielleicht weiß jemand die Antwort und lebt noch? Quälende Fragen, unter denen die Polizeiarbeit in einem anderen Licht erscheint. Fast hat man den Eindruck, als bildeten all die nie gefassten Mörder eine eigene Armee im Schatten unserer Erinnerungen. Und als seien sie unterwegs in den Randbezirken jener Bilder, die das Kino von Los Angeles und der Geschichte seiner Verbrechen entwirft: vom Leben in den Kaffs außerhalb von Los Angeles, in denen sich das Häusermeer durch die Täler in die Bergwüsten hinausgefressen hat. Von einer Stadtwüste aus Kneipen, Fabriken und Schlafstellen für Leute, die sich gerne tot stellen, weil das Leben nur noch eine Sackgasse ist. Von allein stehenden Frauen, die sich vor der Langeweile von Wochenende zu Wochenende, von einem Rausch zum nächsten, von einem Lover zum anderen retten, bis sie an den Falschen geraten. So legen sich nachtschwarze Visionen über die bonbonfarbenen Technicolor-Bilder, die gleichzeitig in der Traumfabrik entstehen – so wie sich Ellroys blutgetränkte Romane über die öde Topographie der Stadt gelegt haben, in der die Engel zu Hause sein sollen. Aber es ist nur ein Friedhof, in dem die Menschen ihre Geheimnisse mit ins Grab genommen haben.

Und so geht es in der Ellroy-Verfilmung L. A. Confidential nicht nur um einen Mordfall, sondern um eine ganze

Stadt, die ihre Ursprünge aus den Augen verloren hat, und um ein Jahrzehnt, dem seine Unschuld abhanden gekommen ist. Curtis Hanson erzählt vom Los Angeles der frühen Fünfzigerjahre, einem Grenzbezirk zwischen Träumen und Skandalen, Fortschrittseuphorie und allgegenwärtiger Paranoia. In jenen Jahren wurde aus dem Paradies der Strände und Orangenhaine, das im Vorspann noch beschworen wird, jenes Sodom und Gomorrha, das man heute kennt. Wo CHINATOWN und seine Fortsetzung DIE SPUR FÜHRT ZURÜCK noch Wasser und Öl und den damit zusammenhängenden Grundstückshandel als treibende Kräfte für die Vertreibung aus dem Paradies festmachten, da ist es hier der Handel mit Bildern, der die Stadt verwandelt hat. Hollywood hat in Los Angeles schon früh den Ton angegeben, aber in den Fünfzigern scheint die ganze Stadt nach seiner Pfeife zu tanzen. Das Police Department hat längst begriffen, dass Image vor Gerechtigkeit geht, und mancher Cop verdient sein Zubrot als Berater für Polizeiserien. Skandalblätter wie das fiktive *Hush Hush* oder das reale Vorbild *L.A. Confidential* nähren sich ohnehin von Aufstieg und Fall der Stars und Sternchen. Und selbst die Prostitution profitiert vom Handel mit den Illusionen, indem sie ihre Mädchen nach dem Vorbild von Stars modelliert. Der Ausdruck Traumfabrik bringt auch diese Aspekte zusammen, den körperlosen Schein und die handgreifliche Realität.

Der Drehbuchautor Robert Towne wollte ursprünglich in einer Trilogie erzählen, wie diese Stadt wurde, was sie ist, wie Gier und Korruption die Engel aus Los Angeles vertrieben haben. Aber von den drei Teilen, die vom Anfang des Endes im kalifornischen Paradies erzählen sollten, sind nur zwei gedreht worden: CHINATOWN spielt 1937, DIE SPUR FÜHRT ZURÜCK elf Jahre später. Dies ist das Los Angeles der Wüstentäler und Orangenhaine, der Wasserkanäle und Ölpumpen.

Zwei Dinge unterscheiden L. A. von anderen Orten, heißt es in DIE SPUR FÜHRT ZURÜCK: »Unter der Wüste befindet sich Öl – und um sie herum liegt Wasser.« Und in CHINATOWN wird gesagt: »Wenn das Wasser nicht nach L. A. kommt, dann muss L. A. eben zum Wasser kommen.« Beides heißt nichts anderes, als dass die Wüstenei im San Gabriel- und San Fernando-Valley in profitablen Grund verwandelt werden soll. Und in beiden Fällen sind Wasser und Öl dicker als Blut.

Robert Towne war mit beiden Filmen nicht ganz glücklich. Ursprünglich sollte DIE SPUR FÜHRT ZURÜCK nämlich in einem Schneesturm enden, der 1949 tatsächlich über Kalifornien gefegt ist. Und auch das Ende von CHINATOWN, wo Faye Dunaway eine Kugel in den Kopf kriegt, ist eine Erfindung von Roman Polanski. Aber er hat dieser Stadt ohne Erinnerungen ihre Geschichte zurückgegeben, die fortan immer durchschimmert, wenn Filme in Los Angeles spielen.

Von eben jener Faye Dunaway gibt es eine Aufnahme, die auf raffinierte Weise alles zusammenbringt, was diese Stadt so morbid und anziehend macht. Entstanden ist sie am Morgen nach der Oscar-Verleihung 1976, und sie zeigt die Schauspielerin in einem Morgenmantel aus Satin, hinter sich den Hotelpool, vor sich einen Tisch mit den aufgeschlagenen Zeitungen und der Oscar-Statue, die sie am Abend zuvor für ihren verstorbenen Co-Star aus NETWORK, Peter Finch, in Empfang genommen hat. Sie liegt wie hingegossen in ihrem Stuhl, die Lippen zwischen den hohen Wangenknochen zu jenem sphinxhaften Lächeln geschürzt, das so verführerisch wie grausam sein kann, und den Kopf auf eine Weise in die Hand gestützt, von der man nicht weiß, ob sie der Verzweiflung oder dem Kater geschuldet ist. Das Foto soll zweifellos zeigen, wie vergänglich aller Ruhm ist, wie schal der Glanz des Oscars, wenn der Tod Regie führt. Andererseits straft das ganze Arrangement diese Aussagen Lügen, weil die Szenerie so angefüllt ist von dem, was wir für Glamour halten, dass sich gar nicht mehr sagen lässt, wie traurig Mrs. Dunaway wirklich sein mag über den Tod, der zu früh, und die Ehrung, die zu spät kam. Ihre Pose ist so lasziv, dass sie fast schon pietätlos wirkt, wie die einer jungen Witwe, deren steinreicher Gatte endlich verschieden ist und die nun ihr wahres Gesicht zeigen darf. Es ist durchaus vorstellbar, dass sie in der Nacht zuvor Sex hatte, aber außer dem Goldjungen Oscar ist niemand in Sicht. Das Foto soll wie eine Momentaufnahme wirken, aber jedes Detail leugnet diesen Eindruck. Diese Mischung aus Inszenierung und Wahrhaftigkeit, aus Exhibitionismus und Einsamkeit, aus Kalkül und Traumverlorenheit ist es, die einerseits Faye Dunaway zur heimlichen Königin dieser Stadt erhebt, wo man auch aus dem Tod Kapital schlagen kann, und andererseits genau die Magie der Oscars ausmacht. Denn bei den Annual Academy Awards laufen einen Abend lang all die Fäden zusammen, die sich sonst im Dunkel der Fiktionen verlieren.

Wer das Kino mit Haut und Haaren liebt, also auch das ganze Spektakel, das in seinem Namen veranstaltet wird, der kommt um den Oscar-Abend am letzten Märzsonntag nicht herum. Natürlich werden allerlei unbegreifliche Entscheidungen getroffen, und genauso selbstverständlich gibt es jenseits von Hollywood vermutlich tausend bessere Filme, die Preise gewinnen sollten – aber wenn man die Regeln, nach denen die Traumstadt sich so unnachahmlich selbst zu feiern versteht, einfach akzeptiert und ein Herz fürs Rührselige hat, dann kommt man immer auf seine Kosten. Denn die ganze Veranstaltung findet in jenem Grenzgebiet zwischen wahren Gefühlen und geschickten Lügen, echtem Schmuck und falschen Brüsten statt, wo Hollywood ganz bei sich ist. Wenn Halle Berry als erste schwarze Oscar-Gewinnerin in einen Weinkrampf fällt, Gwyneth Paltrow nur noch schluchzen kann oder Tom Hanks einen patriotischen Anfall kriegt, dann nimmt man das genauso für bare Münze wie die Filme selbst, aber unbewusst folgen diese Leute auch jenem Drehbuch, in dem Emotionen immer nur so real wie sie auch sichtbar sind. Und es gibt durchaus Fälle, in denen die Gewinner jene unsichtbare Grenze übertreten haben, welche die Freude von der Selbstgefälligkeit trennt. Als Sally Field bei ihrem zweiten Oscar auf der Bühne stammelte, das bedeute, »dass ihr mich wirklich mögt«, wurde ihr das ebenso wenig verziehen wie James Cameron sein Titanenschrei, er sei nun »King of the World«. Nichts kann diese Branche, die von der Selbstüberschätzung lebt, so wenig leiden, wie wenn ihr eben jener Umstand unter die Nase gerieben wird. Dabei lebt der ganze Abend davon, dass sich Hollywood selbst feiert – und der Rest der Welt dabei zusieht.

Bei uns gab es bis in die Achtzigerjahre hinein immer nur die Zusammenfassungen im ZDF am darauf folgenden Abend, in denen Volker Lechtenbrink all jene Momente zerquatschte, auf die es ankam. Seither kann man die Sache live und mit Originalton ansehen, was aber auch heißt, dass man sich die Nacht bis halb acht Uhr in der Früh um die Ohren schlagen muss. Für Leute mit Kindern und Beruf also die reinste Tortur. Aber sie ist es wert. Vor ein paar Jahren bin ich just an jenem Tag umgezogen, und als um acht Uhr die Möbelpacker kamen, war die Sendung gerade vorbei. Der Umzug wurde die Hölle, aber ich habe die durchwachte Nacht keine Sekunde bereut. Es war die Nacht von Das Schweigen der Lämmer, in der ich mein Geld auf Bugsy gesetzt hatte.

Natürlich muss man vorher Wetten abschließen, das steigert die Spannung erheblich. Aber nur, wenn man jede Kategorie abfragt, nicht nur jene Oscars, bei denen fast jeder ahnt, wer sie kriegt. Es war nicht besonders schwierig zu erraten, dass Forrest Gump oder Titanic groß abräumen würden, aber wer für Schnitt, Make-up oder Kostüme ausgezeichnet wird, ist nicht ganz so leicht. Wenn man Leute fragt, ob sie wetten wollen, wehren die meisten erst mal ab, sie hätten keine Ahnung oder hätten vieles nicht gesehen. Dabei macht das nichts: Auch die meisten der fast 6000 stimmberechtigten Mitglieder der Academy of Motion Picture Arts and Sciences haben vieles nicht gesehen und oft auch keine Ahnung. Man muss sich nur anschauen, wer in der Geschichte der Oscars schon alles gewonnen hat und vor allem, wer nie gewonnen hat. Viele der Sieger kennt man heute kaum mehr, während viele der Verlierer heute Klassiker sind. Richard Burton und Peter O'Toole waren sechsmal nominiert und haben nie gewonnen. Al Pacino und Paul Newman haben erst beim achten Anlauf den Oscar gekriegt. Zwar haben alle Academy-Mitglieder die Gelegenheit, die nominierten Filme noch einmal vorher anzusehen, aber weil die Academy notorisch überaltert ist, nutzen viele diese Chance nicht. Diese Leute gehen also genauso nach dem Hörensagen wie viele von uns. Das ist im Grunde das beste Rezept für Wetten: der gesunde Menschenverstand. Welchen Ruf hat ein Film? Wie angesehen ist ein bestimmter Schauspieler? Wie ist die öffentliche Meinung? Auf den Sieg von SCHINDLERS LISTE und Spielberg konnte man auch kommen, ohne den Film gesehen zu haben. Ansonsten gilt: Der beste Film gewinnt immer auch bestes Drehbuch, aber nicht immer beste Regie. Bei den Hauptdarstellern hat die Academy einen chronischen Minderwertigkeitskomplex gegenüber den Nachfahren Shakespeares und zeichnet immer wieder Briten aus. Und bei den Nebendarstellerinnen wird gerne die gewählt, deren Sieg am unwahrscheinlichsten ist – vermutlich deshalb, weil die meisten Stimmberechtigten damit ihr schlechtes Gewissen besänftigen wollen, dass sie in allen anderen Kategorien so berechenbar sind. Obwohl man sich nie zu sicher fühlen darf.

Als man den Autor William Goldman einst fragte, wie er Steven Spielbergs Chancen einschätze, mit SCHINDLERS LISTE endlich einen Oscar zu gewinnen, brachte er mit seiner Antwort diese Ungewissheit auf den Punkt. Er sagte: »Spielberg ist der absolute, überwältigende Favorit. Seit 20 Jahren hat es nicht mehr einen so sicheren Sieger gegeben. Seit Coppola als bester Regisseur für DER PATE nominiert war. Daran gab es auch nichts zu deuten – das war eine ganz, ganz große Leistung.« Soweit seine Vorhersage – und er behielt natürlich Recht. Das war auch nicht schwierig. Was Goldmans Antwort jedoch so interessant macht, ist die Tatsache, dass Coppola einst verloren hat – den Oscar bekam Bob Fosse für CABARET.

Dabei sind die Regeln ganz einfach. Die Nominierungen werden in jeder Kategorie nur von denen gewählt, die in diesem Bereich auch arbeiten. Nur die Regisseure dürfen also darüber abstimmen, wer als Regisseur nominiert wird. Die fünf besten Filme werden jedoch von allen stimmberechtigten Mitgliedern der Academy gemeinsam bestimmt. Wohlgemerkt: Nur bei den Nominierungen. Bei der Schlusswahl dürfen dann alle über alle der gut 20 Kategorien abstimmen. Man weiß allerdings, dass viele dabei nur nach dem Hörensagen gehen, und Henry Fonda hat einst sogar zugegeben, dass er die Sache seiner Frau überlässt. Gerüchteweise nehmen ohnehin nur die Hälfte der Stimmberechtigten an der Wahl teil. Nur bei den Dokumentar- und Kurzfilmen sowie den fremdsprachigen Filmen können seit kurzem nur diejenigen abstimmen, die nachweisen können, dass sie die fraglichen Werke auch gesehen haben. Ansonsten gilt bei den Nominierungen: Ein Film darf kein Flop sein – aber zu erfolgreich darf er auch nicht sein. Er muss gewissen Ansprüchen genügen, aber darf auch nicht zu anspruchsvoll sein. Es geht um den größten gemeinsamen Nenner, und das ist vielleicht nicht viel, aber genau dies ist das Rezept, mit dem Hollywood die Welt erobert hat. Deshalb meinte einst die Drehbuchautorin Francis Marion, selbst zweimalige Gewinnerin, der Oscar sei das perfekte Symbol für die Filmbranche: eine goldene Statue, die ein Schwert anstelle eines Geschlechtsteils habe und der genau jener Teil des Kopfes abgeschnitten sei, in dem das Gehirn sitzt. Das Zitat stammt aus den Dreißigerjahren, und man sieht, dass sich seither nicht viel geändert hat.

Nur Skandale hat es immer schon gegeben: 1937 gewann die Schauspielerin Alice Brady einen Oscar, konnte aber wegen eines gebrochenen Beins nicht erscheinen. An ihrer Stelle kam ein junger Mann auf die Bühne, bedankte sich im Namen der Siegerin und ward nie wieder gesehen. Als auch die Polizei den Dieb nicht finden konnte, beschloss die Academy, Alice Brady eine Kopie zu überreichen – aber sie starb, ehe es dazu kam.

1940 veröffentlichte die *Los Angeles Times* die Liste der Gewinner gegen alle Vereinbarungen schon in ihrer Abendausgabe, so dass die Verleihung keine Überraschungen mehr brachte. Die Academy zog aus dem verdorbenen Abend ihre Lehren – seither kennen nur die Vertreter der Kanzlei Price & Waterhouse die Namen der Gewinner.

Als Marlon Brando für seine Rolle als Don Corleone ausgezeichnet wurde, schickte er aus Protest gegen die Behandlung der Indianer die Squaw Satcheen Littlefeather, um den Oscar entgegenzunehmen. Hinterher stellte sich heraus, dass die Dame in Wirklichkeit Maria Cruz hieß und mal den Titel der Miss American Vampire gewonnen hatte. Immer noch besser als George C. Scott, der bei seinem Sieg für PATTON gar nicht erschien.

1974 stand David Niven als Präsentator vor dem Mikrofon, als hinter ihm ein Nackter über die Bühne lief und das Peace-Zeichen machte. Niven reagierte schnell und sagte:

»Das ist wahrscheinlich der einzige Lacher, den dieser Mann in seinem Leben bekommen wird – indem er sich auszieht und zeigt, dass er zu kurz gekommen ist.« Der Blitzer hieß Robert Opel, war arbeitsloser Lehrer und hatte sich als Werbemanager eingeschlichen. Im selben Jahr verbrachte er vier Monate im Gefängnis, als er bei einer Stadtratsdebatte über Nacktbadestrände ebenfalls nackt auftauchte. 1978 eröffnete er in San Francisco eine Kunstgalerie namens Fay Wey, die als Erste schwule Kunst zeigte, unter anderem die Fotos von Robert Mapplethorpe. 1979 wurde er bei einem Raubüberfall erschossen. Die Täter erbeuteten fünf Dollar, eine Kamera und einen Rucksack. Das sind natürlich völlig nutzlose Informationen, aber auch sie machen den Reiz dieses Spektakels aus, bei dem alles ins Rampenlicht strebt – die im Dunkeln sieht man nicht.

Über die Hälfte der Mitglieder sind Schauspieler, und das prägt natürlich manche Entscheidungen. Da die meisten Schauspieler offenbar davon träumen, es den Regisseuren endlich mal zu zeigen, sind sie immer stolz, wenn ihresgleichen – wie Kevin Costner mit DER MIT DEM WOLF TANZT oder Mel Gibson mit BRAVEHEART – die Seiten wechselt. Kaum einer zweifelt etwa daran, dass Martin Scorseses WIE EIN WILDER STIER einer der besten Filme des letzten Jahrzehnts gewesen ist. Dennoch ging 1980 der Regie-Oscar an Robert Redford, der mit dem ganz und gar durchschnittlichen EINE GANZ NORMALE FAMILIE sein Regiedebüt gegeben hatte. Und im Jahr darauf standen Steven Spielberg und Louis Malle zur Debatte, und der Preis ging an Warren Beatty, der mit REDS einen Film gemacht hatte, den heute auch keiner mehr sehen will.

Man weiß also nichts, und das, was man weiß, ist nichts wert. Welcher Regisseur hatte zum Beispiel die meisten Nominierungen? Orson Welles oder Howard Hawks? Beide wurden einmal nominiert. Ingmar Bergman, Ernst Lubitsch oder Martin Scorsese? Wurden dreimal nominiert. Also Stanley Kubrick oder Federico Fellini? Vier Nominierungen. Alfred Hitchcock hatte fünf. Und? Keiner von ihnen hat je gewonnen. Immer noch besser als Chaplin, der nie in seinem Leben nominiert war.

Und selbst das ist noch besser als Frank Capras Schicksal. Der war 1935 als bester Regisseur nominiert, und tatsächlich hieß es, als es so weit war: »Komm auf die Bühne, Frank!« Capra stand freudig auf und begab sich zum Podium – und merkte auf halbem Weg, dass Frank Lloyd gemeint war, der für CAVALCADE den Oscar gewonnen hatte. Das sei der schrecklichste Moment seines Lebens gewesen, schrieb Capra später in seiner Autobiographie. Aber wenigstens gewann er im darauf folgenden Jahr mit ES GESCHAH IN EINER NACHT.

Bei den Oscars regieren also häufig die Willkür oder die Moden – und genau das macht ihren Reiz aus. Da steht dann 1952 HIGH NOON zur Debatte – aber es gewinnt die Zirkus-Schnulze DIE GRÖSSTE SCHAU DER WELT. Oder 1968 Kubricks 2001 – und der Oscar geht an das dröge Musical OLIVER. Was ist der Oscar also wirklich wert, wenn es immer wieder zu so offensichtlichen Fehlentscheidungen kommt?

Man kann den Wert sogar auf den Dollar genau angeben: einen Dollar. Das ist nämlich der Rückkaufpreis, den die Academy vertraglich festgeschrieben hat, für den Fall, dass jemand auf die Idee kommt, seinen Oscar versilbern zu wollen. Der von Vivien Leigh tauchte dennoch bei Sotheby's auf und kam für 563 000 Dollar unter den Hammer.

Zu Sinn und Unsinn des Oscars hat Peter Bogdanovich das letzte Wort: »Der einzige Preis, der dem Geist der Sache gerecht wird, ist ein Preis für Dichter, der in Spanien vergeben wird. Der Drittplatzierte erhält eine silberne Rose, der Zweitplatzierte eine goldene Rose – der Sieger jedoch bekommt eine echte Rose.« Mehr hatte der Regisseur nicht zu sagen, nachdem er 1972 verloren hatte.

Traurige Mädchen

Es gibt eine famose Szene am Anfang von DIE VERACHTUNG, in der Brigitte Bardot nackt auf dem Bett liegt, offenbar nach der Liebe, und Michel Piccoli fragt, was er mehr liebe, ihre Brüste oder ihre Brustwarzen, und er sagt: beides. Und ihre Schenkel, ob er die liebe? Ja. Und ihren Hintern? Ihren Mund? Ihre Füße? Ja. Ja. Ja. Und so wie die Neonreklame vor dem Fenster die Bardot in immer neues Licht taucht, so legen die Worte nach und nach ein Netz über ihren Körper. Dieses ganze Nachspiel besticht im gleichen Maße durch seine verführerische Provokation wie durch die gnadenlose Vivisektion dessen, was die Ausstrahlung eines Stars ausmacht. Und das Tollste daran ist, dass Godard diese Szene erst nachträglich eingebaut hat, weil die Produzenten klagten, sie wollten für ihr Geld auch etwas sehen von der Bardot. Die Genialität von Godards Antwort bestand darin, dass er ihren (und unseren) Begierden einfach einen Spiegel vorhielt: »Et mes seins, tu les aimes?« Natürlich ist es vor allem dies, was uns die Stars im Dunkeln zuflüstern: Liebst du meine Brüste? Und niemals würden wir daraufhin unseren Blick senken.

Licht aus, Spot an! Anders geht es nicht. Schließlich ist das eine Sache des Glaubens und nicht der kalten Vernunft. Natürlich kann man an Zahlen, Daten, Fakten festmachen, was ein Star ist – aber was bringt das schon?

Es geht vor allem um eines: die Bilder zum Fliegen zu bringen, der verrückten Lust nachzugeben, sich vom Funkeln blenden zu lassen. Zuzusehen, wie Marilyn im verflixten siebten Jahr auf dem Lüftungsschacht der Rock hochfliegt und ihr Gesicht alles ausdrückt, bloß nicht jene Unschuld, die wir ihr so gerne zuschreiben. Wie Bogart neben dem Malteserfalken an der Zigarette zieht und dabei die Augen zusammenkneift, als sei er nicht sicher, ob die Schauspielerei wirklich eine Sache für harte Männer ist. Wie Rita Hayworth in GILDA sich aus dem Handschuh schält und dabei für einen Moment vergisst, dass sie mit den Männern, die sie damit verführt, eigentlich gar nichts anfangen kann. Wie Charlie Chaplin versonnen an der Rose in seinem Knopfloch schnuppert und sein Blick in die Kamera verrät, dass er nichts tut, ohne sich seiner Wirkung zu vergewissern. Man sieht daran schon, wie schwierig es ist, an Stars zu denken, ohne Hintergedanken zu haben.

Und doch lässt man sich gerne blenden. So wie die Mädchen, die scharenweise aus Kansas oder sonst woher vor die Tore Hollywoods gepilgert sind, in der Hoffnung, irgendein Vorbeifahrender werde erkennen, was sie selbst schon immer gewusst haben: dass sie zum Star geboren sind. Und was haben sie sich davon versprochen, welchen Träumen sind sie hinterher gegangen? Immer dem einen, ganz und gar unsinnigen und doch völlig verständlichen Programm: Ich will doch nur, dass ihr mich liebt!

Star! Man muss nur für einen Moment vergessen, wie abgelutscht das Wort ist, und seinem Klang nachschmecken, dann sieht man es schon funkeln. Das Studio MGM hat einst mit dem Spruch geworben: »More stars than there are in heaven.« Mehr Sterne, als es im Himmel gibt. Und sie funkeln immer noch, möchte man hinzufügen, obwohl ihr Licht längst erloschen ist. Und wieder fliegen Bilder vorbei: das sorgenvolle Stirnrunzeln der toten Monroe, das Wrack von

James Deans Porsche, der Eingang des Viper Room, vor dem River Phoenix tot zusammengebrochen ist, unterlegt mit den panischen Hilfeschreien seiner Freunde auf dem Tonband des medizinischen Notrufs.

Fast ist man versucht, doch zuzugeben, dass das Wort seinen Glanz verloren hat und dass es ohne diesen schwarzen Trauerrand der Tragödie nicht mehr denkbar ist. Denn Star bedeutet nicht nur Sehnsucht, Bewunderung, Träumerei, sondern auch Häme, Schadenfreude, Blutdurst. Man will die Sterne verglühen sehen, weil es nichts Tröstlicheres gibt, als zu erleben, dass man sich mit keinem Ruhm und Geld der Welt aus dem Vertrag freikaufen kann, den man mit dem Teufel geschlossen hat. Sie mögen unsterblich sein, aber am Ende sind sie auch nur Menschen. Ödön von Horváth hat die Schaulust so beschrieben: »Sie waren geil auf Katastrophen, von denen sie kein Kind bekommen konnten. Sie lagen mit dem Unglück anderer Leute im Bett und befriedigten sich mit einem künstlichen Mitleid.«

Aber da geht es schon um jene Art von Ruhm, die nur aus Unglück entsteht, um jene Täter und Opfer, die man als Stars bezeichnen muss, obwohl ihre Verdienste eher zweifelhaft sind. Das ist wohl ein anderes Kapitel, aber es zeigt, dass der Hunger nach Stars so groß ist, dass nicht nur jene ins Rampenlicht geraten, die Sehnsüchte auf sich vereinen, sondern auch jene, in denen sich Albträume bündeln.

Was immer der Star einst gewesen sein mag, er war von Anfang an immer auch ein Produkt des Kapitalismus, in dem genaue Berechnung und schwammige Sehnsüchte aufeinander treffen. Dass es dabei um Träume geht, erleichtert nur die Ausbeutung, weil man die Leute an ihrem schwächsten Punkt trifft. Das Kino ist schließlich eine Erfindung der Großstädte, die den dort versammelten arbeitenden Massen die Zerstreuung erleichtern sollte. Unschuldig ist es nie gewesen, weil die Erfinder von Anfang an die Eroberung des Weltmarktes vor Augen hatten. Auch die Erfindung des Stars war nur ein geschickter Schachzug von Geschäftsleuten.

Am 12. März 1910 erschien in *The Moving Picture World* eine Anzeige, in der die Produktionsgesellschaft IMP darauf hinwies, dass die – nach dem Namen ihrer früheren Produktionsfirma – als Biograph Girl bekannte Darstellerin Florence Lawrence nicht, wie fälschlich gemeldet, verunglückt sei, sondern wohlauf, und man sich auf ihre nächsten Auftritte in Filmen der IMP schon freue.

Zum ersten Mal wurde ein Name genannt und jemand aus der anonymen Masse der Darsteller herausgehoben: Florence Lawrence. Man kann davon ausgehen, dass die Todesmeldung von derselben IMP nur lanciert worden war – der Rest ist Geschichte. Ein falscher Tod, falsche Trauer, falsche Gefühle – aber das richtige Konzept. Die Leute mögen so etwas, sie brauchen es sogar. Gott war tot, andere Götter rar – so schuf der Markt seine eigenen Götter, die Angebot und Nachfrage unterworfen waren. Sehr praktisch. Die Studios regelten alles selbst: setzten auf Gesichter, halfen der Natur notfalls nach, erfanden Namen, erstellten Biographien, beantworteten Fanpost – und wenn einer schwul war, arrangierten sie eine Heirat. Es war denkbar einfach, aber es funktionierte – und auch heute noch fallen alle darauf rein, obwohl Stars auch nicht mehr das sind, was sie mal waren.

Früher unterschied man noch zwischen Stars und Sternchen – heute ist gleich ein Superstar, wer keine Eintagsfliege ist. Im Zuge dieser Entwicklung konnten auch Models zu Stars werden. Unter den Gesichtspunkten des Marktes eine geradezu ideale Lösung, denn sie sehen aus wie Stars, sind aber keine. Und man muss ihre Arbeit nicht erst bewerben, denn die Werbung selbst ist ihr Arbeitsbereich. Natürlich müssen sie auch das gewisse Etwas besitzen, aber das ist eher ein statistisches Problem. Unter tausend Gesichtern ist immer eines, das mehr Blicke auf sich zieht als die anderen.

So entstanden das Supermodel und – um die Distanz zu wahren – der Megastar. Und die Legende, der Mythos, der Kult. Wenn Andy Warhol behauptet hat, heutzutage könne jeder für 15 Minuten ein Star sein, so kann man inzwischen sagen: Weniger genügt auch schon. Als Star ist man einen Moment im Rampenlicht und im nächsten bereits vergessen. Man muss schon ein Gott sein, um als Star eine höhere Halbwertszeit zu haben.

Als DER LETZTE ACTION HELD in die Kinos kam, wurden Regisseur und Schauspieler in Los Angeles zu kurzen Interviews herumgereicht: ein Hotelzimmer, ein halbes Dutzend Journalisten, ein Gesprächspartner. Arnold Schwarzenegger kam herein, der größte und teuerste Star der Welt, ein Baum von einem Mann in einem grellen Hemd, ein eindrucksvoller Typ, für den die Welt Wille und Vorstellung ist. 20 Millionen pro Film. Zweifellos galt in jenen Tagen: Wo er ist, ist oben. Deshalb genügten ein paar Scherze von seiner Seite, um bei den versammelten Journalisten sinnlos lautes Lachen hervorzurufen. Nach 20 Minuten verschwand er wieder, und bei aller Hochachtung musste man doch sagen: »bigger than life« war er nicht. Doch dann betrat jemand den Raum, der in dem Film nur eine Nebenrolle spielte, und man begriff sofort den Unterschied zwischen der neuen Generation von Megastars und den Stars von altem Schrot und Korn. Das war Anthony Quinn, der noch nicht einmal zu den Größten seiner Zeit zählte und mit dem ich auch nie besonders viel anfangen konnte. Aber dieser Mann brauchte keine großen Gesten oder grellen Hemden, um die Leute in seinen Bann zu schlagen – er ging auf die 80 zu und war ein Naturereignis. Und dann fing er an zu sprechen, mit einer Stimme, die in den Jahrzehnten seines bewegten Lebens immer noch ein Stückchen tiefer in seinen mächtigen Brustkorb gerutscht ist. Und wenn er dann lachte – was er gern und vor allem so lange tat, bis auch der letzte Anwesende mitlachte –, dann bebte der ganze Raum. Schwarzenegger war wie ein Stein, den man ins Wasser wirft und der ein paar Wellen schlägt, aber Anthony Quinn war tatsächlich das reinste Erdbeben.

Man merkt bald, dass es mittlerweile nicht mehr sonderlich sinnvoll ist, den Begriff Star einzugrenzen. Man muss ihn so schwammig nehmen, wie er nun einmal ist. Muss sich in den Kinosessel fallen und die Augen übergehen lassen. Der Filmkritiker David Thomson hat dazu geschrieben: »Die Macht von Stars liegt in ihrer Beziehung zu Fremden. Sie haben eine neue Art von Bekanntschaft etabliert, Vertrautheit ohne Kontakt, Intimität ohne Erfahrung. Es ist für die große Show der Stars unerlässlich, dass sie jedem Augenpaar im Dunkeln dasselbe zuflüstern: ›Hier ist mein Geheimnis – nur für dich!‹«

Jeder Einzelne fühlt sich angesprochen, jeder sieht sich erkannt in seinen Nöten und Bedürfnissen. Stars sind Projektionsflächen, und ihre Ausstrahlung bemisst sich geradezu danach, für wie viele Träume darauf Platz ist. Kein Wunder, wenn sie sich zu panzern versuchen gegen die Millionen Blicke, die auf sie gerichtet sind – und vielleicht ein noch größeres Wunder, wie bereitwillig sie sich andererseits diesen Blicken öffnen. Wie gierig sie sind nach Anerkennung und Aufmerksamkeit und wie naiv in ihrem Glauben, die Leute sähen nur, was sie, die Stars, auch wirklich zeigen wollen. Irgendwo tut sich immer eine Lücke auf, durch die man ihnen ins Herz blicken zu können glaubt. Irgendwo sind alle so verletzlich wie Siegfried unter dem Lindenblatt – selbst eine Eisheilige wie Greta Garbo, die glaubte, sie könne sich vor der Welt verstecken, und dann als altes Weib mit wirrem Haar abgelichtet wurde. Ihre Kollegin Marlene Dietrich hat nicht ohne Grund am Ende geseufzt, sie sei zu Tode fotografiert worden: »I've been photographed to death.«

Letztlich ist es wie bei den alten Griechen und Römern. Irgendwann hatten sie ihre unnahbaren Götter satt und wandten sich an andere, zugänglichere Halbgötter. Diese neuen Götter waren Zwitterwesen, Anwärter auf göttliche Unsterblichkeit einerseits, menschliche Natur andererseits.

Die Zeiten haben sich geändert, aber das System ist das Gleiche: Unser Jahrhundert hat seine Götter in den Stars gefunden. Sie sind Menschen wie du und ich, aber so wenig aus Fleisch und Blut wie unsere Träume.

Nirgends wird so schnell vergessen wie im Kino. Manche seiner Schicksale sind wie Wassertropfen auf einer Herdplatte. Sie erregen kurz Aufmerksamkeit und verdampfen dann mit einem kurzen Zischen. Und womöglich ist es nur gerecht, wenn man versucht, an die traurigsten unter ihnen zu erinnern, drei Mädchen, die kurz im Rampenlicht standen, um dann in umso gründlicherer Dunkelheit zu versinken.

Die erste Geschichte beginnt im Jahr 1954 – und da endet sie auch. In jenem Jahr wurde Robert Mitchum auf dem Festival von Cannes von einem Pulk Fotografen am Strand verfolgt, als ein Starlet namens Simone Sylva auf ihn zuging, ihr Oberteil fallen ließ und den Schauspieler umarmte. Die Aufnahmen gingen um die Welt und erregten nicht nur bei Mitchums Gattin einiges Aufsehen. Am nächsten Tag wurde Mademoiselle Sylva gesehen, wie sie mit einem Stapel Fotos die Croisette entlangging und damit Werbung für sich machte. Das war der Anfang, der Cannes zum Medienereignis machte, zu einem Ort, wo die Medien das Ereignis sind. Simone Sylva brachte ihre Aktion kein Glück. Sie fuhr nach Hollywood, wo sich entgegen ihren Erwartungen niemand für sie interessierte, und beging ein halbes Jahr später Selbstmord. Im Grunde sollte man ihr vor dem Festivalpalais ein Denkmal errichten. Nichts würde dem falschen Glanz der Croisette, dieser Mischung aus echtem Ruhm und falschem Rummel, billigen Träumen und bösem Erwachen besser gerecht werden.

Cannes hat die Episode keineswegs geschadet. Man war allerdings damals so ums Image in der Welt besorgt, dass Festival-Chef Robert Favre Le Bret seinen Freund, den *Look*-Reporter Rupert Allan beauftragte, eine untadelige Erscheinung wie Grace Kelly dazu zu überreden, im nächsten Jahr an die Croisette zu kommen. Die Mission war erfolgreich, umso mehr, als die amerikanische Schauspielerin Fürst Rainier vorgestellt wurde und tatsächlich pünktlich zum nächsten Festival die Traumhochzeit stattfand. Von da an war Cannes die Königin unter den Festivals. Und der Graben zwischen Simone Sylva und Grace Kelly sagt alles, was es darüber zu wissen gibt.

Im Grunde ist Simone eine Art Heilige für all die Starlets, die irgendwo versuchen, die Welt oder wenigstens einen Produzenten auf sich aufmerksam zu machen. Fast sieht es so aus, als sei sie stellvertretend für ihre Nachfolgerinnen gestorben, als habe sie all das Unheil auf sich geladen, das anderen erspart blieb. Aber im Ende ist das nur ein trostloses Schicksal unter den vielen, die hier ihren Anfang haben – oder ihr Ende.

Das Schicksal von Susan Cabot ist die bizarre Geschichte einer Wespenfrau, die eine Bienenkönigin sein wollte. Einer jener Träume aus Hollywood, der als Albtraum endet und für seine Heldin nichts als ein bitteres Lächeln übrig hat.

Ende der Fünfziger war der Billig-Tycoon Roger Corman durch einige Zeitschriftenartikel darauf aufmerksam geworden, dass Wissenschaftler daran arbeiten, durch Bienen-Extrakt den Alterungsprozess aufzuhalten. Er ließ sofort ein

Drehbuch schreiben und verpflichtete Susan Cabot, die ihm schon in DIE WIKINGERFRAUEN, AUFRUHR IM MÄDCHENHEIM und MACHINE-GUN KELLY gute Dienste geleistet hatte und die in billigen Filmen eine Art düsteres Strahlen aussandte. Die bildschöne 32-Jährige hatte in den Fünfzigern bei Universal Squaws und andere Exotinnen gespielt, ehe sie bei Corman eine Heimat fand, eine der vielen Hoffnungen auf dem Boulevard der Träume, die sich nie erfüllt haben.

Wie bei Corman üblich, hatte das Drehbuch noch einmal einen neuen Dreh bekommen. Es ging jetzt nicht mehr um Bienen-Extrakte, sondern um ein Wespen-Serum, weil das gefährlicher klang. Susan Cabot spielte nun also eine alternde Besitzerin eines Kosmetikkonzerns, die ewige Jugend erlangen will, indem sie sich das Wespen-Serum spritzt, das ein verrückter Wissenschaftler entdeckt hat. Das Ergebnis dieses Vergehens wider die Natur ist natürlich, dass sie sich in ein riesiges, tödliches Insekt verwandelt: WASP WOMAN, die Wespenfrau. Der Film gehört nicht zu Cormans besten – was auch daran liegt, dass bei Gesamtkosten von 50 000 Dollar für die Spezialeffekte entsprechend wenig Geld zur Verfügung stand –, und Susan Cabot beendete danach ihre Karriere. »Wie viele Wespenfrauen hätte ich noch spielen sollen?«, sagte sie später.

Damals hieß es, sie habe eine Affäre mit König Hussein von Jordanien, und danach verschwand sie für vier Jahre von der Bildfläche. Bis hierher ist das nur die übliche Geschichte von Aufstieg und Verlöschen eines Sternchens am Firmament des Kinos – der Albtraum sollte erst noch beginnen. Das Nächste, wovon man weiß, ist die schwierige Geburt ihres Sohnes Timothy am 27. Januar 1964, den die Mutter abwechselnd einem englischen Aristokraten oder einem verschollenen FBI-Agenten zuschrieb. Später ließ ein Anwalt auch mal verlauten, Timothy sei König Husseins Sohn.

Im Alter von einem Jahr hatte der Junge seinen ersten Anfall, hörte auf zu essen und starrte an die Decke. Als sich das wiederholte, war seine Mutter überzeugt, ihr Sohn sei ein schlechter Esser. Sie mixte ihm jeden Morgen zwei Eier in die Milch und versuchte, ihn mit allen möglichen Dingen aufzupäppeln, weil sie fürchtete, dass er sonst nicht wachsen würde. 1970 bestätigten sich ihre Befürchtungen, und es wurde dem Sohn Zwergenwuchs attestiert.

Susan Cabot versuchte es mit Gelee Royale, dem hoch konzentrierten Nahrungsextrakt, mit dem Bienen ihre Königinnen füttern, aber der einzige positive Effekt bestand darin, dass sich ihr Sohn wenigstens nicht in einen Bienenmann verwandelte. Dann benutzte man Timothy als Testobjekt für Wachstumshormone, die man aus den Körpern von Toten gewann – und es funktionierte. Der Junge wurde immerhin 1,60 Meter groß – größer als seine Mutter. Aber er musste Medikamente nehmen, mit denen reguliert wurde, was sein Körper nicht von alleine schaffte. Weil seine Drüsen nicht richtig arbeiteten, bekam Timothy leicht Anfälle. Und weil seine Mutter über ihn wachte, kam das häufiger vor. Ein Spezialist stellte später fest, dass sie ihm offenbar absichtlich die nötige Menge männlicher Hormone verweigerte, was seine Körperbehaarung und sexuellen Funktionen verminderte. Und einmal war der Pegel der Wachstumshormone in seinem Körper so hoch, dass der Junge kurz vor dem Kollaps stand. Es war, als hätte die beiden der Fluch der Wespenfrau eingeholt.

Später kam heraus, dass das Leben mit der Mutter die Hölle gewesen sein muss. Sie trank und ließ das Haus in Beverly Hills völlig verwahrlosen. Ein Dutzend Hunde tummelten sich auf dem Grundstück, im Swimmingpool schwammen tote Ratten, und das Innere muss einer Müllhalde geglichen haben. Der Junge lebte in einem Zustand zunehmender Umnebelung und Verwirrung, während seine Mutter immer hysterischer wurde. An einem Abend im Jahre 1986 brannten dann alle Sicherungen durch. Als Susan Cabot wieder einen ihrer Anfälle hatte, wurde sie von ihrem Sohn mit einer Hantel erschlagen. Timothy wurde zu drei Jahren Haft und drei Jahren Bewährung verurteilt, nachdem sämtliche Freunde und Verwandte für ihn ausgesagt hatten. Das Wespen-Serum hatte im Leben der Susan Cabot seine Wirkung getan.

Bei Linda Lovelace wiederum genügte es völlig, dass sie zur falschen Zeit den falschen Leuten begegnete. Mag schon sein, dass überall DER WEISSE HAI und STAR WARS als erfolgreichste Filme der Siebziger gelten – der profitabelste Film war aber in Wahrheit der Porno DEEP THROAT. 1972 für ein paar tausend Dollar gedreht, spielte er weltweit über 600 Millionen ein, lief sogar in respektablen Häusern, wurde als Tarnname im Watergate-Skandal benutzt und machte aus seiner Hauptdarstellerin Linda Lovelace einen Star. Das ist die sonnige Seite dieser Geschichte des Films über eine Frau, deren Klitoris in der Kehle sitzt. Die Schattenseiten kann sich jeder ausmalen, der von den Praktiken des Gewerbes an der Unterseite der Filmgeschichte weiß – am Anfang hatte sie so genannte *loops* gedreht, 10-Minuten-Filme auf Super-8, bei denen Titel wie »Dog 1« alles sagen, was es über die Handlung zu wissen gibt. Linda hatte zwar lange beteuert, sie sei aus echter Leidenschaft Pornodarstellerin, lernte dann aber die Feministin Gloria Steinem kennen, wurde zur Aktivistin der Anti-Porno-Bewegung und trat sogar vor Untersuchungsausschüssen gegen die Branche auf. Sie sei damals mit vorgehaltener Waffe zur Fellatio gezwungen worden, und was man in DEEP THROAT sehe, seien also in Wahrheit Vergewaltigungen. Es gibt allerdings genügend Zeugenaussagen, die das Gegenteil behaupten, aber es spielt letztlich keine Rolle, weil schon die Tatsache, dass jemand solche Geschichten erzählen muss, traurig genug ist.

Von den Millionen hat Linda Boreman, wie sie mit Mädchennamen hieß, natürlich nie etwas gesehen. Sie ließ sich von ihrem gewalttätigen Mentor Chuck Traynor 1974 scheiden, der danach die ähnlich erfolgreiche Pornoqueen Marilyn Chambers ehelichte, heiratete den Stuckateur Larry Marchiano, bekam zwei Kinder, zog nach Long Island, verarbeitete ihre Erfahrungen in dem Buch *Ordeal,* ging Pleite, arbeitete in einem Kaufhaus, dann für 9,45 Dollar die Stunde als Buchhalterin und ging schließlich putzen. Ende der Achtziger musste sie sich einer Lebertransplantation unterziehen, weil sie nach einem Autounfall 1970 eine mit Hepatitis verseuchte Bluttransfusion bekommen hatte – dann drohte ihr eine doppelte Brustamputation wegen der Silikoneinlagen. 1996 ließ Linda sich auch von ihrem zweiten Mann scheiden, verdiente manchmal Geld mit kleinen Auftritten vor Studenten oder Gemeinden und war ein lebendes Beispiel dafür, dass nichts so grausam ist wie das Vergessen. Man würde gerne sagen, dass sie als Linda Lovelace weiterlebt – und in gewisser Weise tut sie das ja auch im Revival des *porn chics* jener Jahre –, aber irgendwie verbietet sich das angesichts ihres Schicksals. Denn dies ist keine Geschichte mit Happy End. 2002 ist Linda Boreman im Alter von 52 Jahren in Denver den Folgen eines Autounfalls erlegen. Manche Mädchen haben einfach nie Glück.

Wenn sie nicht gestorben sind

Irgendwann ist das Ende verschwunden. Und keiner weiß, wie, wann oder warum. Es ist einfach weg. Früher hieß es: The End, Fin, Fine oder Ende. Heute heißt es gar nichts mehr – es ist einfach vorbei. Also kann man die Filmgeschichte grob in zwei Phasen aufteilen: Früher hatten Filme ein Ende, heute haben sie keines mehr.

Was in alten Filmen die Einblendung vom Ende war, sind in neuen Filmen die Abspanntitel. Entweder rollen sie von unten ins Bild, Hauptdarsteller, Nebendarsteller, Kleinstdarsteller, Fahrer, Beifahrer, Beifahrergehilfen. Und die Musik – damit auch alle schön warten – immer zuletzt. Und dass keine Tiere misshandelt wurden – dann erst ist Ende. Oder aber es kommen erst Regisseur, Kameramann, Drehbuchautor – für den immer häufiger eintretenden Fall, dass der Vorspann auch fehlt. Das sind dann Filme, die weder Ende noch Anfang haben.

Wie immer bei solchen Sachen kann man davon ausgehen, dass der Abschaffung des Endes lange Untersuchungen vorausgegangen sind. Wahrscheinlich haben Vorführungen mit Testpublikum ergeben, dass das Wort »Ende« von den meisten Zuschauern als zu negativ empfunden wird. Was heißt hier Ende, wenn das Glück der Liebenden gerade beginnen soll? Und was heißt hier Ende, wenn es doch um den Beginn einer wunderbaren Freundschaft geht?

Stichproben haben ergeben, dass das Ende im Laufe der Sechziger, vielleicht auch erst der Siebziger langsam aus der Mode gekommen ist. Also einige Zeit, nachdem das gute alte Hollywoodkino mit seinen immer gleichen, aber immer wieder wunderbaren Erzählmustern am Ende war. Da war das Ende eine Zeit lang wie ein Stempel, der dem Film final aufgedrückt wurde, um den Zuschauern zu versichern, dass die Welt noch in Ordnung und ein Ende noch ein Ende ist – obwohl doch schon jeder sehen konnte, dass es keineswegs so ist und aller Grund zur Beunruhigung gegeben ist. Wo Ende draufstand, war längst nicht alles beendet. Vielleicht war der Kommunismus, die Atombombe oder der Autorenfilm schuld daran, aber das Ende war plötzlich keine Option mehr. Und womöglich lag es auch daran, dass die meisten Geschichten schon zu Ende waren, ehe sie überhaupt angefangen hatten. Alles war schon tausendfach erzählt – wozu überhaupt noch mal beginnen?

Andererseits war das Ende für den klassischen Film mit dem klassischen Schluss keineswegs ein finaler Gnadenstoß, sondern in etwa das, was fürs Märchen der Satz ist: »Und wenn sie nicht gestorben sind, so leben sie noch heute.« Also ein augenzwinkernder Trost, dass die Helden nicht nur ewiges Leben haben, sondern ihre Geschichte auch allgemeine Gültigkeit. Und so war es ja auch. Vielleicht leben Humphrey Bogart und Claude Rains ja heute noch in Brazzaville und heben einen nach dem anderen auf ihre wunderbare Freundschaft und auf ihre verflossenen Lieben. Und vielleicht wartet Vivien Leigh heute noch in Tara darauf, dass Clark Gable nicht mehr alles egal ist und er endlich zurückkehrt. Möglich ist es.

Ganz unmöglich ist es allerdings, dass die Stars heutiger Filme nach dem Ende noch eine irgendwie geartete Zukunft haben. Ihre Halbwertszeit beträgt in etwa die einer Popcorntüte – und wenn man das Kino verlassen hat, sind sie bereits Vergangenheit. Das liegt vielleicht auch daran, dass heutzutage gründlicher aufgeräumt wird. Ehe ein Film zu Ende ist, sieht man schon drei, vier Mal ein imaginäres THE END ins Bild rauschen, weil man sich nicht vorstellen kann, wie in drei Teufels Namen es noch weitergehen soll. Aber ein toter Feind ist erst dann tot, wenn er mehrfach um die Ecke gebracht worden ist. Heutzutage haben Filmfiguren wie die Katzen mindestens neun Leben, was womöglich daran liegt, dass die Filmhandlungen auf über zwei Stunden gestreckt werden müssen – damit sich die Ausgaben für Babysitter, Parkplatz und Fastfood auch wirklich lohnen. Wenn ein Film nicht mindestens 135 Minuten dauert, dann scheinen die Studios zu befürchten, dass die Zuschauer maulen, sie hätten für ihr Geld nichts bekommen. Tatsache ist, man bekommt für sein Geld mittlerweile neun Enden, von denen acht überflüssig sind. Und das eine markiert dann nicht mehr das Ende, sondern jenen Moment, wo man eigentlich getrost nach Hause gehen kann, obwohl der Film noch 45 Minuten dauert, in denen die anderen acht Enden angepappt werden. Zu Deutsch: So viel Ende war noch nie im Weltkino – aber keiner traut sich, es auch beim Namen zu nennen.

Boy meets girl

Wir bewegen uns immer wieder durch den Kleiderschrank unserer Erinnerungen. Nicht alle passen uns noch, und manche sind hoffnungslos aus der Mode gekommen. Die ziehen wir vielleicht aus einer Laune heraus manchmal an, betrachten uns kurz im Spiegel, um dann festzustellen, dass die Ärmel zu kurz sind oder die Krägen zu breit. Dann wirken wir wie Spencer Tracy, der sich in VATER DER BRAUT um jeden Preis in seinen uralten Hochzeitsanzug zwängen will, um seiner Frau zu beweisen, dass die Ausgaben für einen neuen völlig überflüssig sind. Und dann steht er da mit eingezogenem Bauch in einem viel zu kleinen Anzug, dessen Nähte bei der ersten Bewegung platzen. Und so fühlt man sich mit manchen Filmen. Man möchte mit Gewalt, dass sie genauso gut zu uns passen wie einst – aber aus manchen Erinnerungen sind wir einfach herausgewachsen. Dann muss man sie zurückhängen und hoffen, dass sie nicht auch noch von den Motten zerfressen werden. An manchen halten wir aus reiner Nostalgie fest, so wie man an bestimmten Lieblingspullovern länger festhält, als ihnen gut tut. Von anderen trennen wir uns irgendwann und geben sie in die Altkleidersammlung, auch wenn uns beim letzten Blick darauf ein Hauch von einer Vergangenheit anweht, die uns längst entfallen war. Aber natürlich hoffen wir, es könne uns gehen wie Richard Gere in AMERICAN GIGOLO, der unter lauter

Kombinationen wählen kann, die perfekt passen, der seinen Schrank abschreitet und seine Schubladen öffnet und sich gar nicht entscheiden kann, welches Outfit für den jeweiligen Anlass das passendste ist. Und wir fürchten zugleich, dass wir genauso zwanghaft sind wie Mickey Rourke in 9½ Wochen, der einen ganzen Raum mit identischen Anzügen hat, die ihn auf ewig festlegen. Und es gibt auch Tage, da will einfach nichts passen – das muss man dann so hinnehmen. Da findet man im Kino nichts, woran man sich erinnern möchte, und in den Erinnerungen nichts, worin man seinen Unmut kleiden könnte. Dann bleibt man am besten im Bett. Oder geht einfach noch mal ins Kino. Irgendwas wird sich schon finden.

Also müsste man jetzt vielleicht endlich mal von all den anderen Dingen reden, die sich in unserem Bewusstsein verfangen haben wie Kieselsteine in einer Profilsohle und von denen wir nicht immer wissen, was sie bedeuten.

Vielleicht von Jack Nicholson, der in einem gottverlassenen Hotel monatelang vor der Schreibmaschine sitzt und immer wieder denselben Satz schreibt, während seine Frau denkt, er arbeite an einem Roman.

Von Jeff Bridges, der uns so viel sympathischer ist und doch nie besungen wird.

Von den Gangstern bei Quentin Tarantino, die sich übers Trinkgeld streiten und über Cheeseburger in Frankreich diskutieren.

Von dem Blutstropfen, der am Anfang von Wie ein wilder Stier am Ringseil hängt und jene Konsistenz besitzt, die noch in unsere Träume hinein blutrote Fäden zieht.

Vom letzten Auftauchen des weißen Wals, an dessen gewaltigem Rumpf Gregory Peck hängt, der uns aus dem Reich der Toten zuzuwinken scheint.

Vom todkranken Roy Scheider, der in Hinter dem Ram-

peinlich jeden Morgen vor den Spiegel tritt, ein paar Pillen schluckt, die Arme ausbreitet und sich zugrinst: »It's showtime!«

Von Sam Shepard und Jessica Lange, die das schönste Paar der Filmgeschichte waren, aber im Leben längst schon wieder getrennt sind.

Von der dunklen Wolke, die sich in DER ANDALUSISCHE HUND im selben Moment vor den Mond schiebt, wie das Rasiermesser durch ein Auge schneidet.

Von Françoise Dorléac, die sich in ABENTEUER IN RIO von Belmondo einen rosa Wagen mit grünen Sternen wünscht – und schon in der nächsten Einstellung in einem rosa Wagen mit grünen Sternen durch Brasilien fährt.

Von Yves Montand, der in VIER IM ROTEN KREIS im Delirium tremens jede Nacht aus dem Schrank eine Armee von Ungeziefer auf sich zukrabbeln sieht und dennoch seine bösen Geister besiegt, indem er im entscheidenden Moment mit ruhiger Hand einen perfekten Schuss abgibt.

Von Robert Mitchum, der in OUT OF THE PAST in einer Bar in Acapulco sitzt und einen Traum in Weiß aus dem Sonnenlicht auf sich zukommen sieht, der sich als Schwarze Witwe entpuppt.

Von Gene Hackman, der sich in FRENCH CONNECTION II einem französischen Barmann vergeblich verständlich zu machen versucht, und der alten Dame, die ihm im Delirium die Armbanduhr stiehlt.

Von einem Mann mit dem seltsamen Namen Abraham Zapruder, dessen Aufnahmen des Kennedy-Attentats auch nur beweisen, dass jedes Bild genügend Schlupflöcher für Fiktionen aller Art lässt.

Von I... WIE IKARUS, in dem sich Henri Verneuil genau darauf seinen Reim zu machen versucht und Yves Montand im schwefelgelben Morgengrauen durch die große Scheibe seines Büros erschossen wird, weil er der Wahrheit zu nahe gekommen war.

Von dem Bambuswald, in dessen Wipfeln sich in TIGER & DRAGON die Kämpfenden vom Wind tragen lassen.

Von David Lynch, dessen Filme immer mehr versprechen, als sie halten können, was in einer Fernsehserie wie TWIN PEAKS aber nicht weiter stört.

Vom feuerroten Schopf von Lola, die rennt und rennt und rennt.

Von dem Elektronengehirn HAL 9000, das uns in 2001 allen Ernstes weismachen will, es habe Angst.

Von Ingrid Bergmans Tränen, als sie in VIAGGIO IN ITALIA beim Besuch von Pompeji erlebt, wie ein von der Lava verschüttetes Liebespaar vor ihren Augen als Gipsabguss Form annimmt.

Von der Scheune, die in DER EINZIGE ZEUGE von den Amish People zur Musik von Maurice Jarre hochgezogen wird.

Von dem Paradies der falschen Vögel, das Alan Rudolph in seiner Pariser Phantasie THE MODERNS entwirft.

Von der Tüte, die in AMERICAN BEAUTY endlos im Wind tanzt.

Vom Knistern der großen Geldscheine in alten französischen Filmen.

Von den Stimmen der deutschen Synchronsprecher, die wir wie alte Freunde begrüßen, obwohl wir doch eigentlich das Original vorziehen müssten.

Vom Kerzenlicht, das Marisa Berenson in BARRY LYNDON bescheint, und ihrem Landsitz, der immer wieder aus den Nebeln auftaucht.

Von dem unmöglichen Regisseur Ed Wood, der auch bei Wolkenbrüchen nicht von seinem Glauben abzubringen war, dass hinter der nächsten Ecke die Sonne scheinen müsse.

Von dem Bild, auf dem Debra Winger im marokkanischen Abendlicht neben Paul Bowles sitzt, der ihr den Himmel über der Wüste geschenkt hat.

Von dem Moment, als man in Sixth Sense begreift, dass man sich die ganze Zeit im Reich der Toten befunden hat.

Von dem Sturm, der am Ende von Frau Bu lacht endlich aufkommt und alle im Schlaf umfängt.

Von den Videoclips von Madonna und Fatboy Slim, die im Idealfall selbst Christopher Walken zum Tanzen bringen.

Von Pam Grier, die zu Bobby Womacks »Across 110th Street« auf einem Förderband in den Film Jackie Brown hineinschwebt.

Von dem Kribbeln, als Russell Crowe in Gladiator mit den Händen über die Spitzen des Weizens streicht, und dem Schaudern, wenn Amélie Poulain beim Gemüsehändler in die Getreidesäcke greift.

Von Dominique Sanda, Maruschka Detmers, Valeria Golino, Barbara Hershey, Natasha MacElhone und all den anderen, denen mindestens für ein, zwei Stunden unser Herz gehörte.

Von Buster Keaton, der immer besser als Chaplin war und doch traurig wie kein anderer.

Von dem Blau, das über den Städten liegt, wenn Robert De Niro in Heat und Mickey Rourke in Im Jahr des Drachen im Morgengrauen ans Fenster treten.

Von Memento, in dem das Vergessen Programm ist, weswegen dessen Held unsere liebste Identifikationsfigur ist.

Von den vier Männern, die sich zum großen Fressen in eine Villa eingeschlossen haben und glücklich sterben.

Von dem Autokino im amerikanischen Irgendwo, wo Moses mit der Abenddämmerung gerungen hat.

Von der blinden Audrey Hepburn, die nicht mehr warten muss, bis es dunkel ist.

Von dem Kinderwagen, der die Treppe von Odessa herabrollt, von dem Schlitten namens Rosebud, der im Kamin verbrannt wird, von dem Messer, das die Frau unter der Dusche nie berührt und trotzdem umbringt, von der Frau ohne Höschen, die im entscheidenden Moment die Beine übereinander schlägt, von dem Mann, der im Regen tanzt, von der Frau, die im Restaurant vormacht, wie man einen Orgasmus vortäuscht, von dem Mann, dem zu dieser ohnehin schon guten Szene der geniale Zusatz einer Tischnachbarin einfiel: »Ich nehme dasselbe, was sie hatte«, von der Frau, die nicht ganz perfekt ist, weil sie ein Mann ist.

Und von jenem Regisseur, der nachts immer die tollsten Geschichten träumte, die ihm am Morgen stets wieder entfallen waren, bis er beschloss, einen Notizblock auf dem Nachttisch bereitzuhalten, um die Ideen zu notieren – und als er nach dem Aufwachen seine Notizen las, stand da: »Boy meets girl.« Genau darum geht es doch auch.

Es ist wie am Ende von BLADE RUNNER, wenn der Android Rutger Hauer sagt: »Ich habe Dinge gesehen, die ihr nicht glauben würdet. Aber all diese Momente werden sich in der Zeit verlieren – wie Tränen im Regen.« Genauer lässt sich nicht sagen, was man empfindet, wenn man aus dem Kino kommt.

Irgendwann wird es wirklich dunkel, und dann betrittst du jene Welt, die von Anfang an auf dich gewartet zu haben scheint. Nicht immer funktioniert es beim ersten Mal. Dann muss man warten, bis der Film in einem wächst, bis er wie eine Seerose auf der Oberfläche deines Bewusstseins schwimmt und sich seine Wurzeln irgendwo tief im schwarzen Wasser um dein Herz schlingen. Dann musst du dir die Filme nicht mehr erträumen, die du siehst, und nicht mehr warten, dass das Kino zu dir spricht, sondern greifst nach jenem Funkeln, das auf den Samt einer ewigen Nacht gebettet scheint. Dann gewinnen all die Dinge eine Macht und nehmen jene Größe an, die eine Welt für sich ist. Alles Warten hat dann ein Ende, und es wird klar, dass es nie darum ging, dass diese Leute von der Leinwand zu dir hinabsteigen, sondern dass du in ihre Welt treten kannst – und wehe, du wirfst einen Blick zurück. Könnte ja sein, dass all die Erinnerungen dich getrogen haben und nicht deine eigenen waren. Aber das spielt dann auch keine Rolle mehr. Irgendwann geht es nur noch darum, jedwede Erinnerungen für dein Leben zu halten. Nicht auszudenken, was aus dir geworden wäre, wenn du andere Filme gesehen hättest...

Einst hieß es in dem Film LES CARABINIERS von Jean-Luc Godard: »Liebling, ich gehe in den Krieg. Brauchst du was?« Und die Freundin des Soldaten antwortete, ja, sie brauche ein Pferd, ein Samtkleid, einen Lippenstift und eine Waschmaschine. Als aber der Soldat aus dem Krieg heimkehrte, hatte er nur einen Stapel Postkarten mitgebracht, nicht die Dinge selbst, sondern nur ihre Abbilder. Er begriff den Unterschied nicht.

Seither hat man gute Lust, auch zu sagen: »Liebling, ich gehe ins Kino. Brauchst du was?« Und dann käme vielleicht als Antwort: »Ja, einen Papagei, ein paar Farben von Technicolor, ein schnelles Auto und einen Kuss.« So müsste es sein. Und wenn man heimkäme, hätte man vielleicht den Papagei vergessen, aber stattdessen ein Lächeln, den Eiffelturm, das Geräusch der Meeresbrandung oder den Kondensstreifen eines Flugzeugs am Himmel mitgebracht. Man würde alles auf dem Küchentisch ausbreiten und keinen Unterschied sehen. Alles ist schließlich möglich, wenn es dunkel wird. Wirklich alles. Das ist schon ein großes Glück.

Dank

an
meinen Vater, meine Mutter und meinen Bruder
Dominik Graf
Milan Pavlovic und *steadycam*
Fritz Göttler, Andreas Kilb, Peter Körte, Doris Kuhn, Stephan Lebert, Helmut Merker, Harald Pauli, Bert Rebhandl, Claudius Seidl, Hans Schifferle, Anke Sterneborg & Michael Ramsden, Maike & Kuno von Zedlitz, Matthias Landwehr und Frank Schirrmacher,
die Leser der *Süddeutschen Zeitung*
– und Bea für alles und noch mehr.

Abspann

Abenteuer des Rabbi Jakob 35
Abenteuer in Rio 241
Abwärts 144
Achternbusch, Herbert 119, 146
Adjani, Isabelle 104
Aktenzeichen XY 44
Alice in den Städten 146
Alien 76, 157
Alien – Die Wiedergeburt 158
Alien 3 157
Aliens – Die Rückkehr 157
Allan, Rupert 232
Allen, Woody 73
Alles um Anita 202
Altman, Robert 210
Am laufenden Band 46
Amercian Beauty 25, 243
American Gigolo 42, 77, 169, 240
American Pie 52
Anatomie eines Mordes 93
Anderson, Paul Thomas 192, 210
Andress, Ursula 160
Andrews, Julie 164

Antonioni, Michelangelo 27, 31, 197
Apocalypse Now 76, 139
Apocalypse Now Redux 138
Ardant, Fanny 106
Armstrong, Louis 73
Arnold, Jack 187
A-Team 38
Audran, Stéphane 57, 75 f.
Auf der Flucht 41, 176
Auf der Suche nach Mr. Goodbar 171
Auf Liebe und Tod 106, 124
Aufruhr im Mädchenheim 232
Außer Atem 69, 106 f.

Bach, Sabine 141
Ballhaus, Michael 182
Bancroft, Anne 56
Banderas, Antonio 25
Barabbas 19
Bardot, Brigitte 19, 26 f., 132 ff., 225
Barkin, Ellen 171
Barry Lyndon 76
Basedow, Rolf 147
Bass, Saul 92 ff.
Batman 81, 156, 176

Bauer, Otmar 151
Baumann, Heinz 43
Bayrhammer, Gustl 144
Beals, Jennifer 169
Beatty, Warren 222
Beauvoir, Simone de 26
Belmondo, Jean-Paul 25, 68 ff., 132 f., 241
Benjamin, Walter 104
Berenson, Marisa 243
Berger, Senta 121
Bergman, Ingmar 223, 242
Berlin Chamissoplatz 141
Bernard, Cindy 197
Berry, Halle 217
Berto, Juliet 86
Bertolucci, Bernardo 156
Bezaubernde Jeannie 37
Bilitis 54
Binoche, Juliette 103
Bishop, Joey 203
Bisset, Jacqueline 121, 129 ff.
Bitomsky, Hartmut 112, 127
Bitterer Honig 19
Black Hawk Down 25

Blackman, Honor 42
Blow up 86, 199
Blue Steel 171
Blues Brothers 77
Blumenberg, Hans-Christoph 142
Boccaccio '70 19, 30
Böckelmann, Frank 80
Bodil: A Summer Day 151
Bogart, Humphrey 69, 204, 226, 238
Bogdanovich, Peter 223
Bohringer, Richard 167
Bonanza 37
Bonjour Tristesse 93, 107
Boulevard der Dämmerung 210
Bouquet, Michel 75
Bowles, Paul 243
Bradford, Richard 41
Brady, Alice 221
Brandauer, Klaus-Maria 73
Brando, Marlon 54, 64, 73, 221
Braveheart 222
Brennan, Walter 118f.
Brennende Haut 20
Bridges, Jeff 182, 192, 241
Brooks, Mel 76
Buchka, Peter 125, 127
Burton, Richard 219
Burton, Tim 187

C.I. 5 40
Caan, James 205
Cabaret 220
Cabot, Susan 232ff.
Cage, Nicolas 194, 206
Caligula 77

Cameron, James 157, 218
Capote, Truman 164
Capra, Frank 199, 223
Cardinale, Claudia 164
Carmen Jones 93
Carradine, David 38
Carrell, Rudi 46
Cartouche, der Bandit 25
Casablanca 198
Casino 95, 201
Cassavetes, John 199
Cassel, Jean-Pierre 57
Cavalcade 223
Chabrol, Claude 75f., 100, 121
Chambers, Marilyn 236
Champagner-Mörder 75
Chandler, Harry 211
Chaplin, Charlie 12, 226, 244
Charisse, Cyd 112
Chinatown 215f.
Christie, Julie 60
Christine 30
Chungking Express 115
Citizen Kane 35
Class 130
Clooney, George 25, 205
Close, Glenn 171, 181
Cocktail 193
Cocktail für eine Leiche 162
Connery, Sean 73
Cooper, Gary 181
Coppola, Francis Ford 138, 192, 205, 220
Corman, Roger 232f.

Costner, Kevin 192, 194, 222
Crash 154
Cronenberg, David 154, 187
Crowe, Cameron 192
Crowe, Russell 194, 243
Cruise, Tom 175f., 192ff., 202
Cruz, Penelope 194
Curtis, Tony 43

Daktari 36, 38
Dallas 37
Dämonen im Garten 124
Das Auge 124
Das Biest muss sterben 75
Das Boot 44
Das Erbe der Guldenburgs 55
Das Fenster zum Hof 198
Das gefährliche Spiel von Ehrgeiz und Liebe 66
Das Geheimnis der grünen Hornisse 38
Das große Fressen 73
Das indische Halstuch 44
Das Irrlicht 108f.
Das ist die Liebe der Matrosen 19
Das Ruhekissen 19
Das Schweigen der Lämmer 218
Das Verhör 68
Davis, Miles 73, 103
Davis jr., Sammy 203f.
Day, Doris 25
De Niro, Robert 15, 95, 195, 201, 244

249

De Palma, Brian 92, 192
Dean, James 227
Deep Throat 235
Delerue, Georges 88
Delon, Alain 27, 30, 67 ff., 72, 101, 104
Demme, Jonathan 86, 202
Denen man nicht vergibt 19
Dennehy, Brian 161
Depp, Johnny 194
Der 7. Geschworene 19
Der Alte 42
Der amerikanische Freund 146
Der andalusische Hund 241
Der Chef 101
Der diskrete Charme der Bourgeoisie 57
Der einzige Zeuge 243
Der eiskalte Engel 70 f., 101, 104, 109
Der elektrische Reiter 205
Der Gauner von Bagdad 19
Der Graf von Monte Christo 19
Der Himmel über Berlin 146
Der Kommissar 42
Der Kontrakt des Zeichners 124
Der längste Tag 25
Der Leopard 127
Der letzte Action Held 229
Der letzte Tango in Paris 54
Der Mann mit dem goldenen Arm 93
Der Mann mit dem Koffer 41

Der Mann, der die Frauen liebte 55
Der Mann, der Liberty Valance erschoss 19, 23
Der Mann, der zuviel wusste 199
Der Mann, der zweimal liebte 94
Der mit dem Wolf tanzt 222
Der Partyschreck 162
Der Pate 220
Der Richter und sein Henker 130
Der rosarote Panther 164
Der rote Korsar 20
Der Schatz im Silbersee 25
Der Schlachter 75
Der Schuh des Manitu 25
Der Seewolf 40
Der Sohn des Captain Blood 20
Der Tag des Falken 178
Der Teufel und die zehn Gebote 19
Der Teufel von Kapstadt 19
Der Totmacher 144
Der unsichtbare Dritte 94, 198
Der verrückte Professor 35
Der weiße Hai 81, 155, 235
Derek, Bo 55, 160 f.
Derek, John 160
Derrick 42 f.
Detektiv Rockford 40
Detmers, Maruschka 244
Diamantenfieber 205

Diaz, Cameron 26
Dick und Doof 36
Dickinson, Angie 69, 117, 171
Die amerikanische Nacht 57, 88
Die Damen vom Bois de Boulogne 86
Die Dinge des Lebens 62
Die durch die Hölle gehen 76
Die Ehe der Maria Braun 76
Die fabelhafte Welt der Amélie 26, 103
Die fabelhaften Baker Boys 182
Die Farbe des Geldes 193
Die Ferien des Monsieur Hulot 35
Die Fledermaus 20
Die Fliege 154 f.
Die Frau des Fliegers 86
Die Freundinnen 75
Die geheimnisvolle Insel 187
Die goldene Karosse 189
Die größte Schau der Welt 223
Die Katze 143
Die Lady aus Shanghai 15
Die letzte Metro 189
Die Leute von der Shiloh Ranch 37
Die Mafiosi-Braut 179
Die Marx Brothers im Krieg 15
Die Maske des Zorros 25
Die Mumie 186

Die Mumie kehrt zurück 26
Die Onedin-Linie 40
Die Outsiders 194
Die phantastische Reise 187
Die Profis 40
Die Rache des Herkules 19
Die Reifeprüfung 55
Die schöne Querulantin 189
Die Seeteufel von Cartagena 19
Die Sendung mit der Maus 39
Die siegreichen Drei 25
Die Spielhölle von Las Vegas 203
Die Spur führt zurück 215f.
Die Straßen von San Francisco 41, 62
Die süße Haut 30
Die Tage des Weines und der Rosen 164
Die Tiefe 130
Die Unbestechlichen 120
Die unglaubliche Geschichte des Mister C. 187
Die untreue Frau 75
Die Unzertrennlichen 154
Die Verachtung 69, 225
Die Verwirrungen des Zöglings Törless 49
Die Vögel 198
Die Waffen der Frauen 171
Die Wikingerfrauen 232

Die Zwei 43
Dietl, Helmut 146
Dietrich, Marlene 181, 230
Dillon, Matt 194
Dirty Harry 198
Diva 167, 169
Doinel, Antoine 86
Don Giovanni 86, 189
Donaldson, Roger 192
Dorléac, Françoise 29, 241
Douglas, Michael 62, 171f., 210
Dracula 48
Drei Engel für Charlie 38, 176
Dressed to Kill 171
Drieu la Rochelle, Pierre 108
Dunaway, Faye 216f.
Dünser, Margret 41
Durchbruch auf Befehl 19
Dürrenmatt, Friedrich 130

Eastwood, Clint 68f.
Eden, Barbara 37
Edwards, Blake 91, 160ff., 164f.
Ein Affe im Winter 20
Ein Fall für Zwei 43
Ein Käfig voller Narren 76
Ein Mann für gewisse Stunden 42, 77, 169, 240
Ein Mann in Wut 69
Ein Offizier und Gentleman 173
Ein Pyjama für zwei 25
Ein seltsames Paar 41
Ein Toter sucht einen Mörder 19

Eine ganz normale Familie 222
Eine verhängnisvolle Affäre 171
Eine Welt ohne Mitleid 106
Einer mit Herz 206
Einstein, Albert 185
Eisner, Michael 173
El Cid 19
Ellroy, James 212, 214
Ely, Ron 37
Erler, Rainer 54
Erpressung 198
Es geschah in einer Nacht 223
Evans, Linda 160
Everding, August 149
Eyck, Peter van 19
Eyes Wide Shut 193f.

Färber, Helmut 97
Fahrstuhl zum Schafott 73
Falling Down 210
Falsche Bewegung 146
Familie Feuerstein 41
Fante, John 210
Farocki, Harun 167
Fassbinder, Rainer Werner 33f., 143f., 149
Fatboy Slim 244
Faulkner, William 155
Favre le Bret, Robert 232
Fellini, Federico 223
Field, Sally 218
Figgis, Mike 206
Finch, Peter 216
Fincher, David 91, 157
Flammendes Inferno 35
Flash Gordon 41
Flashdance 169, 174
Flaubert, Gustave 73

Fleisch 54
Fleischer, Richard 187f.
Fleming, Charles 174
Flipper 36
Fluss ohne Wiederkehr 119
Fonda, Bridget 171
Fonda, Henry 220
Ford, Harrison 171
Ford, John 19
Forrest Gump 218
Fosse, Bob 220
Foster, Jodie 176
Fox, Kerry 59f.
Fox, Michael J. 172
Frankie und seine Spießgesellen 205
Frau Bu lacht 243
French Connection II 242
Freud, Sigmund 185
Froboess, Conny 19
Frühstück bei Tiffany 25, 163
Fuentes, Carlos 107
Fulci, Lucio 153
Fuller, Sam 74
Funès, Louis de 76

Gabin, Jean 73
Gable, Clark 198
Galante Liebesgeschichten 19
Garbo, Greta 230
Garner, James 41
Gaulle, Charles de 29
Gefährliche Liebschaften 181
Geissendörfer, Hans Werner 43
George, Götz 143f.
Geraubte Küsse 104, 129

Gere, Richard 42, 77, 171, 189, 191, 194, 240
Gibson, Mel 25, 180, 194, 222
Gilda 226
Gilliam, Terry 27
Girardot, Hippolyte 106
Gladiator 243
Godard, Jean-Luc 15, 74, 76, 86, 100, 103, 127, 132, 156, 188, 225
Goldblum, Jeff 178
Goldman, William 193, 220
Golino, Valeria 244
Gooding, Cuba Jr. 172
Gordon, Douglas 23
Graf, Dominik 143, 147ff.
Graf, Robert 148
Grafe, Frieda 97
Grand Prix 94
Granger, Stewart 74
Graves, Barry 128
Greenaway, Peter 124
Grier, Pam 243
Griffith, David Wark 210

Haben oder nicht Haben 180
Hackford, Taylor 173
Hackman, Gene 68, 242
Haddock, Jon 84
Hagman, Larry 37
Halpin, Luke 37
Hammett 125
Hanks, Tom 218
Hanson, Curtis 192, 215
Harmstorf, Raimund 40

Harryhausen, Ray 186
Hass 106
Hauer, Rutger 179
Hawaii Fünf-Null 40
Hawks, Howard 222
Haynes, Todd 210
Hayworth, Rita 15, 40, 226
Heat 244
Heaven 145
Hedren, Tippi 198
He-Men 38
Hemmings, David 199
Hepburn, Audrey 24f., 244
Her mit den kleinen Engländerinnen 52
Herr, Michael 202
Herrmann, Herbert 54
Hershey, Barbara 244
Heston, Charlton 19
High Noon 223
Hill, Terence 76
Hinter dem Rampenlicht 241
Hitchcock, Alfred 92, 94, 114, 126, 162, 198, 223
Höfer, Werner 39
Hoffman, Dustin 55, 193, 202
Hoffmann, Frank 76
Hooper, Tobe 153
Hopper, Dennis 86
Hopper, Edward 73
Horváth, Ödön von 227
Howard, Ron 192
Hudson, Rock 25, 94
Hughes, Howard 202f.
Hunt, Helen 25
Huppert, Isabelle 86
Hussein von Jordanien (König) 233
Hutton, Lauren 42

I ... wie Ikarus 242
Identifikation einer Frau 31
Im Jahr des Drachen 195, 244
Im Lauf der Zeit 146
Immer wenn er Pillen nahm 37
In Sachen Henry 171
Independence Day 121
Indiana Jones 176
Intimacy 59
Intolerance 210
Ist das Leben nicht schön? 199

Jackie Brown 243
Jackson County Jail 127
Janssen, David 41
Jarre, Maurice 243
Jerry Maguire 172
Jesus Christ Superstar 35
Jetsons 41
Jeunet, Jean-Pierre 158
Jochum, Norbert 127
Joensen, Bodil 151
Jordan, Neil 192
Jules und Jim 26
Julia, du bist zauberhaft 19
Jurassic Park 7, 25, 186f.

Kagemusha 77
Kap der Angst 95
Kassowitz, Mathieu 106
Katz, Alex 171
Katzi 151
Käutner, Helmut 146
Keaton, Buster 244
Keaton, Diane 73, 171

Keitel, Harvey 195f.
Kelly, Grace 232
Kentucky Fried Movie 76
Kinski, Nastassja 43, 55, 121
Kir Royal 144
Kleinert, Petra 147
Kloves, Steve 182
Klugman, Jack 41
Knuth, Gustav 146
Kobra ... übernehmen Sie! 38
Kojak 40
Kokain 34
König der Fischer 171
Kopfüber in die Nacht 178
Kramer gegen Kramer 76
Kubrick, Stanley 192ff., 223
Kuleschow, Lew 14
Kung Fu 38
Kurowski, Ulrich 97

L.A. Confidential 214
L.A. Story 210
L'eclisse 26f.
L'Education sentimentale 73
La Jetée 27
La Notte 113
La Traviata 189
Lambert, Christopher 104
Lancaster, Burt 67
Lane, Diane 60
Lang, Fritz 132f.
Lange, Jessica 241
Lauterbach, Heiner 143f.
Lawford, Peter 203
Lawrence, Florence 228
Le Poème 151

Léaud, Jean-Pierre 129
Leaving Las Vegas 206
Lechtenbrink, Volker 218
Lee, Ang 186
Lee, Bruce 38
Lee, Christopher 48
Leigh, Vivien 198
Lemmon, Jack 41, 164
Les Carabiniers 245
Lethal Weapon 176
Leuwerik, Ruth 149
Levinson, Barry 192, 202
Lewis, Jerry 73, 202
Liebe 62 26f.
Liebe ist kälter als der Tod 145
Lincoln, Abbey 112
Lloyd, Frank 223
Lobster 43
Loggia, Robert 41
Lolita 25
Loren, Sophia 19
Loriot 144
Losey, Joseph 86
Lovelace, Linda 235f.
Lowitz, Siegfried 19
Lubitsch, Ernst 102, 223
Lumière, Louis und Auguste 14
Lumley, Joanna 42
Lynch, David 210, 242
Lyne, Adrian 60, 169

MacElhone, Natasha 244
Machine-Gun Kelly 232
MacLaine, Shirley 204
MacMurray, Fred 35
Madame Bovary 121
Madame Butterfly 154

253

Mädchen 49
Madonna 243
Magnolia 193, 210
Malkovich, John 181
Malle, Louis 27, 67, 108, 222
Manhattan 73
Mann, Aimee 73, 210
Männer 143
Männerwirtschaft 41
Mapplethorpe, Robert 222
Marais, Jean 15
Marchiano, Larry 236
Mariandls Heimkehr 19
Marion, Francis 221
Marker, Chris 28
Martin, Dean 25, 69, 73, 118, 202ff.
Martin, Steve 210
Marx, Groucho 15, 73
Marx, Harpo 15, 73
Marx, Karl 185
Matthau, Walter 41
Mays, Willie 73
McMurtry, Larry 73, 116
Melody in Love 56
Melville, Jean-Pierre 101
Melvin and Howard 86, 203
Memento 26
Miami Vice 166
Miller, Claude 68, 124
Mimieux, Yvette 127
Minority Report 18
Mission Impossible 176
Mit Schirm, Charme und Melone 41, 62
Mitchum, Robert 68f., 73, 192, 231, 242
Modiano, Patrick 29f.
Monaco Franze 144
Mondo Cane 19

Monkees 38
Monroe, Marilyn 119, 226
Montand, Yves 69, 241f.
Moore, Demi 170
Moore, Dudley 161f.
Moore, Julianne 210
Moore, Roger 43
Mörder Ahoi! 44
Moreau, Jeanne 26, 103, 113
Morlock 147
Morocco 181
Moulin Rouge 25
Movie Movie 76
Mulholland Drive 26, 210
Munsters 41

Nachtblende 33, 73
Natural Born Killers 172
Neige 86
Nelson, Ricky 118
Network 216
9½ Wochen 169, 240
Newman, Paul 193, 219
New York Ripper 153
Nicholson, Jack 241
Nielsen, Brigitte 170
Niven, David 221
Noch ein Käfig voller Narren 76
Noiret, Philippe 105
Nomi, Klaus 128
Notting Hill 27
Novak, Kim 93, 114, 197
Nummer Sechs 41

O'Brien, John 208
O'Toole, Peter 219
Obermayr, Karl 144
Ocean's Eleven 25, 205

Ochsenknecht, Uwe 143f.
Ode, Erik 43
Oliver 223
Opel, Robert 222
Orphée 15
Out of the Blue 86
Out of the Past 242

Pacino, Al 171f., 177f., 195, 219
Paltrow, Gwyneth 217
Panic Room 186
Parasiten-Mörder 154
Pascal, Olivia 55
Patalas, Enno 87
Patton 221
Paulchen Panther 36
Pearl Harbor 122
Peck, Gregory 241
Penn, Sean 194
Pepe 19
Perier, Etienne 66
Perkins, Anthony 75, 198
Petersen, Wolfgang 44
Petrocelli 40
Pfeiffer, Michelle 177ff.
Phaedra 19
Philipp, Gunther 19
Pialat, Maurice 189
Piccoli, Michel 63, 65ff., 69, 132, 225
Pink Panther 91
Pippi Langstrumpf 40
Pitt, Brad 25, 28, 205
Playtime 106
Pleasantville 189
Polanski, Roman 55, 216
Pollack, Sydney 192
Polt, Gerhard 144
P0rn0graphy 84
Potente, Franka 144
Prack, Rudolf 19

254

Prawy, Marcel 39
Preminger, Otto 92, 119
Presley, Elvis 183
Pretty Woman 189
Privatleben 27

Quine, Richard 165
Quinn, Anthony 229f

Rabid – Der brüllende Tod 154
Raddatz, Carl 146f.
Rain Man 193, 202
Rains, Claude 238
Randall, Tony 41
Raumschiff Enterprise 37
Raumschiff Orion 38
Reck, Stefan 147
Redford, Robert 191, 205, 222
Reds 222
Reeves, Keanu 186, 194
Reifezeugnis 43
Reiner, Rob 192
Reitz, Edgar 146
Renoir, Jean 189
Rette sich wer kann (das Leben) 86, 127
Reynolds, Burt 68, 76
Rigg, Diana 42
Rimbaud, Arthur 151
Rio Bravo 117
Rivette, Jacques 100, 189
Roberts, Julia 26f., 176, 189f.
Robins Nest 41
Rochant, Eric 106
Roeg, Nicolas 60
Rohmer, Eric 86, 100
Rome, Sydne 55
Romero, George A. 153

Ronet, Maurice 69, 75, 109
Ross, Katharine 56
Rothko, Mark 197
Rourke, Mickey 195, 240, 244
Rudolph, Alan 243
Rylance, Mark 59

Safe 210
Sag niemals nie 73
Saint, Eve Marie 198
Sanda, Dominique 244
Sarandon, Susan 67
Sarris, Andrew 165
Saturday Night Fever 25
Sautet, Claude 62, 65
Scarface 172, 177f., 182
Schade, dass sie eine Dirne ist 30
Scheider, Roy 241
Schell, Maximilian 130
Schmidt, Peer 44
Schmutziges Geld 20
Schneider, Maria 54
Schneider, Romy 30f., 33f., 63, 65, 73, 121
Schroth, Hannelore 146f.
Schtonk! 144
Schütte, Jan 86
Schule 4
Schwarzenegger, Arnold 169f., 229f.
Schweiger, Til 144
Schweinchen Dick 36
Schwiers, Ellen 19
Scorsese, Martin 92, 192f., 222f.
Scott, George C. 221
Scott, Ridley 157, 192
Scott, Tony 192
Sea of Love 171
Seberg, Jean 107

6 schwarze Pferde 19
Sedlmayr, Walter 144
Sellers, Peter 162f.
Sennett, Mack 211
Serrault, Michel 68
Seven 91
Seyrig, Delphine 129
Shaw, Robert 130
Sheen, Martin 139
Shepard, Sam 241
Shepard, Cyril 58
Shining 7, 77
Short Cuts 210
Short, Elizabeth 213
Showgirls 200
Shue, Elizabeth 206
77 Sunset Strip 45
Silver City 145
Simpson, Don 173ff.
Sinatra, Frank 25, 69, 73, 203f.
Sixth Sense 243
So wie wir waren 191
Solo für O.N.K.E.L. 38
Spartacus 94
Speidel, Jutta 54
Spencer, Bud 76
Spiderman 156, 176
Spielberg, Steven 7, 176, 192, 219f., 222
Spieler ohne Skrupel 205
Staël, Nicolas de 73
Stallone, Sylvester 169f.
Star Wars 35, 38, 121, 156, 176, 235
Starsky und Hutch 40
Steinem, Gloria 235
Stewart, James 73f., 94, 114, 197ff.
Stone, Oliver 172, 192
Stone, Sharon 176
Streisand, Barbra 191
Sturm über Washington 20

255

Superman 76, 176
Sutherland, Donald 60
Swimming-Pool 32
Sylva, Simone 232

T.H.E. Cat 41
Tage des Donners 175
Tal der heißen Erde 20
Tarantino, Quentin 115, 241
Tarantula 187
Tati, Jacques 106
Tatort 43
Taxi Driver 15, 76
Teppich des Grauens 19
Tequila Sunrise 179 f.
Testi, Fabio 73
Texas Chainsaw Massacre 153
That's Life! 164
The Fog – Nebel des Grauens 77
The Girl Can't Help It 112
The Matrix 18, 186
The Moderns 243
The Rock 175
Thome, Rudolf 141
Thompson, Marshall 37
Thomson, David 230
Thunderbirds 38
Tiger & Dragon 25, 186, 242
Time Tunnel 45
Titanic 218
Toma 40
Top Gun 175
Towne, Robert 216
Tracy, Spencer 240
Traynor, Chuck 236
Trintignant, Jean-Louis 69

Truffaut, François 30, 36, 55, 75, 86, 88, 100, 104 f., 189
Twelve Monkeys 28
Twin Peaks 242
Tykwer, Tom 145

Ungebändigt 19
Unter dem Vulkan 130
Unter den Brücken 146
Unterwelt 20
Untreu 60
Urmel aus dem Eis 40

V.I.P.-Schaukel 41
Van Gogh 189
Vater der Braut 240
Väter der Klamotte 36
Ventura, Lino 67 ff.
Verdammt sind sie alle 69
Vergewaltigt hinter Gittern 127
Verhoeven, Paul 200
Versteckt 129
Vertigo 93 f., 114, 197
Viaggio in Italia 242
Vier im roten Kreis 241
Visconti, Luchino 30, 127
Vitti, Monica 26 f.
Vom Winde verweht 198

Walken, Christopher 195 f., 243
Wall Street 171 f.
Was Frauen wollen 25
Wasp Woman 233
Wayne, John 69, 118
Weaver, Sigourney 156 f.

Weiblich, ledig, jung sucht 171
Weissmueller, Johnny 37
Welles, Orson 15, 222
Welch, Raquel 188
Wenders, Wim 125, 145 f., 168
Wenn die Gondeln Trauer tragen 60 f.
Wenn die Musi spielt am Wörther See 19, 23
West Side Story 25, 94
Wie ein wilder Stier 222, 241
Williams, Robin 171
Willis, Bruce 28, 144, 176, 194
Winger, Debra 243
Winterschläfer 145
Wo ist das Haus meines Freundes? 102
Wolfman Jack 51
Wong, Kar-Wai, 115
Woo, John 192
Wood, Ed 243
Woods, James 195 f.

Zabrieski, Point 16
Zapruder, Abraham 242
Zazie in der Métro 105
10 – Die Traumfrau 162
Zeit der Unschuld 95
Zimmermann, Eduard 44
Zischler, Hanns 141
Zombie 76, 151, 153
Zurück in die Zukunft 172